Interpretationen
Klassische deutsche Kurzgeschichten

AF217702

INTERPRETATIONEN

Klassische deutsche Kurzgeschichten

Herausgegeben von
Werner Bellmann

Reclam

Der Band *Klassische deutsche Kurzgeschichten* liegt unter
Nr. 18251 in Reclams Universal-Bibliothek vor.
Die Seitenangaben bei den Zitaten aus den Kurzgeschichten
beziehen sich auf diese Ausgabe.

RECLAMS UNIVERSAL-BIBLIOTHEK Nr. 17525
2004, 2022 Philipp Reclam jun. GmbH & Co. KG,
Siemensstraße 32, 71254 Ditzingen
info@reclam.de
Vollständig durchgesehene und bibliographisch ergänzte Ausgabe
Druck und Bindung: Esser printSolutions GmbH,
Untere Sonnenstraße 5, 84030 Ergolding
Printed in Germany 2025
RECLAM, UNIVERSAL-BIBLIOTHEK und
RECLAMS UNIVERSAL-BIBLIOTHEK sind eingetragene
Marken der Philipp Reclam jun. GmbH & Co. KG, Stuttgart
ISBN 978-3-15-017525-5
reclam.de

Inhalt

Vorwort

In der deutschsprachigen Literatur der ersten beiden Jahrzehnte nach Ende des Zweiten Weltkriegs war die Kurzgeschichte eine der beliebtesten Gattungen. Die Autoren insbesondere der »jungen Generation« orientierten sich zunächst weitgehend am realistischen Schema der modernen amerikanischen Short Story, unter deren Einfluss die sprachliche Askese zum Programm erhoben wurde und die Technik des Understatements, das Spiel mit Andeutung und Aussparung stilprägende Bedeutung erlangte. Thematisch war die Mehrzahl dieser Geschichten Teil jener frühen literarischen Nachkriegsproduktion, die Heinrich Böll 1952 in seinem programmatischen Essay *Bekenntnis zur Trümmerliteratur* als »Kriegs-, Heimkehrer- und Trümmerliteratur« charakterisierte. Zu Beginn der 1950er-Jahre löste sich die deutsche Kurzgeschichte dann zunehmend vom amerikanischen Vorbild und entwickelte eine ganz außerordentliche Vielfalt von Themen, Darstellungsformen und Ausdrucksweisen. Zahlreiche Autoren nutzten sie als eine Art literarisches Experimentierfeld. So hob denn auch Marie Luise Kaschnitz ihre »fast unbegrenzten« Möglichkeiten hervor, Hans Bender nannte sie aufgrund ihrer Wandelbarkeit und Anpassungsfähigkeit »das Chamäleon« der literarischen Gattungen und Böll erklärte die Kurzgeschichte 1961 zur »reizvollsten Prosaform«, da sie nicht nur »im eigentlichen Sinn des Wortes modern«, sondern darüber hinaus »am wenigsten schablonisierbar« sei. Eingang fanden in das kurzgeschichtliche Erzählen surrealistische und parabolische Elemente sowie dezidiert satirische und psychologisierende Schreibweisen, außerdem – wenn auch eher vereinzelt – sprachexperimentelle und pseudodokumentarische Verfahren. Entwickelt wurde durch Variationen der Zeitstruktur, unter anderem also durch die Komprimierung oder Ausdehnung der erzählten Zeit (zwischen Augenblick und Lebensspanne) und die Adaption filmischer Techniken (Überblendung, Montage), eine ganze Reihe unterschiedlicher Form- und Bautypen. Beobachtbar war überdies seit Anfang der 1960er-Jahre, als die Blütezeit der Kurzgeschichte sich ihrem Ende zuzuneigen begann, die Tendenz zu radikaler Reduzierung der Erzählzeit, was mit einer zunehmenden erzählerischen Verdichtung und Konzision verbunden war und die Einführung der Bezeichnung »Kürzestgeschichte« sinnvoll erscheinen ließ.

Die durch den stetigen Wandel inhaltlicher wie formaler Charakteristika gekennzeichnete Entwicklung der Kurzgeschichte wird in dem im Jahr 2003 vom Reclam-Verlag vorgelegten Band *Klassische deutsche Kurzgeschichten* dokumentiert (und in einem umfänglichen Nachwort unter literarhistorischen und gattungstheoretischen Aspekten erörtert). Diese Anthologie enthält dreiunddreißig chronologisch nach der Erstveröffentlichung angeordnete Geschichten von zweiundzwanzig Autoren aus dem Zeitraum von 1945 bis 1965, der ›klassischen‹ Epoche der deutschen Kurzgeschichte. Bei der Auswahl der Texte wurden zum einen die Grenzen der Gattung bewusst weit gezogen, um deren Potential und Variabilität umfassend sichtbar zu machen, zum anderen fanden die Geschichten vornehmlich solcher Autoren Berücksichtigung, die dem kurzgeschichtlichen Erzählen über längere Zeit treu geblieben sind, die also an der Ausprägung des Gattungsprofils beteiligt waren. Deutsche Kurzgeschichte heißt im Übrigen so viel wie deutschsprachige Kurzgeschichte, sodass Autoren aus der Schweiz und Österreich selbstverständlich einbezogen wurden. Aus der (ehemaligen) DDR ist nur Franz Fühmann mit einem Text vertreten, da sich eine Tradition kurzgeschichtlichen Erzählens dort erst in den 1970er-Jahren, also mit einer gewissen Verzögerung im Vergleich mit der Bundesrepublik, herausgebildet hat.

Der vorliegende Band mit Interpretationen folgt in der

Auswahl und Anordnung der Beiträge der genannten Sammlung, die zugleich die gemeinsame Zitierbasis darstellt. In den jedem Einzelbeitrag angefügten Literaturhinweisen wird präzise Rechenschaft darüber abgelegt, welche Textausgabe und gegebenenfalls welche Fassung dem Druck der Reclam-Edition und damit auch der hier vorgelegten Interpretation zugrunde liegt.

Alle dreiunddreißig Interpretationen sind eigens für diese Publikation geschrieben worden. Zur Mitarbeit eingeladen wurden nicht Spezialisten, die sich der Geschichte und Poetik der Gattung Kurzgeschichte gewidmet haben, sondern vorwiegend solche Germanisten, die durch einschlägige Veröffentlichungen als Kenner des jeweiligen Autors ausgewiesen sind, die also über gute Kenntnisse der Biographie, des Œuvres und der Forschungsliteratur verfügen. Durch dieses Vorgehen sollte vermieden werden, dass die gattungstheoretische Diskussion alle Beiträge durchzieht und immer wieder erörtert wird, inwieweit und in welchen Punkten der jeweilige Text die Gattungskriterien erfüllt. Vielversprechender erschien es, auf jede (direkte oder indirekte) methodische Vorgabe zu verzichten und es dem einzelnen Interpreten selbst zu überlassen, den jeweils für seine Kurzgeschichte geeigneten Zugang zu wählen. Das schließt selbstredend gattungstheoretische Überlegungen nicht aus, eröffnet aber den Freiraum für eine Vielfalt methodischer Zugriffe und Akzentsetzungen. Die Mitarbeiter des Bandes, die drei Germanistengenerationen und verschiedenen Nationalitäten angehören, haben Gebrauch von dieser Freiheit gemacht: Unterschiedliche Blickweisen und interpretatorische Ansätze zeitigen zum Teil überraschende neue Einsichten und Deutungen, etwa durch die autobiographische Einbettung von Texten, die Erörterung der entstehungsgeschichtlichen Hintergründe, die Einbeziehung kulturwissenschaftlicher Fragestellungen oder den Nachweis intertextueller Bezüge. Neben dem in thematischer wie formalästhetischer Hinsicht breiten Spektrum der besprochenen Kurzgeschichten macht so auch die literaturwissenschaftliche Methodenvielfalt den Band zu einer abwechslungsreichen Lektüre.

Allen Beiträgern möchte ich für die angenehme und fruchtbare Kooperation danken. Besonderer Dank gilt meinen Mitarbeiterinnen Dr. Christine Hummel und Ulrike Wiechmann, die mich bei der Koordinierung aller mit der Vorbereitung und Herausgabe des Bandes verbundenen Aktivitäten und vor allem bei den redaktionellen Arbeiten tatkräftig unterstützten.

Wuppertal, im November 2003   *Werner Bellmann*

Wolfdietrich Schnurre: *Das Begräbnis*

Von Günter Helmes

Diese Kurzgeschichte, eine der frühesten Arbeiten Schnurres nach dem Zweiten Weltkrieg, ist aus mancherlei Gründen »fast schon legendär«[1]. So eröffnete Schnurre mit dieser Kurzgeschichte das Lese-Ritual der Treffen der Gruppe 47 auf deren Gründungstagung im September 1947 am Bannwaldsee und las sie auf Wunsch von Hans Werner Richter dann auch noch einmal im September 1977 zum Abschluss der offiziellen Abschiedstagung der Gruppe in Saulgau. Und als *Das Begräbnis* 1948 erstmals in *Ja*, der – so der Untertitel – *Zeitung der jungen Generation*, gedruckt wurde, sah sich die Redaktion sogar veranlasst, dem Abdruck die folgende salvierende Bemerkung voranzustellen:

> Mit der vorliegenden Arbeit, die auch in der Redaktion heftige Debatten hervorgerufen hat, unternimmt es Wolfdietrich Schnurre, an einem extremen Beispiel die Verzweiflung dieser Zeit darzustellen. Seine Geschichte ist keine Negation, sondern ein literarischer Versuch, die Leser aufzurütteln.[2]

Dass die Redaktion von *Ja* an dieser Vorbemerkung gut getan hatte, kann nicht zuletzt daran abgelesen werden,

---

1 Katharina Blenke, *Wolfdietrich Schnurres Nachlaß: Katalogisierung, Systematisierung und Darstellung der Werkgeschichte*, Paderborn 1993, S. 10.

2 *Ja. Zeitung der jungen Generation* 2 (1948) H 3, S. 5. – Der Erstdruck unterscheidet sich von späteren Abdrucken u. a. durch den Satz der »Traueranzeige«: Diese ist in einzelne, durch Enjambement verbundene und zentriert platzierte Zeilen aufgeteilt, und nur das die Schlusszeile bildende Wort »Gott« steht in Großbuchstaben. Durch diesen barock anmutenden Satz wird das »Besondre« (11) der Nachricht stärker betont.

dass die Kurzgeschichte Schnurre damals sogar den Vorwurf der Gotteslästerung eintrug.[3]

Entstanden ist *Das Begräbnis* in den Jahren 1945 oder 1946,[4] doch hat der Autor die Kurzgeschichte nach eigenen Angaben »an die zwölf, dreizehn Male«[5] überarbeitet, bevor er sie dann im Kollegenkreis vortrug und veröffentlichte. Diese an der Kürze des Textes bemessen ungewöhnlich intensiven Überarbeitungen dürften vor allem im Frühjahr und Sommer 1947 erfolgt sein und stehen gewiss in Zusammenhang mit Debatten, die Schnurre Ende 1946, Anfang 1947 mit Manfred Hausmann über die Themen »Schuld« und »Verantwortung«[6] und Anfang 1947 mit Walter Kolbenhoff über die Themen »Autorschaft« und »Aufgabe und Funktion der Literatur« ausgetragen hat – und die Schnurre schließlich vor allem zu einem radikalen schriftstellerischen Neuanfang veranlassten.[7]

Im Einzelnen: Der Endvierziger Hausmann hatte mit Blick auf die nationalsozialistische Barbarei von der Ju-

---

3 Vgl. dazu Hans Friedrich, »Nachwort zu ›Das Begräbnis‹«, in: *Sonderbare Geschichten von heute. Erzählungen moderner deutscher Klassiker*, hrsg. von Maria Friedrich, München 1979, S. 157 f., hier S. 158.

4 Laut Blencke trug die Kurzgeschichte zunächst den Titel »Sie haben keine Ahnung was Liebe ist« und ist 1946 entstanden. Vgl. Blenke (Anm. 1) S. 138, Eintrag 391 und S. 155, Eintrag 478. Schnurre selbst bemerkte in einem Interview, die Kurzgeschichte sei 1945 entstanden. Vgl. »›Gott im Harpyienauge‹. Fragen an einen Atheisten. Gespräch mit Karl-Josef Kuschel«, in: W. Sch., *Gelernt ist gelernt. Gesellenstücke*, Frankfurt a. M. [u. a.] 1984, S. 204–215, hier S. 208.

5 Zit. nach: Mathias Adelhoefer / Andrea Wendt, »Gespräch mit Wolfdietrich Schnurre«, in: M. A., *Wolfdietrich Schnurre – ein deutscher Nachkriegsautor*. Mit einer Vorbemerkung von Marina Schnurre, Pfaffenweiler 1990, S. 94–105, hier S. 102.

6 Iris Bauer betont, dass das Thema »Schuld« Schnurres Texte ›leitmotivisch‹ durchzieht (I. B., *»Ein schuldloses Leben gibt es nicht.« Das Thema »Schuld« im Werk von Wolfdietrich Schnurre*, Paderborn 1996, S. 11). Vgl. in diesem Zusammenhang schon Schnurres »Schlußwort an Manfred Hausmann« (in: *Horizont* 2, 1947, H. 1, S. 13).

7 Vgl. dazu vor allem den Text »Für die Wahrhaftigkeit. Eine Antwort an Walter Kolbenhoff«, der sich auch als poetologische Legitimation von *Das Begräbnis* post eventum lesen lässt (in: *Skorpion* 1, 1948, H. 1 [unveröffentl.

gend Schuld gesprochen, »die sich so willenlos und so ge-
dankenlos den [...] Machtbesessenen auslieferte« und immer »weitergeglaubt, weitergehorcht und weitergetrom-
melt«[8] habe. Dem hielt Schnurre in seiner Antwort *Jugend
und Schuld* kategorisch entgegen:

> Sehen Sie, *da*, glauben wir, liegt *Ihre*, der Erwachsenen
> Schuld. [...] *Ihr schwiegt. Ihr wartetet ab.* Und als es zu
> Ende war, kamt Ihr aus Euren idyllischen Villen und un-
> versehrten Häusern hervor, stelltet Euch dem ›demokra-
> tischen Neuaufbau‹ zur Verfügung, nanntet Euch ›inne-
> re Emigration‹ und redetet zu uns [...] von Schuld.[9]

Schnurres Differenzen mit älteren Kollegen waren aber
nicht nur moralisch-politischer Natur, sondern sie betrafen auch das Selbstverständnis als Autor. Im Krieg hatte
sich Schnurre in ein elitäres Autor- und Literaturver-
ständnis mit Ewigkeitsansprüchen geflüchtet, dem es um
»Kunst« und um den »Künstler« ging und das in Hesse
und Rilke, keinesfalls aber im ›bloßen‹ »Schriftsteller« à la
Heinrich Mann seine Vorbilder sah. Nun, im zweiten Jahr
nach Kriegsende, versuchte Schnurre, »diese einmal ge-
wonnene geistige Haltung zu bewahren«[10]. Bereits in *Ju-*

Probeexemplar], S. 43–46). Vgl. auch »Auszug aus dem Elfenbeinturm«
(1949), wo Schnurre u. a. von seinen Schwierigkeiten bei der Überwindung des »Ästhetendünkel[s]« spricht (W. Sch., *Schreibtisch unter freiem
Himmel. Polemik und Bekenntnis,* Olten / Freiburg i. Br. 1964, S. 20). –
Nickel hält den Sommer 1947 sogar für eine »psychologische Nullpunkt-
situation« Schnurres. Vgl. Arthur Nickel, »Zwischen literarischer Tradition und existentiellem Neubeginn. Wolfdietrich Schnurres Kontroversen
mit Manfred Hausmann und Walter Kolbenhoff«, in: *Zwei Wendezeiten.
Blicke auf die deutsche Literatur 1945 und 1989,* hrsg. von Walter Erhart
und Dirk Niefanger, Tübingen 1997, S. 71–92, hier S. 90.

8　Manfred Hausmann, »Jugend zwischen gestern und morgen«, in: *Aufbau.
Kulturpolitische Monatsschrift* 2 (1946) H. 7, S. 667–674, hier S. 669.

9　Wolfdietrich Schnurre, »Jugend und Schuld. Offener Brief an Manfred
Hausmann«, in: *Horizont* 1 (1946) H. 24, S. 9 f., hier S. 10.

10　Nickel (Anm. 7) S. 76.

gend und Schuld votierte er für den Rückzug des Einzelnen aus der Gesellschaft, für eine rigide Abgrenzung von
der so genannten Masse und für Selbstbesinnung, und im
wenige Wochen später erschienenen Beitrag *Kunst und
Künstler* heißt es dann programmatisch: »Der Künstler
[...] hat nur einen Feind; und das ist die Masse.«[11] Das
brachte den zwölf Jahre älteren Walter Kolbenhoff auf
den Plan, der schon vor 1933 ein prononcierter Vertreter
einer *littérature engagée* gewesen war. Kolbenhoff warf
Schnurre »Weltfremdheit und Verantwortungslosigkeit«[12]
und eine Flucht vor den Problemen der Zeit vor, einen
Rückzug »in den elfenbeinernen Turm«[13] eben.

Schnurre öffnete sich dem älteren Kollegen, sah ein, dass
die Zeit kein »Narkotikum« brauchte,[14] schrieb »Sie haben
keine Ahnung was Liebe ist« wieder und wieder um, bis
Das Begräbnis dabei herauskam – und wurde so zu einem
Mitbegründer jenes »Magischen Realismus«, der ihm zufolge in dem »Dreh« besteht, »die Wirklichkeit um genau
jenen einen unwirklichen Zentimeter zu überhöhen«[15].
Dreißig Jahre später hat sich Schnurre an diese intensive,
wechselvolle und widersprüchliche Zeit wie folgt erinnert:

Auf der einen Seite versuchte man, den großen abendländischen Rettungsspuk mitzumachen, und numerierte
[...] ›das Bleibende‹ und schrieb mythenstaubaufwir-
belnde Erzählungen und Naturbübereien [...]. Daneben
jedoch [...], am selben Tag oft, [...] schrieb man auf, was
man sah, versuchte man die Natur zu desavouieren, be-

11 Wolfdietrich Schnurre, »Kunst und Künstler. Unzeitgemäße Betrachtungen eines Außenseiters«, in: *Horizont* 2 (1947) H. 1, S. 23.
12 Bauer (Anm. 6) S. 37.
13 Walter Kolbenhoff, »Gegen die Nebelrufer«, in: *Skorpion* 1 (1948) H. 1
 (unveröffentl. Probeexemplar) S. 42 f., hier S. 43.
14 Peter Sandmeyer, »Schreiben nach 1945. Ein Interview mit Wolfdietrich
 Schnurre«, in: *Literaturmagazin* 7: *Nachkriegsliteratur*, hrsg. von Nicolas
 Born und Jürgen Manthey, Reinbek 1977, S. 191–202, hier S. 198.
15 Ebd., S. 196.

gann man den eigenen unregelmäßigen Herztakt, das Würgen im Hals, den Blutgeschmack auf der Zunge zu buchstabieren.[16]

Wie in Borcherts *Draußen vor der Tür* (1947) oder Hans Werner Richters *Sie fielen aus Gottes Hand* (1951) finden sich auch in der »realistisch-grotesken«[17] Kurzgeschichte *Das Begräbnis*, diesem »Muster eines Kahlschlagtextes«[18], ausnahmslos einfache, der Alltags- und Umgangssprache nachgebildete parataktische Sätze mit Ellipsen zuhauf. Auf Ausschmückungen jedweder Art und auf einlässliche Beschreibungen wird verzichtet. Schon der Satz mit seinen ungezählten Zeilenumbrüchen signalisiert ein serielles Stakkato an Bestandsaufnahmen[19] und lässt u. a. auf eine fragmentarisierte Wirklichkeit bzw. eine negative, Verwurzelungen im Metaphysischen oder in innerweltlichen (Denk-)Systemen verneinende Deutung dieser Wirklichkeit schließen. *Das Begräbnis* entspricht damit – zumindest sprachlich – exakt den Forderungen an eine Kurzgeschichte, die Schnurre Ende der 50er-Jahre einmal zusammengetragen hat.[20] Und inhaltlich bzw. dem Gehalt nach?

16 »Schreiben nach 1945« (Anm. 14) S. 193–196.
17 Mathias Adelhoefer, *Wolfdietrich Schnurre – ein deutscher Nachkriegsautor*. Mit einer Vorbemerkung von Marina Schnurre, Pfaffenweiler 1990, S. 7. Vgl. in diesem Zusammenhang auch Schnurres *Der Ausmarsch* (1945), in: *Horizont* 3 (1948) H. 11, S. 14–16.
18 Manfred Karnick, »Krieg und Nachkrieg: Erzählprosa im Westen«, in: *Geschichte der deutschen Literatur von 1945 bis zur Gegenwart*, hrsg. von Wilfried Barner, München 1994, S. 31–75, hier S. 60. Vgl. ähnlich Nickel (Anm. 7) S. 90.
19 Karnick (Anm. 18) weist auf das freilich vorhandene »Konnotationspotential des aussparenden Faktenstils« (S. 56) hin. Karnicks Beobachtungen decken sich mit Ansichten Schnurres. Vgl. »Kritik und Waffe. Zur Problematik der Kurzgeschichte« (1959), in: W. Sch., *Erzählungen 1945–1965*, München 1977, S. 388–396, hier S. 388. – Vgl. auch Anm. 20.
20 Vgl. Schnurre, »Kritik und Waffe« (Anm. 19). Die Kurzgeschichte, heißt es dort, bediene sich »einer absolut unprätentiösen, hart dem Alltag angenäherten Sprache« (S. 390). Schnurre spricht in diesem Beitrag noch weitere Charakteristika der Kurzgeschichte an (v. a. S. 388–391).

Man wird – zum Ersten – wohl nicht sagen können, dass die Kurzgeschichte »Schnurres Zweifel an der Existenz eines Gottes [spiegele; G. H.], der ein Ereignis wie den Krieg zulassen konnte«[21]. Dagegen spricht neben einer als solcher selbstverständlich mit Skepsis zu begegnenden Selbstauslegung des Autors[22] die Beobachtung, dass im Text die Existenz Gottes letztlich von niemandem grundsätzlich bezweifelt wird. Das zeigen e negativo die Reaktionen auf die Nachricht von Gottes Ableben. Diese Reaktionen reichen vom »Siehste [...], hats ihn auch geschnappt, den Alten; nu ja« (10) des Ich-Erzählers über das gleichgültig-mürrische »Na und –? [...] vielleicht noch n Kranz kaufen, hm?« (10) seiner Frau, das unaufgeregt-überraschte »Nanu; heut erst?« (10) eines Passanten, das auf seine Art mitfühlende, doch Gottes Machtlosigkeit bzw. Entmachtung unterstreichende »Armer Deubel. Kein Wunder« (11) des Zeitungsmanns, das hämische »Hat er davon« (11) des Schutzmanns, das abgründig-ahnungslose »n gewissen Klott oder Gott oder so ähnlich« (11) des Pfarrers, das durchaus auch auf Gott zu beziehende »Idiot« (13) des Kittelmanns, das ungehalten-desinteressierte »Los, Leute [...], haut hin« (14) und »Soll *ich* n das wissen« (15) der Inspektorin bis hin zum vergnügungsapathischen »Geben se n heut im ODEON?« (16) eines der Totengräber. Unter diesen Reaktionen fällt aber, gemessen an einem christlich-abendländischen Selbstverständnis, allein diejenige des Ich-Erzählers nicht gänzlich aus dem Rahmen. Er immerhin ist noch respektvoll-mitfühlend, empfindet sogleich die Verpflichtung, zur Beerdigung zu gehen, und unterbricht seine Arbeit, erwartet auf der Beerdigung hoch gestellte Personen und will sich ent-

21 Bauer (Anm. 6) S. 54 f.
22 »Ich wollte mich erst einmal rächen an ihm [Gott; G. H.], rächen für sein Desinteresse. Folgerichtig habe ich auch gleich in einer meiner ersten Geschichten nach dem Krieg [...] ›Gott‹ kurzentschlossen zu Grabe getragen.« (»Gott im Harpyienauge« [Anm. 4] S. 208)

sprechend kleiden (»Franzens Zylinder«, 10), ist sehr irritiert, dass »draußen« alles »wie immer« ist und weder die
einschlägige Presse (10)[23] noch das Radio (11)[24] berichten
etc. Für den dergestalt traditionsverhafteten Ich-Erzähler
ist Gott also, und sei es auch nur aus Gewohnheit, immer
noch eine feste Größe, eine über allem und allen thronen-
de Vaterfigur.[25] Als diese wird er aber gerade von denje-
nigen nicht mehr er- bzw. anerkannt, die übergreifende
gesellschaftliche Ordnungs- und Sinnstiftungsfunktionen
haben und die doch, alternativlos, wie der Schutzmann
»im Nebel« (11) stehen und also weder einen Ein- noch
einen Überblick haben, wie der Pfarrer vor Gleichgültigkeit[26], Identitätsverlust[27] und Antriebsarmut[28] starren oder
wie die Inspektorin nur technokratisch agieren. Kann es
da verwundern, dass die der Orientierung bedürfende All-
gemeinheit[29] kurzatmig nur noch ans Geld (die Ehefrau),
an Sensationen (der Passant) oder ans Vergnügen (die Totengräber) denken kann?
  Auffällig ist – zum Zweiten – die »Stimmung der Trost-

---

23 Die Namen der Zeitungen »HEUTE [...] MORGEN [...] NEUE WELT [...]
DIE ZUKUNFT [...] AM FEIERABEND« (10) sind äußerst sprechend. Da
diese Zeitungen unvorstellbarerweise mit keiner Zeile vom Tod Gottes berichten, ist auch über die Wirklichkeiten, Versprechungen und Hoffnungen, die mit diesen Namen bezeichnet werden können, das Urteil gesprochen.

24 Das Radio berichtet zwar vom »Krieg«, aber das ist für den Ich-Erzähler
im Unterschied zum Tod Gottes nichts »Besondres« (11).

25 Der Pfarrer behauptet also nicht die »gänzliche Bedeutungslosigkeit« der
»Toterklärung Gottes« als »zeitgerechte Lehre«. (Karnick, Anm. 18, S. 61)
Im Gegenteil: Da, wo die »Azetylenlampen« als Symbol bloßer pragma-
tisch-technizistischer Diesseitigkeit nicht mehr hinreichen, herrscht dem
Text nach vielmehr – aufgrund fehlender geistig-moralischer Erleuchtung
nämlich – eine alles verschlingende »Nacht« (17).

26 Vgl. sein Überhören der Hilferufe einer Frau (12).

27 Der Pfarrer wird auf dem Friedhof zunächst nicht als solcher erkannt (12),
»kriegt s Kreuz nicht raus« (13) und »WALDEMARS BALLSÄLE« interessieren ihn mehr als das Grab Gottes (16).

28 Vgl. seine jämmerlich-vergeblichen Bemühungen um ein Gebet (14f.).

29 Vgl. u. a. Schnurres Debatte mit Hausmann (Anm. 8 und 9).

losigkeit und [...] Unbarmherzigkeit, der Ausweglosigkeit und [...] Lieblosigkeit«[30], die über allem liegt. Von einer gewissen Unbarmherzigkeit und Lieblosigkeit ist sogar der ansonsten von allen anderen Figuren unterschiedene Ich-Erzähler nicht frei, wie sein Umgang mit seiner Frau belegt.[31] Gemessen an der eigensüchtigen Ignoranz freilich, die beispielsweise der Pfarrer an den Tag legt,[32] ist der Ich-Erzähler immer noch ein Muster an Aufmerksamkeit.

Zum Dritten ist auf die extensive Durchsetzung mit Militärischem hinzuweisen, durch die die erzählte Wirklichkeit trotz Kriegsende[33] immer noch und scheinbar naturwüchsig bestimmt ist: Plätze und Straßen heißen »Paradeplatz« (11), »Kadettenweg« und »Marschallstraße« (12), die Leute leben in »Mietskasernen« (11) und die Totengräber »kommandieren« unablässig im Stile von »Haaaaauruck!« und »Seeeeeetzt-ab!« (13f.). Dass diese Durchsetzung des Alltags mit Militärischem maßgeblich zu den berichteten unwirtlichen Lebens- und Kommunikationsverhältnissen beiträgt und dieser Gesellschaft Züge des geschichts- und kulturlosen Antlitzes des Krieges gibt, braucht nicht eigens hervorgehoben zu werden.

Zu betonen hingegen ist – viertens und abschließend – der hohe Stellenwert, der in dieser Gesellschaft einer bloßen instrumentellen Vernunft in Gestalt von Technik und Industrie zukommt und den die Kurzgeschichte

---

30 Friedrich (Anm. 3) S. 158. – Diese Stimmung evoziert Schnurre nicht nur durch das Verhalten der Figuren – wiederholt »greint« (10), »brüllt« (u. a. 12) oder »schreit« (u. a. 12) jemand –, sondern auch durch zahlreiche situative Details wie Nacht, Regen, Nebel, »schorfige Brandmauern, flackernde Gaslaternen« (11), »Stacheldraht«, »Quarantänelager« (12) etc. – In diesem ›falschen Leben‹ kann es auch für Schnurre kein ›richtiges Leben‹ (Adorno, *Minima moralia*) geben, ›bestenfalls‹ gefühlige Schein-Idyllen; vgl. dazu u. a. das berühmt-berüchtigte »La paloma ohé!« am Schluss, das zum quietschenden Friedhofstor und dem hinkenden Pfarrer in beredtem Kontrast steht (17).

31 Vgl. u. a. »Frag nicht so blöd« und »[...] denn nich, liebe Tante.« (10)

32 Vgl. Anm. 26.

33 Vgl. den Hinweis auf die »Heimkehrer« (12).

durch leitmotivische Hinweise auf die »Stickstoff-Fabrik« behauptet.[34] Im Unterschied zu anderen zivilen Bereichen, die sämtlich einen hoffnungslos versehrten Eindruck machen, läuft nämlich diese Fabrik auf »Hochtouren« (12). Doch fragt es sich, zu welchen Zwecken und in wessen Auftrag denn dort was mit solcher Intensität produziert wird, können doch Stickstoffverbindungen sowohl als Düngemittel (Aufbau, Ernährung, Friede) als auch in der Sprengstoffindustrie (Zerstörung, Krieg) verwendet werden. Worauf also arbeitet und lebt diese Nachkriegsgesellschaft hin – ohne Glauben, ohne Überzeugungen, entwurzelt, fragmentarisiert (s. o.)? Innerhalb des Textes mit seinen Partialperspektiven und -interessen stellt niemand diese Frage. Sie drängt sich erst dem Leser dank des kunstvollen Gesamtarrangements des Textes auf, dergestalt freilich, dass er ihr nicht ausweichen kann und sich auf die Suche nach einer Antwort begeben muss.

Literaturhinweise

Wolfdietrich Schnurre: Das Begräbnis. In: Ja. Zeitung der jungen Generation 2 (1948) 1. Februar-Ausgabe [H. 3]. S. 5.
– Das Begräbnis. In: W. Sch.: Man sollte dagegen sein. Olten / Freiburg i. Br.: Walter-Verlag, 1960. S. 23–34. [Überarbeitete Fassung.]
– Das Begräbnis. In: W. Sch.: Erzählungen 1945–1965. München: List Verlag, 1977. S. 14–20. [Fassung von 1960.]
– Das Begräbnis. In: Klassische deutsche Kurzgeschichten. Hrsg. von Werner Bellmann. Stuttgart: Reclam, 2003. S. 9–17. – Dieser Druck basiert auf der Ausgabe von 1977.

---

34 Im Text wird als Ausnahme eine auf die »Stickstoff-Fabrik« bezogene Beobachtung – deren beleuchtete Schornsteine betreffend – wortwörtlich wiederholt (vgl. 12 und 17).

Adelhoefer, Mathias: Wolfdietrich Schnurre – ein deutscher Nachkriegsautor. Mit einer Vorbemerkung von Marina Schnurre. Pfaffenweiler 1990.

Bauer, Iris: »Ein schuldloses Leben gibt es nicht.« Das Thema »Schuld« im Werk von Wolfdietrich Schnurre. Paderborn 1996.

Blencke, Katharina: Wolfdietrich Schnurres Nachlaß: Katalogisierung, Systematisierung und Darstellung der Werkgeschichte. Paderborn 1993.

Friedrich, Hans: Nachwort zu »Das Begräbnis«. In: Sonderbare Geschichten von heute. Erzählungen moderner deutscher Klassiker. Hrsg. von Maria Friedrich. München 1979. S. 157 f.

Karnick, Manfred: Krieg und Nachkrieg: Erzählprosa im Westen. In: Geschichte der deutschen Literatur von 1945 bis zur Gegenwart. Hrsg. von Wilfried Barner. München 1994. S. 31–75.

Kuschel, Karl-Josef: Schuld als Thema der Gegenwartsliteratur. In: Wie kann denn ein Mensch schuldig werden? Literarische und theologische Perspektiven von Schuld. Hrsg. von Urs Baumann und Karl-Josef Kuschel. München 1990. S. 9–69.

Nickel, Artur: Zwischen literarischer Tradition und existentiellem Neubeginn: Wolfdietrich Schnurres Kontroversen mit Manfred Hausmann und Walter Kolbenhoff. In: Zwei Wendezeiten. Blicke auf die deutsche Literatur 1945 und 1989. Hrsg. von Walter Erhart und Dirk Niefanger. Tübingen 1997. S. 71–92.

Wolfgang Borchert: *Das Brot*

Von Hans-Gerd Winter

Borchert verfasste *Das Brot* 1946, nahm die Geschichte aber nicht in die zu seinen Lebzeiten veröffentlichten Sammlungen auf, sodass sie im »Gesamtwerk« unter den »nachgelassenen Erzählungen« erscheint, obwohl *Das Brot* bereits am 13. November 1946 in der *Hamburger Freien Presse* veröffentlicht worden ist.

Die Geschichte spielt in den Hungerjahren unmittelbar nach dem Krieg. Die historische Situation wirkt nur indirekt in das Geschehen hinein, sie muss vom Leser erschlossen werden. Offenkundig gibt es zu wenig Brot. Entsprechend ist es rationiert. Daher müssen die Brotscheiben abgezählt werden. Jedes Abweichen von dieser Ordnung riskiert einen Konflikt. Ein seit neununddreißig Jahren verheiratetes älteres Ehepaar bildet die Protagonisten der Geschichte. Der Mann hat Hunger. Er kann sich nicht bezähmen und schneidet sich in der Nacht eine Scheibe zusätzlich vom Brot ab. Seine Frau, die ihn dabei überrascht, durchschaut ihn. Sie könnte ihn stellen, aber sie überführt ihn nicht. Sie spielt sein Spiel mit, dass er vom Bett aufgestanden sei wegen eines Geräusches, das er nicht habe einordnen können. Beide Eheleute spielen sich etwas vor. Die Notsituation bringt die Wahrheit über ihre Beziehung hervor. Die Frau zeigt sich dabei als menschlicher. Sie nimmt für ihren Mann eine Mutterrolle ein, indem sie ihn vor jeder Bloßstellung bewahrt und ihm sogar am nächsten Abend eine Scheibe Brot abtritt, weil sie das Brot nicht vertrage. Dies beschämt den Mann, weil er sich durchschaut fühlt. Trotz seiner dreiundsechzig Jahre hatte er sich in der Nacht wie ein ertapptes Kind verhalten, das so tut, als habe es nichts getan. Der zugrunde liegende Konflikt zwischen den Eheleuten, ihre Lebenslüge zum

Überleben und Miteinanderauskommen, kann nicht im Gespräch aufgearbeitet werden. Ähnliche Situationen werden sich vermutlich wiederholen oder fanden schon mehrfach statt. Freilich kennzeichnet den Text, dass auf jedes Pathos und Moralisieren verzichtet wird. Es zeigt sich: zwischenmenschliche Beziehungen – auch langjährige – entziehen sich einfachen Bewertungen. Das Handeln der beiden Protagonisten ergibt sich aus der existenziellen Grundsituation des Hungerns – ein häufiges Thema in den Kurzgeschichten der frühen Nachkriegszeit. Die Frau ist die Heldin im bitteren Alltag, weil sie zugunsten des anderen verzichtet, ohne eine Gegenleistung einzufordern. Dabei spielt mit, dass sie das Gebrochene und Unsichere ihres Mannes erkennt und nicht zuletzt deshalb Verständnis für sein Verhalten aufbringt, obwohl sie ihn lieber anders hätte. In ihrer Mutterrolle ist sie die Starke und Geborgenheit Vermittelnde – wie die anderen Mutterfiguren Borcherts auch, zum Beispiel die Mutter in *Die Küchenuhr.* Diese »machte« dem Sohn auch noch »nachts um halb drei in der Küche das Essen«, wenn er dann erst nach Hause kam, was für ihn im Nachhinein »das Paradies« dargestellt hat.[1]

»Plötzlich wachte sie auf.« (18) Dieser erste Satz beinhaltet einen unmittelbaren und voraussetzungslosen Einstieg in die Situation – wie oft in Borcherts Geschichten. Erzählt wird das Folgende aus der Perspektive der Frau. Sie erinnert sich an ein Geräusch als Ursache des Aufwachens, ertastet die Leere im Bett neben sich und erklärt sich die Stille – Zeichen drohender Vereinsamung – damit, dass »sein Atem« – Ausdruck der Lebendigkeit des Mannes – »fehlte«. (18) Das Licht in der Küche erhellt dann die Situation. An den Brotkrümeln auf der Tischdecke erkennt die auf Ordnung und Sauberkeit bedachte Frau die

---

1 Wolfgang Borchert, *Das Gesamtwerk*, mit einem biogr. Nachwort von Bernhard Meyer-Marwitz, Hamburg 1986, S. 203.

Tat ihres Mannes. Nach dem ersten Wortwechsel, der sich auf das angeblich gehörte Geräusch bezieht, messen die beiden sich mit Blicken. Sie finden den jeweils anderen erschreckend alt. Hier nimmt der Erzähler ausnahmsweise auch die Perspektive des Mannes ein. Zur Ablenkung äußert der Ertappte danach Besorgnis um die Frau. Sie könne sich erkälten. Jetzt könnte es zum Streit kommen, zumal sie sein Lügen nicht ertragen kann. Aber gerade weil sie sein Lügen nicht ertragen kann, tut sie so, als sei alles in Ordnung. Wenn er in seiner Rolle unsicher wird, hilft sie ihm sogar. So knipst sie schnell das Licht wieder aus. Als sie im Bett sein Kauen hört, verhält sie sich erneut absichtlich so, dass er denken muss, sie bemerke es nicht.

Die Wohnung wird nur so weit beschrieben, wie es für die Darstellung der Konfrontation der Ehepartner notwendig ist. Bett, Tisch und Tischtuch, Brotteller, Messer und Lampe fungieren dabei als Requisiten. Hauptsätze dominieren, es finden sich kaum Nebensätze. Borchert verzichtet hier auf die für viele seiner Geschichten typischen Wortwiederholungen, Rhythmisierungen und Metaphern. Ein Erzählerkommentar fehlt. Wie oft in seiner Erzählprosa ist der Anteil an direkter Rede hoch. Der karge und andeutende Stil entspricht dem Anliegen, auf jede ausschmückende »kalligraphische« Schreibweise zu verzichten zugunsten einer Bestandsaufnahme des konkreten Vorgangs: »Alles, was wir tun können, ist: Addieren, die Summe versammeln, aufzählen, notieren. [...] Wir wollen unsere Not notieren.«[2] Doch leistet die Geschichte weit mehr. Sie präsentiert die Hungernden in ihrer eingeschränkten Lebensmöglichkeit, in ihrem Leiden und Handeln und zwingt den Leser zur Teilnahme. Er muss die Leerstellen zwischen den knappen Sätzen ausfüllen.

Darüber hinaus entspricht die Geschichte dem Anliegen Borcherts, die »Wahrheit« über die eigene Zeit auszusa-

2 Borchert (Anm. 1) S. 229.

gen – so wie er sie sieht und erlebt: »Unsere Moral ist die Wahrheit.«[3] Es handelt sich in diesem Fall um keine politische oder gesellschaftliche Wahrheit, sondern um eine zutiefst menschliche: »das ganze Elend und die ganze Größe des Menschen«, wie Heinrich Böll formuliert hat.[4] Gestaltet ist die existenzielle Ambivalenz des Menschen, seine Fähigkeit zu Betrug und Liebe in einem.[5] Dabei handelt es sich um Durchschnittsmenschen und um eine ganz alltägliche Situation, was durch das Fehlen von Eigennamen, von näheren Erläuterungen zu den Beteiligten und durch die fehlende Bestimmung von Ort und Zeit noch unterstrichen wird. Die Geschichte belegt Borcherts Fähigkeit, an etwas so Bescheidenem und von heute aus gesehen Unwichtigem wie einer zusätzlich abgeschnittenen und verzehrten Scheibe Brot die Schwächen und Stärken des Menschen zu verdeutlichen. In einer Art »Transsubstantionsprozess« »hören« »sogenannte höhere Werte unvermutet auf den Namen von einfachen Nahrungsmitteln«[6] und der Hunger festigt eine Beziehung, die er zunächst bedroht hat.

3 Borchert (Anm. 1) S. 313.
4 Heinrich Böll, »Die Stimme Wolfgang Borcherts«, in: Wolfgang Borchert, *Draußen vor der Tür und ausgewählte Erzählungen*, Reinbek 1956, S. 135–138, hier S. 138.
5 Theo Elm, »*Draußen vor der Tür*. Geschichtlichkeit und Aktualität Wolfgang Borcherts«, in: »*Pack das Leben bei den Haaren*«. *Wolfgang Borchert in neuer Sicht*, hrsg. von Gordon Burgess und Hans-Gerd Winter, Hamburg 1996, S. 262–279, hier S. 268.
6 Peter Rühmkorf, »Über das Fressen und die Moral – zu einem Leitmotiv bei Wolfgang Borchert«, in: P. R., *Dreizehn deutsche Dichter*, Hamburg 1989, S. 154–167, hier S. 166.

Literaturhinweise

Wolfgang Borchert: Das Brot. In: Hamburger Freie Presse. 1. Jg. Nr. 65. 13. November 1946. S. 2.
– Das Brot. In: W. B.: Das Gesamtwerk. Hamburg [u. a.]: Rowohlt / Verlag Hamburgische Bücherei, 1949. S. 364–366.
– Das Brot. In: W. B.: Das Gesamtwerk. Reinbek bei Hamburg: Rowohlt, 1993. S. 304–306.
– Das Brot. In: Klassische deutsche Kurzgeschichten. Hrsg. von Werner Bellmann. Stuttgart: Reclam, 2003. S. 18–20. – Diesem Druck liegt die Ausgabe von 1993 zugrunde.

Bräutigam, Karl: Äußere und innere Wirklichkeit in Borcherts Kurzgeschichte *Das Brot*. In: Pädagogische Provinz 13 (1959) S. 392–398.
Dück, Hans-Udo: *Das Brot*. In: Interpretationen zu Wolfgang Borchert. Hrsg. von Rupert Hirschenauer und Albrecht Weber. München 1962. S. 88–97.
Durzak, Manfred: Die deutsche Kurzgeschichte der Gegenwart. Autorenporträts – Werkstattgespräche – Interpretationen. Stuttgart 1980. S. 115–124.
Elm, Theo: *Draußen vor der Tür*: Geschichtlichkeit und Aktualität Wolfgang Borcherts. In: »Pack das Leben bei den Haaren«. Wolfgang Borchert in neuer Sicht. Hrsg. von Gordon Burgess und Hans-Gerd Winter. Hamburg 1996. S. 262–279.
Große, Wilhelm: *Das Brot*. In: W. G.: Wolfgang Borchert. Kurzgeschichten. München 1995. S. 47–49.
Rothbauer, Gerhard: Wolfgang Borcherts Kurzgeschichte *Das Brot* im Unterricht vor Achtzehnjährigen. In: Wirkendes Wort 10 (1960) S. 112–116.

Elisabeth Langgässer: *Saisonbeginn*

Von Axel Vieregg

Hinter der Anfang 1948 in dem Erzählband *Der Torso* erschienenen Geschichte steht eine persönliche Tragödie. Elisabeth Langgässers erstes Kind, die 1929 unehelich geborene Cordelia, Tochter eines Juden, musste ab 1941 den gelben Stern tragen und »freiwillig« das Haus verlassen, um die Mutter, selbst »Halbjüdin«, wenn auch katholisch getauft und strenggläubig, sowie die Familie mit den drei weiteren, nach den *Nürnberger Gesetzen* als »arisch« definierten Kindern nicht zu gefährden. Cordelia kam zunächst in ein jüdisches Krankenhaus in Berlin-Mitte, dann nach Theresienstadt und schließlich 1944 nach Auschwitz, wo sie dem berüchtigten KZ-Arzt Mengele als Bürokraft zugeteilt wurde. Sie überlebte und wurde wenige Tage vor Kriegsende vom Internationalen Roten Kreuz nach Schweden gebracht. Bis Januar 1946 muss die Mutter warten, ehe die glückliche Nachricht vom Überleben ihrer Tochter eintrifft. In dieser Zeit entsteht *Saisonbeginn*. Vom Übertritt ihrer gleichfalls katholisch getauften Tochter zum jüdischen Glauben hat die 1950 gestorbene Elisabeth Langgässer nichts mehr erfahren.

Von folgendem Kindheitserlebnis aus dem Jahr 1937 oder 1938 erzählt Cordelia in ihrem zuerst 1984 auf Schwedisch veröffentlichten Lebensbericht:

Die Mutter schickte, sandte sie aus nach Oberstdorf im Allgäu, einem Dorf, das an der Einfahrt mit dem Schild prunkte »Juden unerwünscht«. Das Schild war gegenüber dem Kreuz aufgestellt worden, das schon immer dort gestanden hatte. Die Mutter plazierte sie bei dem Ehepaar M., die glühende Nazis und verdiente Parteigenossen sind. [...] Sehr viel später erfährt das Mädchen, daß die Mutter eine Novelle über das Judenschild und das Kreuz geschrieben hat, eine sehr gute Novelle.[1]

Ist der Text eine »Novelle«? Dies nun nicht, aber von der Tochter richtig gefühlt ist die – auch von mehreren Interpreten bemerkte – Besonderheit, dass *Saisonbeginn*, vergleicht man den Text mit anderen in *Der Torso*, am stärksten auktoriale Züge aufweist. Dies zeigt sich in einem eher für die Novelle charakteristischen Wissen und Erklären, das nur dem Autor eignet, nicht aber einer Erzählerfigur, deren begrenzte Perspektive und fehlende Kommentierung typisch wäre für eine Kurzgeschichte. So scheint es eher, als würden hier zwei Erzähltraditionen miteinander verschränkt. Dies verdeutlicht auch schon der zweifache Einsatz des Textes.

Gleich der erste Satz mischt die Formen: »Die Arbeiter kamen mit ihrem Schild und einem hölzernen Pfosten [...]« (21). Dies entspricht dem klassischen, meist unvermittelten Auftakt der Erzählsituation einer Kurzgeschichte, wie sie sich vor den Augen etwa eines beistehenden Erzählers entwickelt und den Leser, durch den bestimmten Artikel »Die Arbeiter«, mitten ins Geschehen führt. Der Zusatz jedoch, »auf den es genagelt werden sollte« (21), entspringt nicht der Beobachtung eines Beistehenden, sondern ist eine von der Autorin gezogene Folgerung. Der zweite Satz, »Es war ein heißer Spätfrühlingstag [...]«, und alles Folgende bis fast zum Ende des langen ersten Absatzes, entspricht vollends den Erwartungen an einen herkömmlichen Beginn einer Erzählung oder Novelle, während das subjektive und emotionsgeladene Vokabular, das Üppige und Strotzende der einleitenden Naturbeschreibung, jener Lakonik der Alltagssprache entgegensteht, die die Kurzgeschichte – zumeist auch die von Elisabeth Langgässer – auszeichnet.

1 Cordelia Edvardson, *Gebranntes Kind sucht das Feuer*, München/Wien 1986, S. 27 f.

Falsch wäre es, der Autorin das Schwanken zwischen den Erzählformen als Unsicherheit in der Beherrschung der nach 1945 für Deutschland neuen Form der angelsächsischen *short story* anzulasten. Wie sehr sich Langgässer des Unterschieds zur Novelle bewusst war, zeigt eine Notiz aus dem Jahr 1946 oder 1947, worin sie schreibt:

> Sh.-St. heisst übersetzt Kurzgeschichte. Ist sie nun wirklich mit dieser Bezeichnung getroffen? Und was ist der Unterschied zwischen einer »Kurzen Geschichte« und einer Novelle? Ist die Kurzgeschichte etwa eine »kurze Novelle«? Das ist deshalb einfach nicht möglich, weil die Novelle die Form von gestern, die »Sh.-St.« die von heute ist, beide also einem völlig anderen Lebensgefühl entspringen.[2]

So ist die Besonderheit der Erzähltechnik von *Saisonbeginn* wohl eher Absicht, und es scheint auch hier zuzutreffen, was sie in Hinblick auf ihren gleichzeitig entstehenden und ebenfalls das Erlösungsthema um Cordelia behandelnden Roman *Märkische Argonautenfahrt* an Hermann Broch schrieb: »Immer wieder versuche ich, alles *gleichzeitig* auszusagen – eine wahrhaft hybride Anstrengung und doch die eigentliche Möglichkeit, nicht von den ausgelassenen Assoziationen wie von liegengebliebenen Sprengkörpern auseinandergerissen zu werden.«[3] Was die Autorin in dieser Kurzgeschichte mehr als in jeder anderen zwingt, »alles *gleichzeitig* auszusagen«, ist die oben skizzierte unmittelbare persönliche Betroffenheit. Es geht ihr nicht nur um ein Geschehen, dessen Deutung in der klassischen Kurzgeschichte dem Leser überlassen bleibt, sie will die Deutung – eine spezifisch Langgässer'sche –

---

2 Zitiert nach: *Elisabeth Langgässer 1899–1950*, bearb. von Ute Doster, Marbach/Neckar 1999 (Marbacher Magazin, 85), S. 78.
3 Brief vom 21. November 1948, in: Elisabeth Langgässer, *Briefe 1924–1950*, hrsg. von Elisabeth Hoffmann, Düsseldorf 1990, S. 845.

gleich mitliefern, indem sie selbst den »Assoziationen« nachgeht. Diese »Gleichzeitigkeit« gibt dem Text seinen Doppelcharakter.

Mit den Mitteln der Kurzgeschichte wird das äußere Geschehen berichtet. Hier ist der lineare Ablauf der Handlung typisch: »Die Arbeiter kamen [...]« (21), »Die beiden Männer [...] setzten alles unter dem Wegekreuz ab [...]« (22), »Die Männer schleppten also den Pfosten [...]« (22), »Zwei Männer hoben die Erde aus [...]« (23), »Der Pfosten, kerzengrade, trug das Schild [...]« (24). Auch die Fokussierung auf die Schlusspointe, hier die Nennung der Inschrift, die das Geheimnis löst, mit dem die Erzählerin, der Spannung und der Täuschung des Lesers wegen, Pfosten und Schild umgeben hatte, ist für viele Kurzgeschichten charakteristisch. Schlagartig wird damit dem Titel eine Wendung ins Tödliche gegeben: Das Bild einer Scheinidylle rutscht ins Abgründige, und was eben noch als Beginn der Feriensaison zu lesen war, enthüllt seine zweite, seine sinistre Bedeutung, den Beginn der »Jagdsaison«, der Verfolgung der Juden im Dritten Reich. Diese aber stellt Langgässer in den Zusammenhang einer von ihr immer wieder beschworenen und so genannten »Heilsgeschichte«, den sie nur mit den Mitteln der auktorialen Erzählung bewältigen kann.

Zu diesen Mitteln gehören vor allem die zahlreichen Bibelverweise. Mit der Nennung des Pilatus schafft die Autorin die Folie, gegen die die Geschichte gelesen werden muss: die Kreuzigung Christi an der »Stätte [...] mit Namen Golgatha, das ist verdeutscht Schädelstätte« (Mt. 27,33). »Kreuzigungsort« (24) heißt es im Text. Was hier stattfindet, ist gleichsam eine Wiederholung des biblischen Geschehens, eine erneute Kreuzigung des »Königs der Juden«, wie die Inschrift auf dem Kreuz lautet: J. N. R. J., »Jesus Nazarenus Rex Judaeorum«. Die Aufgabe der »Arbeiter« (21), die einer zunächst so unschuldig scheinenden Arbeit nachgehen, sowie ihre »Werkzeuge« wie »Hammer« und »Nägel« (22) haben sich im Schlusssatz als Spiegelung des Kreuzigungsgeschehens und der dort verwendeten Instrumente herausgestellt. Und wie der Titel, so enthüllt nun auch das Warnschild, der »Totenkopf« (21) an der Haarnadelkurve, seine Doppelnatur und verweist auf die »Schädelstätte« – ebenso wie auf jene, die die Vernichtungskampagne durchführten: Der Totenkopf war das Emblem von Heinrich Himmlers SS.

Weitere Assoziationen fügt Langgässer aus dem Lukas-Evangelium hinzu: »Und als sie kamen an die Stätte, die da heißt Schädelstätte, kreuzigten sie ihn daselbst und die Übeltäter mit ihm, einen zur Rechten und einen zur Linken [...].« Mit dem Wort »Übeltäter« ersetzte Luther das ältere, sich aus dem Althochdeutschen *scahhari* herleitende »Schächer«, d. i. »Räuber«, das aber weiterhin, wie hier bei Langgässer, für die beiden zusammen mit Christus Gekreuzigten geläufig bleibt. »Der Übeltäter einer«, heißt es bei Lukas, »lästerte« Christus. In der christlichen Ikonographie ist dies der »zur Linken«. Er fällt nach traditionellem Verständnis der Verdammnis anheim und wird daher zumeist mit gesenktem Kopf dargestellt. Der andere jedoch, stets »zur Rechten« gezeigt, wendet sich Christus zu und bittet: »Herr, gedenke an mich, wenn du in dein Reich kommst. Und Jesus sprach zu ihm: Wahrlich ich sage dir: Heute wirst du mit mir im Paradiese sein.« Indem also Langgässer die Arbeiter »den Platz des Schächers zur Linken« aufgeben und für das Schild den Platz »zur Rechten« wählen lässt (23), stellt sie die verfolgten *Juden* in den Kontext eines *christlichen* Heilsversprechens, wohlgemerkt: die Getöteten und nicht die Lebenden.

Dies sollte von ihrer Tochter als völlig unpassend empfunden werden. Dasselbe geschieht in dem – wiederum nur einem auktorialen Erzähler möglichen – Vergleich der uralten Buche mit dem »Umhang« einer »Mantelmadonna« (23). In der Kunstgeschichte als »Schutzmantelmadonna« bekannt, umfängt Maria mit einem weiten Mantel die

Gläubigen und rettet sie so für das ewige Leben, wie etwa in dem bekanntesten deutschen Bildbeispiel, Hans Holbeins *Madonna des Bürgermeisters Meyer*. In ihrer ausgeprägten Marienverehrung wollte Langgässer ihrer auf den Namen »Cordelia Maria« getauften Tochter diesen Schutz in ganz besonderem Maße zukommen lassen. Eine solche Rettung verbat sich Cordelia Edvardson: »Sich in diese Landschaft zu begeben, die innere und äußere Landschaft des Mädchens, gewappnet mit dem, was ›Tröstung der Religion‹ hieß, und mit theologischen Spitzfindigkeiten, das – fand das Mädchen – war anstößig bis zur Unanständigkeit.«[4] Anstößig für Cordelia, ebenso wie für den heutigen Leser, ist besonders der das gesamte Werk der Autorin durchziehende, auch hier implizierte Grundgedanke, dass eine Erlösung – im Jenseits! – nur durch einen Gnadenakt, durch das Eingreifen Christi und Marias, ermöglicht wird. Darauf richtet sich das Hauptaugenmerk, nicht aber auf Rettung der Lebenden, auf eine mögliche Verbesserung der menschlichen Umstände im Diesseits, etwa durch wachsende Aufklärung und Einsicht. »Es wurde vom Feuer gesprochen, aber von der Asche geschwiegen«, kommentiert die Tochter die Erlösungs- und Verklärungsvorstellungen der Mutter im Hinblick auf den genannten späten Roman *Märkische Argonautenfahrt*, der diesen Komplex in einem großen Panorama zwischen Auschwitz und Auferstehungskloster entwickelt.

Das Projekt der Aufklärung war für Elisabeth Langgässer ganz wörtlich eine Sache des Teufels, ein arroganter Versuch des Menschen, durch die von ihr verpönte Vernunft in die Hand zu nehmen, was allein Sache Gottes war. Nicht nur der Mensch, sondern auch die Natur als Ganzes, in die er gestellt ist, werden von ihr von vornherein als »gefallene« gesehen, nämlich »als ein Teil des gefallenen Adam und damit die gefallene Schöpfung schlecht-

hin, die ihre Hoffnung auf den Menschen setzt und nach
dem paulinischen Ausspruch ›in Wehen liegt immer noch,
seufzend nach der Erlösung durch die Kinder Gottes‹«.[5]
Deutlichstes Zeichen des Gefallenseins ist für sie durch-
weg das alles Leben bestimmende Gesetz des Kreislaufs
von Tod, Zeugung und Geburt. Nur gegen den Hintergrund dieser Vorstellung von einer gefallenen, sich immer
wieder neu gebärenden, stets »in Wehen« liegenden Natur
wird die emotionale Intensität der in *Saisonbeginn* allem
weiteren Geschehen vorangestellten Vegetationsbilder verständlich. Das Heiße des Spätfrühlingstages, das Sich-Ver-
schwenden der Wucherblume, »Saft und Kraft« der Wie-
sen (21), das Strotzen und Blühen der »milchigen Stengel«
(21), das Vor-Glück-Platzen sind Ausdruck einer – hier
eindeutig sexuell konnotierten – alles grundierenden Gier,
die für Langgässer eine satanische war.

Die »Wucherblume« (21) präludiert das Thema einer
weiteren Ausprägung dieser Gier, nämlich der materiellen.
In der Progression von Natur zu Dorf, vom Dorf zu den
Menschen, den »Fremden« und »Autobesitzern« (21), und
von diesen zu den Autos selbst, reduziert sich am Ende alles auf das Materielle, auf »Chrom und Glas« und schließlich auf das eine, alles Menschliche ignorierende Abstraktum: »Das Geld würde anrollen. Alles war darauf vorbereitet« (21), heißt es, und nicht »auf sie«, die Besucher. So
erscheinen sie denn auch nicht als Individuen, sondern als
Verallgemeinerungen: »die Lehrerinnen, die mutigen Sach-
sen, die Kinderreichen, die Alpinisten« – wobei man sich
die Mütter der »Kinderreichen« vorzustellen hat als Träge-
rinnen des NS-Mutterkreuzes, verschickt im Rahmen der
NS-Organisation *Kraft-durch-Freude*. »Vor allem« aber,
da sie am einträglichsten für die Dorfbewohner sind, kommen »die Autobesitzer in ihren großen Wagen« (21). Da-

5 Elisabeth Langgässer, »Lyrik in der Krise«, in: E. L., *Geist in den Sinnen behaust*, Mainz 1951, S. 77.

mit ist der Abfall von Gott endgültig vollzogen: Die Anbetung des Mammon, der Verrat an Christus für die »dreißig Silberlinge« des Judaslohnes (Mt. 25,16). Im Dingsymbol des Schildes, das da sagt, Juden seien »unerwünscht«, konkretisiert sich der Verrat an einem, der ja selber Jude und, wie es am Ende heißt, »bisher von den Leuten als einer der ihren betrachtet und wohl gelitten war« (24). In ihrer Verblendung fällt weder den Arbeitern noch den Umstehenden die zynische Ironie auf, mit der hier einander Ausschließendes durch die Macht des Regimes zusammengezwungen wird. Mit brutaler Kraft gehen auch die Arbeiter vor: »mit wuchtigen Schlägen« nagelten sie das Schild auf und »rammten« den Pfosten »in die Grube« (23) – ein Wort, das auf den Tod der Juden und auf das Unheil eines Endes deutet, das sie selbst nicht ahnen.

Überhaupt ist Blindheit der Figuren ein bevorzugtes Motiv der Kurzgeschichte. Werden sie am Ende sehend, so hat sich häufig an ihnen eine Schicksalswende vollzogen, sei es zum Besseren oder zum Schlechteren. Hier bleiben sie blind, gerade auch nachdem sie die Inschrift des Schildes gelesen haben. Und indem sie den Leser bis zum letzten Satz diese Blindheit mit ihnen teilen lässt, schafft Elisabeth Langgässer bei diesem eine unheilvolle Identifizierung mit den Arbeitern und den Umstehenden, die erst am Ende durch die bessere Einsicht in Beschämung umschlägt. Es sind Sekundärtugenden, die dem Leser zunächst positiv erscheinen müssen: die trotz der Hitze gewissenhaft erfüllte Pflicht, der Stolz auf die Qualität der geleisteten Arbeit, die durch die eifrige Hilfeleistung hergestellte Gemeinschaft, das Gefühl der Zufriedenheit nach dem Gelingen – ohne alles Nachdenken über Sinn und Folgen. Unbedingt will das Dorf »den Vorzug dieses Schildes und seiner Inschrift für sich beanspruchen« (22). Beschämend ist, dass es der im Text schon angekündigten Katastrophe bedurfte, um den Leser einsichtig zu machen, während er sich willig den dort Agierenden gleichgestellt hatte, solange ihm wie diesen die Bedeutung der Handlung als Vorbereitung der Katastrophe verhüllt geblieben war.

Im Lukas-Evangelium heißt es zur Kreuzigungsszene: »Und das Volk stand und sah zu.« Aus diesem Satz entwickelt Langgässer einen Querschnitt spießbürgerlicher Reaktionen auf das ungeheuerliche Geschehen. Dass es die »Schulkinder« sind, die eifrig dabei »helfen, den Hammer, die Nägel hinzureichen und passende Steine zu suchen« (23), spielt an auf die in Hitler-Jugend (HJ) und Bund Deutscher Mädel (BDM) vom Regime missbrauchte Begeisterungsfähigkeit und damit Verführbarkeit der Jugend. Die Unsicherheit, mit der die zwei Nonnen reagieren, obwohl sie doch gerade dem Juden Christus mit einer Blumengabe gehuldigt haben, ihr Weggang ohne ein Wort, geißelt die offizielle Haltung einer Kirche, die sich schon früh mit Hitler arrangiert hatte und ihm, außer in Einzelfällen wie dem des Kardinals Faulhaber oder des Münsteraner Bischofs Graf von Galen, keinen Widerstand entgegensetzte. Aber auch wer innerlich das Geschehen ablehnte, wollte – oder konnte – nur so handeln wie jene, die hier den Kopf schüttelten, »ohne etwas zu sagen« (23). Wie die »Mehrzahl« im Text handelten wohl auch eine Mehrzahl der Deutschen, die »gleichgültig« (24) blieben, »wie sich die Sache auch immer entwickeln würde« (24).

Was an versteckter Drohung in diesem unterkühlten, bezogen auf die Umstehenden gleichsam auf die leichte Schulter genommenen Satz mit seiner »Sache« liegt, verdeutlicht die – immer noch auktoriale – Anspielung auf das Schicksal des Belsazar und seines Reiches, wie sie im Buch Daniel (Kap. 5) nachzulesen ist: »[...] die Nachmittagssonne glitt wie ein Finger über die zollgroßen Buchstaben hin und fuhr jeden einzelnen langsam nach wie den Richtspruch auf einer Tafel [...]« (24). Der König von Babylon, aus dem Stamm der Chaldäer, hatte alle Großen des Reichs zu einem Gastmahl versammelt, den jüdischen Gott beleidigt und statt seiner Götzen angebetet. Die aus dem Tempel entwendeten jüdischen Kultgeräte wurden zu Trinkbehältern entweiht:

> Und da sie so soffen, lobten sie die goldenen, silbernen, ehernen, eisernen, hölzernen Götter.
> Eben zur selben Stunde gingen hervor Finger wie einer Menschenhand; die schrieben, gegenüber dem Leuchter, auf die getünchte Wand in dem königlichen Saal; und der König ward gewahr der Hand, die da schrieb.
> Da entfärbte sich der König, und seine Gedanken erschreckten ihn, daß ihm die Lenden schütterten und die Beine zitterten. (Daniel 5,4–6)

Daniel wird gerufen, »der den Geist der heiligen Götter hat«, um die Schrift zu erläutern:

> Das ist aber die Schrift, allda verzeichnet: **Mene, Mene, Tekel, U = pharsin.**
> Und sie bedeutet dies: **Mene,** das ist: Gott hat dein Königreich **gezählt** und vollendet.
> **Tekel,** das ist: man hat dich in einer Waage **gewogen** und zu leicht gefunden.
> **Peres,** das ist: dein Königreich ist **zerteilt** und den Medern und **Persern** gegeben.
> [...] in derselben Nacht ward der Chaldäer König Belsazar getötet.

Es wird hier deshalb so ausführlich zitiert, weil sich, bis hin zu den Einzelheiten der (Nazi-)Götzenverehrung, dem Tod des Tyrannen, der Teilung des Landes und der Besetzung durch »Perser« und »Meder«, das Schicksal Deutschlands spiegelt, ebenso wie das seiner Hauptstadt Berlin, einer modernen »Hure Babylon« in den Augen zahlreicher Berlin- und Preußenkritiker, zu denen sich auch die aus Rheinhessen stammende Langgässer wiederholt und heftig bekannte.

Liegt nun mit *Saisonbeginn* eine »klassische Kurzgeschichte« vor? Sicherlich nicht in dem Sinne, dass die Regeln der angelsächsischen *short story* im Einzelnen befolgt
wären. Die Enormität des Geschehens, das unmittelbare
persönliche Betroffensein, die Suche nach Trost im Erlö-
sungsglauben haben die Form sprengen müssen. Klassisch
ist der Text jedoch in der Schärfe der Beobachtung, der
Dichte und Intensität, mit der das Ungeheuerliche in Worte gefasst wurde. Immerhin gehört Elisabeth Langgässer
zu den wenigen nach 1933 in Deutschland verbliebenen
Autoren, die sich schon unmittelbar nach Kriegsende dieses Themas annahmen und dabei ein Psychogramm von
Tätern und Mitläufern entwarfen, das noch heute Gültigkeit hat.

Literaturhinweise

Elisabeth Langgässer: Das Straßenschild. In: Unser Tag (Freiburg-
   Littenweiler). Nr. 61. 8. August 1947. S. 5.
– Saisonbeginn. In: E. L.: Der Torso. Hamburg: Claassen & Go-
   verts [1948]. S. 15–17.
– Saisonbeginn. In: E. L.: Ausgewählte Erzählungen. Mit einem
   Nachwort von Horst Krüger. Düsseldorf: Claassen, 1979.
   S. 190–193.
– Saisonbeginn. In: Klassische deutsche Kurzgeschichten. Hrsg.
   von Werner Bellmann. Stuttgart: Reclam, 2003. S. 21–24. – Die-
   sem Druck liegt die Ausgabe von 1979 zugrunde.

Könecke, Rainer: Elisabeth Langgässer: Saisonbeginn. In: R. K.:
   Interpretationshilfen. Deutsche Kurzgeschichten 1945–1968.
   Stuttgart/Dresden ²1995. S. 26–34.
Nentwig, Paul: Elisabeth Langgässer: *Saisonbeginn*. In: P. N.: Die
   moderne Kurzgeschichte im Unterricht. Braunschweig ³1971.
   S. 65–74.
Thiemermann, Franz-Josef: Elisabeth Langgässer: Saisonbeginn.
   In: F.-J. T.: Kurzgeschichten im Deutschunterricht. Bochum
   ⁸1971. S. 192–206.

Wolfgang Borchert: *An diesem Dienstag*

Von Werner Bellmann

> Furchtbar waren die Tage bei Toropez, wo ich als Melder nachts durch die grauenhaften Wälder laufen mußte, furchtbar waren die Tage im Seuchenlazarett, wo jede Nacht die Toten rausgetragen wurden – aber dann war da auch so viel Schönes: – ein wundervoller Arzt, ein kleiner Flirt mit einer Schwester [...].

Diese Schilderung, die Borchert im Februar 1943 in einem Brief an einen Hamburger Bekannten gegeben hat,[1] wird durch andere briefliche Mitteilungen ergänzt. Den Eltern teilt er um dieselbe Zeit mit, »daß im Seuchen- und Typhuslazarett Smolensk täglich ein halbes Dutzend Tote rausgetragen wurden und daß auf dem Friedhof vor unserem Fenster über 700 Kreuze waren – 700 Gräber allein von Fleckfiebertoten«.[2]

Viele Geschichten Borcherts gehen auf Selbsterlebtes zurück – die Schrecken der Front, die in Gefängnis und Lazarett ertragenen Demütigungen und Qualen – und verarbeiten reale biographische Details. Der in den angeführten Briefen geschilderte Einsatz an der russischen Winterfront und der Aufenthalt im berüchtigten Seuchenlazarett Smolensk, in das er mit Gelbsucht und Fleckfieberverdacht eingeliefert worden war, bilden unverkennbar den realen Erlebnishintergrund für die Konzeption der Kurzgeschichte *An diesem Dienstag*. Um direkt verwendete Realitätspartikel handelt es sich nicht nur bei dem

---

1 Brief an Hugo Sieker, 20. Februar [1943], zitiert nach: Wolfgang Borchert, *»Allein mit meinem Schatten und dem Mond.« Briefe, Gedichte und Dokumente*, hrsg. von Gordon J. A. Burgess [u. a.], Reinbek bei Hamburg 1996, S. 99.

2 Brief an die Eltern [März/April 1943]; ebd., S. 106.

Hinweis auf die tägliche Sterberate: »Ein halbes Dutzend« (28); auch die Namen von »Fräulein Severin« (26) und »Schwester Elisabeth« (28) sind, wie andere Zeugnisse belegen, der Wirklichkeit entlehnt.[3]

An diesem Dienstag ist Ende November 1947, kurz nach dem Tod des Autors, als Titelgeschichte seiner zweiten Erzählsammlung erschienen.[4] Gerade in Stil und Erzählweise vieler Texte dieses Sammelbandes ist der Einfluss amerikanischer Short-Story-Autoren spürbar, den Alfred Andersch schon 1948 vermutete, der danach aber vielfach, da nicht belegbar, bezweifelt worden ist.[5] Seit der Veröffentlichung der Briefe im Jahr 1996 lässt sich definitiv festhalten: Borchert hat schon im September 1940 Kurt Ullrichs Kurzgeschichten-Anthologie *Neu Amerika* (1937) gelesen, spätestens seit Sommer 1946 waren ihm Hemingways Short-Story-Zyklus *In unserer Zeit* (*In our time*, 1925) sowie Texte von Thomas Wolfe (1900–1938) und William Faulkner (1897–1962) bekannt und er hat nach eigenem Bekunden »ausländische stories« weiterer Autoren aus Zeitschriften ausgeschnitten und gesammelt. Dazu passt, dass er auch für seine eigenen Geschichten seit dieser Zeit häufig die Bezeichnung »stories« wählte.[6] Stilistische Indizien veranlassten Heinz Piontek 1959 zu der Vermutung, dass Borchert insbesondere »bei Hemingway in die Schule ging«.[7] Darauf deutet der Stilwechsel –

---

3 Vgl. den Brief an die Mutter vom 25. Januar 1943; ebd., S. 96; ferner: Peter Rühmkorf, *Wolfgang Borchert*, Reinbek bei Hamburg 1991, S. 121.

4 Der Text beschließt nach Art eines Resümees die Gruppe der zehn Kriegsgeschichten (überschrieben *Im Schnee, im sauberen Schnee*) und steht überdies exakt in der Mitte der insgesamt 19 Geschichten.

5 Vgl. Alfred Andersch, »Das Gras und der alte Mann«, in: *Frankfurter Hefte* 3 (1948) H. 10, S. 927–929, hier S. 928. – Vgl. dazu: Ludwig Rohner, *Theorie der Kurzgeschichte*, Frankfurt a. M. 1973, S. 14 und 53; Leonie Marx, *Die deutsche Kurzgeschichte*, 2., überarb. und erw. Aufl., Stuttgart 1997, S. 143.

6 Vgl. Borchert (Anm. 1) S. 53, 178, 182 f., 185 und 200.

7 Heinz Piontek, »Graphik in Prosa. Ansichten über die deutsche Kurzgeschichte«, in: *Merkur* 13 (1959) S. 275–283, hier S. 281.

weg von Lyrismen, Sentimentalität und Pathos der frühen Prosa, hin zu lakonisch gehaltener Alltagssprache, zum Ausschnitthaften, zur Technik des Understatements und zum Spiel mit Aussparung und sorgfältig komponierter Andeutung. Hemingway selbst hat das poetische Verfahren, bei dem der Autor nur einen Bruchteil des Stoffes in Sprache umsetzt, in seinem Essay *Death in the Afternoon* (1932) mit der berühmten Eisberg-Metapher bildkräftig auf den Punkt gebracht: Die ausformulierte Geschichte zeige nur einen winzigen Teil des Ganzen, so wie der Eisberg nur zu »einem Achtel« sichtbar sei.[8]

Ein Musterbeispiel für die angeführten Stil- und Darstellungsmittel ist die Kurzgeschichte *An diesem Dienstag*, deren ausschnitthafte Einzelszenen, indem sie das jeweilige Umfeld evozieren, das Kriegsgeschehen als Ganzes – oder doch in wichtigen Facetten[9] – vergegenwärtigen. Der Text weist jene Charakteristika auf, die Borchert wenige Wochen vor seinem Tod als kennzeichnend für den Stil seiner späteren Prosa genannt hat: »das Knappe, Angedeutete, Telegramm-Filmische«.[10]

Walter Höllerer hat *An diesem Dienstag* einer Variante des Formtypus »Überblendungsgeschichte« zugerechnet:

> Das Geschehen, das an verschiedenen Orten spielt, wird ineinandergeblendet: sei es in einem Augenblick oder in einem kurzen Zeitabschnitt (Borchert »An diesem Dienstag« [...]); oder das Geschehen wird von den verschiedenen Orten her durch die Erinnerung in

8 Vgl. Ernest Hemingway, *Gesammelte Werke in 10 Bänden*, Bd. 8: *Tod am Nachmittag*, Reinbek bei Hamburg 1977, S. 162 f.

9 Hier wie auch im Hörspiel/Drama *Draußen vor der Tür* wird nicht einmal andeutungsweise in die Darstellung einbezogen, dass es sich beim Russland-Feldzug um einen Vernichtungskrieg gegen die Bevölkerung der Sowjetunion handelte. Vgl. dazu die Borchert-Kritik von Jan Philipp Reemtsma, in: J. P. R., *Mord am Strand. Allianzen von Zivilisation und Barbarei. Aufsätze und Reden*, Hamburg 1998, S. 369–380.

10 Brief an Elisabeth Kaiser [Oktober 1947]; Borchert (Anm. 1) S. 231.

die kurze Zeit der Kurzgeschichtenausdehnung hinein-
geblendet (Hemingway »Schnee auf dem Kilimand-
scharo«).[11]

Gegen Höllerers Terminus ist eingewendet worden, dass
man bei den Szenenwechseln in Borcherts Geschichte
nicht eigentlich von »Überblendung« (im Sinne der filmischen Technik) sprechen kann; vielmehr seien die Szenen hart gegeneinander geschnitten. Da alle geschilderten Vorgänge an ein und demselben Tag stattfinden, was
die anaphorisch mit der Zeitangabe »An diesem Dienstag« einsetzenden Abschnittsanfänge eindringlich signalisieren, und da durch die Montagetechnik der Effekt der
Gleichzeitigkeit hervorgerufen werde, bevorzugen einige
Interpreten die Bezeichnung »Simultaneitätsgeschichte«.
Andere wiederum sprechen, ausgehend von der Beobachtung einer relativ großen Selbständigkeit oder auch
(scheinbaren) Unverbundenheit und Disparität der einzelnen Episoden (»puzzle von Momentaufnahmen«), vom
Kompositionsprinzip des Mosaiks, dessen Teile sich zu
einem Gesamtbild – hier der Kriegswirklichkeit – zusam-
menschließen.

Den neun Augenblicksbildern vorangestellt sind drei
knappe Einleitungssätze, die den exemplarischen Charakter des Dargestellten betonen und mit dem Titel korrespondieren, diesen erläutern. Was ›an diesem Dienstag‹ geschieht, wird pars pro toto erzählt. *Heute ist Freitag* hat
Hemingway eine seiner bekanntesten Short Storys überschrieben, und er zielte mit der Nennung des Wochenta-
ges auf dessen ohne weiteres einleuchtende religiöse Symbolik. Obwohl Borcherts Titel auf den ersten Blick alles
andere als symbolträchtig erscheint, könnten ihm ähnliche
Überlegungen zugrunde liegen: Der Dienstag – sprachlich

---

11 Walter Höllerer, »Die kurze Form der Prosa«, in: *Akzente* 9 (1962) H. 3,
S. 226–245, hier S. 245.

eine Lehnübersetzung des spätlateinischen »Martis dies« –
ist der Tag des Kriegsgottes.[12]

Der denkbar knappen Exposition folgen, streng alter-
nierend, fünf in der Heimat, in Deutschland, und vier an
der russischen Front spielende Miniaturszenen, die durch
korrespondierende oder kontrastierende Motive (z. B. Bücher von Hölderlin, Wilhelm Busch / das Buch der Lehrerin / das dicke Krankenbuch) und durch symbolische Elemente (z. B. die Farbe Rot) miteinander verzahnt sind. Be-
stimmend für die Anordnung der Szenen ist zunächst die
Chronologie eines Tages. Das in den letzten drei Abschnitten Dargestellte verläuft jedoch offensichtlich simul-
tan: der Theaterbesuch der stolzen Frau Hauptmann Hesse, die Agonie ihres Mannes im Seuchenlazarett und die
stupide häusliche Rechtschreibübung der kleinen Ulla fallen in die Abendstunden. Der Konfrontierungseffekt, d. h.
die für den ganzen Text konstitutive Gegenüberstellung
von banalem Alltag und brutaler Kriegswirklichkeit, gewinnt gerade in der Schlusssequenz an Intensität und steigert den Eindruck der Absurdität. Das gilt insbesondere,
wenn man von der durch die Gesamtkonzeption nahe ge-
legten Annahme ausgeht, dass es sich bei Ulla um die
Tochter der Hesses handelt.

Die Zusammengehörigkeit der Szenen, die Konsistenz
des Textes insgesamt ist demnach nicht nur durch die Einheit der Zeit und einzelne motivische Verknüpfungen,
sondern auch durch andere Gestaltungselemente gewähr-
leistet. Im Mittelpunkt der auf den ersten Blick kaleido-
skopisch anmutenden Szenenfolge, die auf die autobiographisch fundierten Lazarettepisoden hin entworfen ist,
stehen eindeutig Hauptmann Hesse und seine infolge des
Kriegs von ihm getrennten Angehörigen. Die anderen Figuren sind den Familienmitgliedern auf unterschiedliche

12 Vgl. Dietrich Weber, »An diesem Dienstag«, in: *Wirkendes Wort* 34 (1984)
H. 1, S. 1.

Weise zugeordnet: Ullas Lehrerin, Frau Hesses Nachbarin, Hesses Kollegen, sein ehemaliger Vorgesetzter und sein Nachfolger Ehlers, die behandelnden Ärzte und Schwestern. Das Schicksal Hesses, das sich an diesem Dienstag vollzieht, wird (unter Verzicht auf jede auktoriale Einmischung) durch ergänzende Momentaufnahmen in sein Umfeld eingebettet, aus anderen Blickwinkeln beleuchtet und ›kommentiert‹ und zugleich seiner Singularität enthoben.

Eine Schlüsselfunktion kommt unter diesem Aspekt den beiden rahmenden Abschnitten zu. Die Schulszene enthält in nuce jene Kritik, die Borchert in einer der *Lesebuchgeschichten*[13] und die später Böll in seiner Kurzgeschichte *Wanderer, kommst du nach Spa...* (1950) an der Institution Schule als Ideologielieferant geübt haben. Die Studienräte, die »schon die Väter so brav für den Krieg präparierten«,[14] indoktrinieren ihre Schüler(innen) auch 1943 noch mit verniedlichenden Phrasen über heroische Persönlichkeiten und siegreiche Schlachten der preußisch-deutschen Militärgeschichte. Die hintersinnige Entlarvung dieses verlogenen Patriotismus hat Borchert jedoch durch andere Gestaltungselemente gleich mitgeliefert. Die Lehrerin »mit ihrer Brille« (25) erweist sich nicht nur als ›blind‹ für die Wirklichkeit, sie ist auch pedantisch und taktlos. Das zeigen ihr Übungssatz »Im Krieg(e) sind alle Väter Soldat« (25 und 29) und die Ulla gegebene Buchstabierhilfe: Krieg mit »G wie Grube« (25). Die sich beim Leser zwangsläufig einstellende Assoziation – Grab, Tod – deutet auf das weitere Geschehen voraus und antizipiert den Erzählschluss; sie macht den Leser zugleich sensibel für die dann im Ablauf der Szenen drastisch demonstrierte Diskrepanz zwischen Ideologie und Wirklichkeit. Nach Darstellung des elenden Todes von Hauptmann Hesse im

---

13 Wolfgang Borchert, *Das Gesamtwerk*, Reinbek bei Hamburg 1993, S. 315–318, hier S. 316.

14 Borchert (Anm. 13) »Das ist unser Manifest«, S. 313.

Seuchenlazarett zeigt das letzte Bild seine Tochter Ulla bei
der Niederschrift des Übungssatzes, wobei im Rückgriff
auf den Eingangsabschnitt »Krieg mit G. Wie Grube«
(29) ausdrücklich wiederholt wird. Die Kurzgeschichte
schließt pointiert mit dieser Buchstabierhilfe; sie ist Kommentar, Resümee und Quintessenz.

Literaturhinweise

Wolfgang Borchert: An diesem Dienstag. In: W. B.: An diesem
  Dienstag. Neunzehn Geschichten. Hamburg/Stuttgart: Ro-
  wohlt, 1947. S. 38–41.
– An diesem Dienstag. In: W. B.: Das Gesamtwerk. Reinbek bei
  Hamburg: Rowohlt, 1993. S. 191–194.
– An diesem Dienstag. In: Klassische deutsche Kurzgeschichten.
  Hrsg. von Werner Bellmann. Stuttgart: Reclam, 2003. S. 25–29. –
  Dieser Druck basiert auf der Ausgabe von 1993.

Durzak, Manfred: Die deutsche Kurzgeschichte der Gegenwart.
  Autorenporträts – Werkstattgespräche – Interpretationen. Stutt-
  gart ²1983.
Kienzle, Siegfried: Wolfgang Borchert. In: Deutsche Dichter. Bd. 8:
  Gegenwart. Hrsg. von Gunter E. Grimm und Frank Rainer
  Max. Stuttgart 1990. S. 274–279.
Rühmkorf, Peter: Wolfgang Borchert. Reinbek bei Hamburg 1991.
Schröder, Claus B.: Wolfgang Borchert. Die wichtigste Stimme der
  deutschen Nachkriegsliteratur. München 1988.
Unseld, Siegfried: An diesem Dienstag. Unvorgreifliche Gedanken
  über die Kurzgeschichte. In: Akzente 2 (1955) H. 2. S. 139–148.
Zimmermann, Werner: Wolfgang Borchert: *An diesem Dienstag.*
  In: W. Z.: Deutsche Prosadichtungen unseres Jahrhunderts. In-
  terpretationen. Bd. 2. 2. Aufl. der Neufassung. Düsseldorf 1970.
  S. 31–36.

Wolfgang Borchert: *Nachts schlafen die Ratten doch*

Von Hans-Gerd Winter

Nachts schlafen die Ratten doch ist Ende 1947 in *An diesem Dienstag. Neunzehn Geschichten* veröffentlicht worden, dem ersten Band Borcherts, der im Rowohlt Verlag erschienen ist. Diese Kurzgeschichten spielen im Krieg und in der unmittelbaren Nachkriegszeit. Sie sind dadurch gekennzeichnet, dass der politisch-historische Rahmen des Krieges, sein Ablauf und seine Ursachen nicht geschildert werden; die Perspektive wird verengt allein auf die Opfer des Krieges, vom einzelnen Soldaten – höhere Dienstgrade stehen nicht im Vordergrund – bis zur Zivilbevölkerung. Präzise Zeit- und Ortsangaben fehlen. Es geht um die exemplarischen Leiden des Einzelnen in einer prägnant umrissenen existenziellen Situation und/oder Konfrontation, der er ausgeliefert ist. Anfang und Schluss bleiben – wie in vielen Kurzgeschichten dieser Zeit – offen. Lage und Schicksal der jeweiligen Protagonisten verdeutlichen, dass der Krieg und seine Folgen, auch wenn sie nicht unmittelbar todbringend sind, das Individuum radikal entwerten, wenn nicht zerstören.

Károly Csúri hat als Grundstruktur von Borcherts Geschichten herausgearbeitet, dass ein Anfangszustand »in einem noch harmonischen Stadium virtuell-zeitloser Geborgenheit« über einen Übergangszustand in einem »disharmonischen Stadium zeitlich-historischen Ausgestoßenseins« »mit Hilfe ambivalenter Vermittlungsfiguren« in einen Folge- oder Endzustand »virtuell-zeitloser Geborgenheit (oder Schein-Geborgenheit)« überführt werde.[1]

---

1 Károly Csúri, »Semantische Feinstrukturen: Literaturästhetische Aspekte der Kompositionsform«, in: »*Pack das Leben bei den Haaren.« Wolfgang Borchert in neuer Sicht*, hrsg. von Gordon Burgess und Hans-Gerd Winter, Hamburg 1996, S. 155–169, hier S. 157.

Diese Struktur findet sich auch hier – aber so, dass der Anfangszustand als vergangen vorausgesetzt wird. Er beinhaltet, dass der neunjährige Junge, aus dessen Perspektive trotz der Er-Form erzählt wird, einmal eine Familie und einen vierjährigen Bruder gehabt hat. Ein Bombenangriff hat das Haus zerstört, der Bruder liegt tot in den Trümmern. Ob die Eltern noch leben, bleibt offen. Der Junge hält in der Nähe der Leiche die Totenwache. Dies ist der Übergangszustand; in ihm ist der Junge unsicher und ängstlich, weil er überfordert ist. Er ist ein allzu früh zum Erwachsensein gezwungenes Kind. Borchert stellt in ihm einen jungen Protagonisten seiner »Generation ohne Abschied«[2] dar, die viel zu früh »aus dem Laufgitter des Kindseins« in eine feindliche Welt gestoßen worden sei. Der Junge konnte und kann sich von seinem Bruder nicht verabschieden. Dazu verhilft ihm erst der Alte, indem er ihn dazu bringt, sich am Abend abholen zu lassen. Damit geht der Übergangszustand in einen Folgezustand über, der dem Jungen zwar eine vorübergehende Überlebensperspektive zu bieten scheint, wobei aber völlig offen bleibt, wie er weiterleben könnte.

Die Geschichte setzt ein mit der Schilderung der städtischen Trümmerlandschaft. Die unbelebten Trümmer werden personifiziert. Die Verben (»gähnte«, »döste«; 30) signalisieren Müdigkeit und Erschlaffung. Damit korrespondiert die expressive Farbgebung: »blaurot« (30) – der Übergang vom Tag in den Abend. Die emotionale Aufladung dieser nicht naturalistisch geschilderten Szenerie – man beachte auch die »vereinsamte Mauer« (30) – korrespondiert mit dem inneren Zustand des danach thematisierten Jungen. Die Szenerie am Ende der Erzählung unterscheidet sich von der Starre des Anfangs durch Bewegtheit und Lebendigkeit, was dem bevorstehenden Fol-

---

2 Vgl. Wolfgang Borchert, »Generation ohne Abschied«, in: W. B., *Das Gesamtwerk*, mit einem biogr. Nachw. von Bernhard Meyer-Marwitz, Reinbek 1986, S. 59–61.

ge- bzw. Endzustand entspricht. Der alte Mann »lief mit
seinen krummen Beinen auf die Sonne zu« (33), sein Korb
»schwenkte aufgeregt hin und her« (34). Dieser Lebendigkeit korrespondiert, dass der Sonne jetzt die Farbe »Rot«
(34) statt des matteren »Blaurot« (30) zugeordnet wird.
Das »Grün« des Kaninchenfutters ist zwar »etwas grau
vom Schutt« (34), signalisiert aber ebenfalls eine vorsichti-
ge Hoffnung.

Der umfangreiche Hauptteil der Geschichte besteht aus
der Konfrontation des Jungen mit dem Alten. Dabei fällt
auf, dass der Altersunterschied als Perspektive von unten
nach oben bzw. von oben nach unten vergegenwärtigt
wird; der ohnehin wohl kleinere Junge sitzt, der alte Mann
kommt und steht dann vor ihm. Der Junge »blinzelt« »an
den Hosenbeinen hoch«; er will den Alten aus Angst zunächst nicht wirklich wahrnehmen, der Alte schaut »von
oben auf das Haargestrüpp« (30) hinunter.

Wie in vielen Geschichten Borcherts ist die eigentliche
Konfrontation als Dialog gestaltet – ohne distanzierende
Ausrufungszeichen und zum Teil ohne Erzählerkommentar und Verben des Sagens. Diese immanent dramatische
Form, die durch ein Zurücktreten des Erzählers entsteht,
verweist darauf, dass Borchert sich eigentlich bis zuletzt
eher als Schauspieler und Theaterregisseur gesehen hat und
daher seine Geschichten gern als kleine Theaterszenen arrangiert. Auch diese Konfrontation könnte leicht aufge-
führt werden. Der alte Mann tritt als ein talentierter
Schauspieler und Vorspiegler auf – eine Figur, die dem Autor sehr nah ist, welchem das Imitieren und Vorspiegeln
auch in unpassenden Situationen lange zu einer Art zwei-
ter Natur geworden war. So hat Borchert 1943 seine Verhaftung und Anklage wegen Wehrkraftzersetzung seinem
Hang zur Simulation zu verdanken. Einen Tag vor der Ab-
stellung zum Fronttheater parodiert er Goebbels und wird
angezeigt. Seine Lust am perfekten Schein riss ihn hin:
»und da verleitet mich irgendein Teufel dazu. Ich hab mir

leider gar nichts dabei gedacht [...] und sitze hier in Unter-
suchungshaft und verwünsche die Natur, die dem Menschen die Sprache verliehen hat.«[3] Der alte Mann hingegen
erlöst den Jungen durch diese Fähigkeit aus seiner Isolation, was einen Akt selbstverständlicher Menschlichkeit darstellt. Er übernimmt dabei eine Vaterrolle. Daher ist es
wohl nicht zufällig, dass Borchert diese Geschichte, geschrieben in ein graues Schulheft, am 11. Januar 1947 seinem Vater zum Geburtstag schenkt.[4] Der Junge bleibt bei
der Leiche des Bruders, damit diese nicht von den Ratten
gefressen werde. Der alte Mann setzt dagegen: »nachts
schlafen die Ratten doch« (33). Nicht zufällig ist dieser fol-
genreiche Kernsatz auch der Titel der Erzählung. Und der
Alte beschimpft den Lehrer des Jungen, der ihm jenes
nicht gesagt habe. Dem Jungen kommt die falsche Behauptung des alten Mannes entgegen, sie macht ihm seine eigene Müdigkeit bewusst, und außerdem kann er das kindli-
che Interesse an den 27 kleinen Kaninchen des alten Mannes nicht länger zurückhalten. Indem er am Ende dazu
bereit ist, mit dem alten Mann mitzugehen, wenn dieser
ihn abholen wird, ist sein Lebenswille wieder erwacht; es
wird plötzlich eine kleine Zukunftsperspektive sichtbar,
die ihn aus seiner Erstarrung löst. Vorher war er aus der
zwischenmenschlichen Kommunikation schon fast ausgetreten, in der Isolation und Nähe zur Leiche hatte ihm ein
vorgezogener Tod gedroht. Er »hatte die Augen« bereits
»zu«, als der alte Mann kommt, dann »blinzelt« er (30),
kurz vor dem Ende des Gesprächs steht er auf, und
schließlich ruft er dem Alten sogar hinterher. Vorher hatte
er in der Kommunikation zwischen Ängstlichkeit, Unsi-

3 Borchert an Dr. Carl Hager, 21. Dezember 1943, in: »*Allein mit meinem
Schatten und dem Mond.*« *Briefe, Gedichte und Dokumente*, hrsg. von
Gordon J. A. Burgess [u. a.], Reinbek bei Hamburg 1996, S. 112.
4 Die Handschrift, vorhanden im Wolfgang-Borchert-Archiv der Staats- und
Universitätsbibliothek Carl von Ossietzky (Hamburg), enthält auf der Ti-
telseite dieses Datum.

cherheit und Mut der Verzweiflung geschwankt, am Ende wird er selbst initiativ. Schon bei der Rechenaufgabe, die der Alte gezielt einsetzt, ist das Interesse an den Kaninchen geweckt; der Wunsch, die eigene Lage zu verändern, bricht auf, wird aber vorerst durch den selbst auferlegten Auftrag noch zurückgehalten. Dass der Junge trotz des Verlustes zumindest seines Bruders noch einen ausgeprägten Lebenswillen hat, liegt zum einen am Alter, zum andern aber ist dies ein Kennzeichen vieler Figuren Borcherts, der als todkranker Autor im Krankenbett der elterlichen Wohnung seine Geschichten geschrieben und den eigenen Wunsch nach Zukunft in seinen Figuren gestaltet hat.

Die beiden Protagonisten werden als Personen kaum vorgestellt. Über das Aussehen des Jungen erfährt man nichts, immerhin aber seinen Namen: Jürgen. Für den alten Mann stehen in der Wahrnehmung des Jungen nur die »krummen Beine« (31), »ärmlich behoste« (30). Zwei typische Requisiten der Kurzgeschichten der frühen Nachkriegszeit tauchen auf: das Brot und das Rauchen.[5] Das Brot verweist auf die Hungerzeit, bildet eine Voraussetzung zum Überleben. Dass der Junge schon raucht – Selbstgedrehte –, zeigt, wie sehr er über das Kindsein hinaus ist. Zugleich ist das Rauchen in der Notzeit aber auch eine Art Lebensäußerung: Ablenkung vom tristen Alltag und momentaner Genuss.

---

5 Vgl. zum Beispiel die frühen Kurzgeschichten Heinrich Bölls oder seinen Roman *Der Engel schwieg*.

Literaturhinweise

Wolfgang Borchert: Nachts schlafen die Ratten doch. In: W. B.: An diesem Dienstag. Neunzehn Geschichten. Hamburg/Stuttgart: Rowohlt, 1947. S. 69–72.
– Nachts schlafen die Ratten doch. In: W. B.: Das Gesamtwerk. Reinbek bei Hamburg: Rowohlt, 1993. S. 216–219.
– Nachts schlafen die Ratten doch. In: Klassische deutsche Kurzgeschichten. Hrsg. von Werner Bellmann. Stuttgart: Reclam, 2003. S. 30–34. – Diesem Druck liegt die Ausgabe von 1993 zugrunde.

Christmann, Helmut: Nachts schlafen die Ratten doch. In: Interpretationen zu Wolfgang Borchert. Hrsg. von Rupert Hirschenauer und Albrecht Weber. München 1962. S. 76–82.
Csúri, Károly: Zur systematischen Erklärungsmöglichkeit von Borcherts Kurzgeschichten. In: Sprache und Literatur in Wissenschaft und Unterricht 22 (1991) S. 33–49.
Durzak, Manfred: Die deutsche Kurzgeschichte der Gegenwart. Autorenporträts – Werkstattgespräche – Interpretationen. Stuttgart 1980. S. 322–329.
Große, Wilhelm: *Nachts schlafen die Ratten doch*. In: W. G.: Wolfgang Borchert. Kurzgeschichten. München 1995. S. 52–54.
Schiekofer, Albert: »Nachts schlafen die Ratten doch« von Wolfgang Borchert (Deutsch, ab Kl. 8). In: Schulmagazin 5–10. Impulse für kreativen Unterricht 10 (1995) S. 35–40.
Weydt, Harald: Was soll der Übersetzer mit deutschen Partikeln machen? »Nachts schlafen die Ratten doch« als Beispiel. In: Studien zur kontrastiven Linguistik und literarischen Übersetzung. Hrsg. von Andrzej Katny. Frankfurt a. M. 1989. S. 235–252.

Elisabeth Langgässer: *Glück haben*

Von Werner Bellmann

Die Kurzgeschichte *Glück haben* ist 1946, vermutlich in der ersten Jahreshälfte, entstanden. Erstveröffentlicht werden sollte sie zusammen mit weiteren siebzehn »in den Schreckenstagen während und nach der Eroberung von Berlin«[1] konzipierten Prosastücken sowie zwei Gedichten in dem Sammelband *Der Torso*, der Ende 1946/Anfang 1947 in Satz ging. Da das Erscheinen dieses Bandes jedoch immer wieder hinausgeschoben wurde – die Auslieferung erfolgte schließlich im Frühjahr 1948 –, überließ die Autorin die genannte Geschichte Walter Dirks, der sie im Dezember 1947 in den von ihm mitherausgegebenen *Frankfurter Heften* vorabdruckte. Die Entscheidung zur separaten Veröffentlichung wird Elisabeth Langgässer nicht leicht gefallen sein, hatte sie doch zuvor in Briefen wiederholt darauf hingewiesen, es handele sich bei den *Torso*-Texten um »eine Sammlung sehr grausamer Kurzgeschichten, die man nicht als Einzelstücke voneinander trennen und auseinanderreissen« dürfe, da das Buch »als *Ganzes* komponiert« sei.[2] Ungeachtet solcher Beteuerungen hat sie (u. a. weil sie auf die Honorare angewiesen war) nicht nur Abdrucken in Periodika zugestimmt, sondern *Glück haben* am 11. November 1948 auch in einer Sendung des NWDR selbst vorgelesen.

Anspielend auf einen Short-Story-Zyklus Hemingways hat Langgässer im August 1946 den Titel ihres kurz vor dem Abschluss stehenden Projekts erläutert: Es handele sich um »Short-Stories, die – jede ein anderes Stück – das

1 Elisabeth Langgässer, *Briefe 1924–1950*, 2 Bde., hrsg. von Elisabeth Hoffmann, Düsseldorf 1990, hier Bd. 2, S. 775. Die *Torso*-Texte lagen Ende August 1946 komplett vor; vgl. ebd., Bd. 1, S. 575.

2 Ebd., Bd. 2, S. 614 und 640; vgl. auch S. 625 und 648.

Bild des verstümmelten Menschen zusammensetzen, des Menschen ›in our time‹«.[3] Protagonisten der *Torso*-Texte sind vorwiegend Menschen, die den Terror des NS-Regimes und die Gräuel des Zweiten Weltkriegs überlebt haben. Wie in der Monologgeschichte *Im Einklang*, in der eine ältere Frau ihre traurige Lebensgeschichte erzählt, zeigt sich auch in *Glück haben* die ›Verstümmelung‹ in nervlicher Zerrüttung und geistiger Verwirrung. Die Handlung ist in einem Sanatorium, einer Nervenheilanstalt, angesiedelt. Erzählt wird aus der Perspektive einer Besucherin, die in der Anstalt einen durch Kriegsereignisse nervenkranken Bekannten treffen möchte und dann, auf diesen wartend, zufällig Zeuge des Selbstgesprächs einer anderen Patientin wird, in dem diese ihr an Schicksalsschlägen reiches Leben Revue passieren lässt. Der Lebensbericht mündet in einen affektiven Ausbruch, der in dem Schrei »Scheißleben!« (41) Ausdruck sucht. Die zuhörende Besucherin stimmt spontan – mitfühlend, mitleidend – in diesen Schrei ein und schließlich verprügeln die beiden Frauen und der hinzukommende männliche Bekannte gemeinsam eine herbeigeeilte Krankenschwester. Dieser Vorfall führt zu der Konsequenz, dass die Besucherin in der Nervenheilanstalt bleibt – sie wird für einige Wochen zur Patientin, was sie jedoch offenbar nicht als Unglück zu empfinden vermag, vielmehr rückblickend als ihre »schönste Zeit« (42) bezeichnet.

Wie diese Hinweise erkennen lassen, ist der Text als Rahmenerzählung – mit zwei Ich-Erzählerinnen – angelegt. Das dreimalige »damals« sowie die damit korrespondierenden Angaben »jetzt« und »heute« im vorderen Rahmenteil signalisieren gleich zu Beginn, dass die Ich-Erzäh-

---

3 An Werner Milch, 6. August 1946; zitiert nach: *Elisabeth Langgässer 1899–1950*, bearb. von Ute Doster, Marbach a. N. 1999 (Marbacher Magazin, 85/1999), S. 81. – Im Juni 1946, während der intensiven Arbeit an den *Torso*-Geschichten, hat Langgässer sich auch theoretisch mit der Kurzgeschichte auseinandergesetzt, angeregt u. a. durch Ernst Schnabels Aufsatz »Die amerikanische Story«, in: *Nordwestdeutsche Hefte* 1 (1946) H. 3, S. 25–28. Vgl. Doster, a. a. O., S. 78 f., sowie Langgässer, *Briefe* (Anm. 1) Bd. 1, S. 555 f.

lerin über das Geschehen in der Heilanstalt aus einer größeren zeitlichen Distanz berichtet. Diese beträgt mindestens vier Wochen, wie sich aus der Zeitstruktur ergibt: Bis zum Ende des vorletzten Abschnitts der Erzählung wird annähernd zeitdeckend erzählt – erzählte Zeit und Erzählzeit betragen etwa zwanzig Minuten; der letzte Teil der schließenden Rahmenpartie bietet dann eine extrem raffende Schilderung der folgenden vier Wochen. Gleichfalls aus einem größeren zeitlichen Abstand rekapituliert die Ich-Erzählerin der Binnengeschichte – stark zusammenfassend – ihr Leben. Das Festhalten dieser strukturellen Momente ist wichtig, weil sie den Leser dazu auffordern, jeweils zwischen erlebendem Ich und erzählendem Ich, zwischen Erzähltem und erzählerischer Präsentation zu unterscheiden. Beide Ich-Erzählerinnen schauen zurück und reflektieren und kommentieren das Erlebte, deuten es explizit oder auch in ihrem erzählerischen Gestus.

Rahmen- und Binnenerzählung hat Langgässer besonders kunstvoll miteinander verbunden. Es liegt sowohl eine kausale als auch eine korrelative Form der Verknüpfung vor;[4] denn die Binnengeschichte erklärt nicht nur, welche Ereignisse den gegenwärtigen Zustand, die Geisteskrankheit der hospitalisierten Patientin, verursacht haben, sondern es besteht darüber hinaus eine Ähnlichkeitsbeziehung zwischen den beiden Erzählungen und den Erzählerinnen. Zunächst soll die kausale Verknüpfung erläutert werden.

Das Selbstgespräch gibt einen Einblick in das durchaus zeittypische Leben einer Frau, die – in der Wilhelminischen Zeit – in gutbürgerliche Verhältnisse hineingeboren wird und die nach einer behüteten Kindheit durch Verheiratung mit einem »hochbegabten Juristen« (38) und die Geburt zweier Kinder einen weiteren gesellschaftlichen Aufstieg erlebt – bis hin zum Erwerb eines kleinen Gutes in Ostpreu-

---

4 Vgl. dazu Matias Martinez / Michael Scheffel, *Einführung in die Erzähltheorie*, 2., durchges. Aufl., München 2000, S. 78 f.

ßen »mit Jagd und Fischerei« (39). Beginnend mit mehreren
Fehlgeburten bestimmt dann jedoch, etwa ab Mitte der
1930er-Jahre, eine Kette von Unglücksfällen die folgende
Lebensphase bis kurz nach Ende des Zweiten Weltkriegs:
Ihr Mann stirbt »kurz vor dem Krieg« (39) infolge einer
Embolie, Sohn und Schwiegersohn fallen bei Fronteinsät-
zen in Italien und Frankreich, Tochter und Enkelkind verliert sie durch tragische Umstände während der Flucht
Richtung Berlin. Die Lebensschilderung endet abrupt: Auf
der Suche nach Essbarem greift die Frau, in einem Wasser-
bottich nach Kartoffeln suchend, in menschliche Exkre-
mente.[5] Der vergleichsweise banale Vorfall wird zum auslösenden Anlass für einen hysterischen Zusammenbruch der
Leidgeprüften. Der Schrei »Dieses Scheißleben!« (41) markiert das Ende des Selbstgesprächs und ist, unbewusst,
halbbewusst, Bilanz eines Lebens, das ins Irrenhaus führt.

Ihr besonderes Gepräge erhält die Erzählung der von
einem Übermaß an Leid um den Verstand gebrachten
Frau durch die rhetorischen Mittel und insbesondere die
kommentierenden Elemente. Das ›Wie‹ der Darstellung
ist Ausdruck ihrer aktuellen seelischen Verfassung, einer
schweren psychischen Störung, und man darf wohl von
der Vorstellung ausgehen, dass die Patientin zwanghaft in
kurzen Abständen ihr Leben immer wieder rekapituliert.
Komische und groteske Effekte ergeben sich zum einen
aus der undifferenzierten Reihung von Wichtigem (Tod
des Sohns, der Tochter) und Unwichtigem (Tauschen von
Reklamebildchen; Rettung des Koffers) und aus befrem-
denden Akzentsetzungen. Signifikanter aber und für die
Gesamtwirkung der Erzählung bedeutsamer ist, dass die
monologisierende Frau ständig von ›Glück haben‹ spricht,
obwohl sie – rückblickend erzählend – die fatalen Konse-

---

5 Dieser Erzähleinfall korrespondiert mit Selbsterlebtem. Anlässlich einer
  Schilderung der Zustände während und nach der Belagerung von Berlin erwähnt die Autorin im Januar 1947, sie habe »Kartoffeln aus der Jauche ge-
  buddelt« (Langgässer, *Briefe* [Anm. 1] Bd. 2, S. 614).

quenzen des vermeintlich ›glücklichen‹ Ereignisses und auch die weiteren Entwicklungen bis hin zum desaströsen Ende kennt. (Über die letzte Station ihrer Vita – die Einlieferung ins Sanatorium – ist auch der Leser von Anbeginn informiert.) So nennt die Frau es »Glück«, dass die Operation ihres Mannes gut verläuft, trotz seines wenig später folgenden (und im selben Satz mitgeteilten) Todes infolge einer Embolie (39), weiterhin nennt sie das Auffinden eines Koffers »Glück«, obwohl sie weiß (und unmittelbar danach ausspricht), dass die Tochter bei dessen Bergung tödlich verunglückt (40).[6] Dieser Erklärungsmechanismus – ›ich hatte Glück‹, ›wir hatten Glück‹ – wurzelt in der Vorstellung »Ich war ein Glückskind« (37) und ist Ausdruck von Uminterpretation aus psychischem Selbsterhaltungstrieb (so wie wenn jemand rückblickend seinem Leben einen Sinn zu geben versucht, weil er das Eingeständnis totalen Scheiterns nicht zu ertragen vermöchte). Das kindlich-naiv anmutende Erklärungsmuster wird lediglich in der Mitte der Erzählung, an einer Art Wendepunkt des Lebenslaufs, einmal durchbrochen, als die Erzählerin vorausdeutend von »unser[em] Unglück« (39) spricht, dann erneut am Schluss mit der kommentierenden Feststellung »Jetzt war das Maß meines Unglücks voll« (41). Das Aufdämmern dieser Erkenntnis löst – wie die intensive Beaufsichtigung nahe legt (vgl. 36), nicht zum ersten Mal – den hysterischen Anfall der Anstaltsinsassin aus.

Wie bereits angedeutet, gibt es zwischen Binnen- und Rahmenerzählung auch eine korrelative Form der Ver-

---

6 Hans Bender, selbst Autor von Kurzgeschichten, notierte zum Zentralmotiv der Erzählung: »Eine Frau in der Irrenanstalt summiert ihr Leben: es besteht aus lauter Unglücksfällen, jeder wird jedoch vom nächsten um einige Grad überboten, so daß der vorige gegen ihn wie ein Glücksfall sich ausnimmt.« (H. B., »Ortsbestimmung der Kurzgeschichte«, in: *Akzente* 1962, H. 3, S. 205–225, hier S. 218) Obwohl sich diese Darstellung nicht am Text verifizieren lässt, haben ihm dies andere Interpreten nachgesprochen.

knüpfung. Das zeigt sich schon in dem Umstand, dass die Besucherin, vom Inhalt des zufällig mitgehörten Selbstgesprächs ›betroffen‹, in den Schrei »Scheißleben!« einstimmt und sich an der Prügelei beteiligt. Nichts kann darüber hinwegtäuschen, dass sie einen Nervenzusammenbruch erleidet – und nicht zu übersehen ist ihr Bestreben, den wahren Sachverhalt im Nachhinein zu beschönigen und in seinen Konsequenzen zu bagatellisieren. (Zu beachten ist in diesem Zusammenhang die Zeitdifferenz zwischen Erzählen und Erleben.) Dabei durchdringt die Erinnerung an das wirklich Erfahrene mitunter die Fassade der beschwichtigenden Darstellung, etwa dann, wenn die Erzählerin die Anstaltsschwestern »Biester« (36) nennt und mit spürbarem Unbehagen deren Arretierungsgriff beschreibt (37), dessen Brutalität sie möglicherweise selbst hat ertragen müssen. Auffallend ist demgegenüber das Schweigen über die von der Anstaltsleitung – gegen sie und ihren Bekannten – ergriffenen Maßnahmen bei der Schilderung der konkreten Situation, als sie die »Wärterin« attackieren. Fast wie ein Ablenkungsmanöver erscheint hier die Wiederholung des Kalauers über den »Westminstergong« (41).

Wenn die Rahmen-Erzählerin die Nervenheilanstalt als »wahres Paradies« (35) beschreibt und den Aufenthalt dort ihre »schönste Zeit« (42) nennt, so lässt das indirekt auf den Zustand der Außenwelt, den Nachkriegsalltag, schließen und auch auf von ihr selbst durchlittene Qualen und Entbehrungen. Zugleich aber sind diese Kommentare, die den Anstaltsaufenthalt quasi in einen Erholungsurlaub umstilisieren, ganz offensichtlich Ausdruck einer Beschönigungsstrategie, die auch den sprachlichen Gestus ihrer Äußerungen bestimmt. Die Sprache ist »unterbetonend, scheinbar unbeteiligt«,[7] die Ausdrucksweise ist beherrscht

---

7 Jan Kuipers, *Zeitlose Zeit. Die Geschichte der Kurzgeschichtenforschung*, Groningen 1970, S. 140.

»von dem Willen zu schnoddrigem Zynismus und triviali-
sierendem Slang«,[8] die Wiederholung von Plattitüden und
banalen Floskeln (»Wo käme man sonst hin?«) wirkt
ebenso enervierend wie die Freude am skurrilen Detail.
Aber Teilnahmslosigkeit und Zynismus sind Demonstrati-
on, dienen ganz offensichtlich der Selbstbeschwichtigung
und dem Selbstschutz der ehemaligen Patientin; unverkennbar ist das Bemühen der in die Alltagsrealität Zu-
rückgekehrten, auf das Geschehene als etwas Überwunde-
nes, Bewältigtes zurückzuschauen, also Distanz zu nehmen – und zu signalisieren. Im Dienste dieser Strategie
steht schließlich auch der Versuch, (sich selbst und anderen) zu suggerieren, dass sie – mit dem vierwöchigen Ver-
bleiben in der Irrenanstalt – eigentlich ›Glück gehabt‹
habe (»gutes Essen und Ruhe«, »das Wetter war wie ge-
malt«; 42). Das leitmotivartig verwendete ›Glück haben‹
bildet das wichtigste Verknüpfungselement zwischen der
Rahmen- und der Binnenerzählung. Auf beide zielt der
von Langgässer gewählte Titel.

Schon aus der erzählerischen Konstruktion der Kurzgeschichte ergibt sich, dass es primär nicht um die Darstellung eines ungewöhnlichen Einzelfalls geht. Zusammen
mit der Feststellung der Rahmen-Erzählerin, es gebe »so-
viel Unglück in dieser Zeit« (36), verweist die von ihr im
ersten und letzten Absatz verwendete Redensart – »Aber
diese Geschichte steht auf 'nem anderen Blatt« – auf die
Existenz zahlloser ähnlicher Schicksale in der deutschen

---

8 Johannes Pfeiffer, *Was haben wir an einer Erzählung? Betrachtungen und
   Erläuterungen*, Hamburg 1965, S. 88. Nicht überzeugen kann, dass sich bei
   Pfeiffer diese Charakterisierung auf den Erzählton beider Ich-Erzählerinnen bezieht. Diese Auffassung vertritt jedoch auch Werner Zimmermann.
   Für ihn ist die »banale Diktion« Ausdruck der »inneren Leere« beider
   Frauen; sie entlarve zusammen mit anderen Darstellungsmitteln den »Mangel einer tragenden, sinngebenden Mitte« in deren Leben. Der Rahmen-Erzählerin attestiert er »tödliche Langeweile«. Siehe W. Z., *Deutsche Prosadichtungen unseres Jahrhunderts*, Bd. 2, 2. Aufl. der Neufassung, Düsseldorf 1970, S. 42–50; hier S. 44 und 47 f.

Nachkriegswirklichkeit. Das Erzählte beansprucht exemplarische Aussagekraft. Die Autorin hat ihre diesbezügliche Intention im September 1946 in einem Brief angesprochen, wobei sie zugleich auf eine im engeren Sinn politische Dimension ihrer Geschichte hinwies: »>Glück haben< ist das Selbstgespräch einer Irren und (als Konzentrat) der Untergang der bürgerlichen Welt.«[9]

In den – im Selbstgespräch von einer Irren rekapitulierten – Geschicken einer bürgerlichen Familie spiegeln sich also, wenn auch wie in einem Zerrspiegel, Entwicklung und Niedergang des Bürgertums in der Zeit vom Ausgang der Wilhelminischen Ära bis zum Zusammenbruch des >Dritten Reichs<. Langgässer hat die Individualgeschichte – den Weg über Köln und Hamburg nach Königsberg, die Flucht von dort über Dirschau[10] und Schneidemühl[11] nach Berlin – sehr präzise mit der Realgeschichte verknüpft und topographisch verortet. Die Bereitschaft großer Teile des Bürgertums, sich mit dem Nationalsozialismus und dessen Ideologie zu arrangieren, spiegelt sich im Verhalten der Familienmitglieder: in der Orientierung nach Osten, in der Bereitschaft der Ich-Erzählerin, noch drei Schwangerschaften auf sich zu nehmen (»viele Kinder zu haben, war schick«; 39), und in den zeittypischen (Nazi-)Karrieren ihrer Kinder. Das desaströse Ende der Familie schließlich bildet im Kleinen ab, was Langgässer als den »Untergang der bürgerlichen Welt« bezeichnete. In dieser Bedeutungs-

---

9 Langgässer, *Briefe* (Anm. 1) Bd. 1, S. 578.
10 Südlich von Danzig, am linken Weichselufer, gelegene Stadt (poln. Tczew), in deren Nähe am 1. September 1939, um 4.30 Uhr früh, beim Angriff auf Polen die ersten Schüsse und Bomben des Zweiten Weltkriegs fielen.
11 Eine direkt an der ehemaligen deutsch-polnischen Grenze liegende Stadt (heute: Piła); beim Einmarsch der »Roten Armee« in die zu 75 Prozent zerstörte Stadt kam es im Frühjahr 1945 zu schweren Übergriffen gegen die Zivilbevölkerung. Auf diesen Sachverhalt spielt 25 Jahre später auch Heinrich Böll im Roman *Gruppenbild mit Dame* an; vgl. die dtv-Ausgabe, 20., neu durchges. Aufl., München 2001, S. 292: »Sie sagte nur ein Wort: >Schneidemühl.<«

schicht der Erzählung ergibt sich auch für das Titelmotiv eine weitere Interpretation: In der zwanghaften Neigung der Irrenhauspatientin, alles Geschehene mit den Kategorien ›Glück‹ und ›Unglück‹ zu erklären, spiegelt sich die mangelnde Bereitschaft insbesondere der bürgerlichen Eliten, nach den tatsächlichen politischen und gesellschaftlichen Ursachen von NS-Herrschaft und Krieg zu fragen. Vielmehr dominiert nach Kriegsende die Tendenz, den erlebten Terror als schicksalhafte Fügung, als auferlegtes Schicksal, zu deuten und damit jeden Gedanken an eigene Verantwortung und Schuld im Keim zu ersticken. Auf dieses Deutungsmuster, das politische und sonstige Kausalitäten ausblendet, zielt auch die grotesk anmutende Feststellung, mit der Langgässer ihre Patientin die sich anbahnende politisch-militärische Katastrophe kommentieren lässt: Das Näherrücken der sowjetischen Armee ist für sie Indiz, dass »den Führer sein Glück verlassen hatte« (40).

Beschönigung, Abwehr und Realitätsverleugnung – zum Zwecke der eigenen ›Beruhigung‹ und ›Entlastung‹ – bestimmen das Verhalten der beiden durch Kriegsereignisse und Nachkriegschaos traumatisierten Erzählerinnen in Langgässers Kurzgeschichte. Dabei hat die Autorin insbesondere mit dem »Selbstgespräch einer Irren« auch einen sozialpsychologischen Sachverhalt anvisiert, der die deutsche Literatur (Koeppen, Böll, Grass) vor allem in den 1950er- und 1960er-Jahren intensiv beschäftigen wird: das Verdrängungssyndrom der bundesrepublikanischen Nachkriegsgesellschaft.[12] Angesichts der erstaunlichen politischen Hellsicht[13] und der künstlerischen Gestaltungskraft,

---

12 Vgl. dazu: Ralph Giordano, *Die zweite Schuld oder Von der Last Deutscher zu sein*, Hamburg 1987.
13 Auch in vielen Briefen, die Langgässer nach Kriegsende, vor und während der Arbeit an den *Torso*-Texten, geschrieben hat, ist diese Hellsichtigkeit erkennbar, weniger indessen in einer literarischen Arbeit wie *Märkische Argonautenfahrt* (1950), die durch eine »radikale, ja rabiate Theologisierung der Geschichte« (Horst Krüger) geprägt ist. Über eher problemati-

die sich unter anderem in der virtuosen Handhabung der Form der Rahmenerzählung erweist, kann man dem 1962 ausgesprochenen Urteil Hans Benders, *Glück haben* sei »ein Wurf«,[14] auch vierzig Jahre später nur zustimmen.

Literaturhinweise

Elisabeth Langgässer: Glück haben. In: Frankfurter Hefte 2 (1947) H. 12. S. 1244–1248.
- Glück haben. In: E. L.: Der Torso. Hamburg: Claassen & Goverts [1948]. S. 53–58.
- Glück haben. In: E. L.: Ausgewählte Erzählungen. Mit einem Nachwort von Horst Krüger. Düsseldorf: Claassen, 1979. S. 230–237.
- Glück haben. In: Klassische deutsche Kurzgeschichten. Hrsg. von Werner Bellmann. Stuttgart: Reclam, 2003. S. 35–42. – Dieser Druck basiert auf der Ausgabe von 1979.

Durzak, Manfred: Die deutsche Kurzgeschichte der Gegenwart. Autorenporträts – Werkstattgespräche – Interpretationen. Stuttgart ²1983.
Kloiber, Harald: Der Krieg als Thema in der Sammlung *Der Torso* von Elisabeth Langgässer. In: Schuld und Sühne? Kriegserlebnis und Kriegsdeutung in deutschen Medien der Nachkriegszeit (1945–1961). Hrsg. von Ursula Heukenkamp. Amsterdam [u. a.] 2001. S. 353–361.
Maassen, J. P. J.: Der Schrecken der Tiefe. Untersuchungen zu Elisabeth Langgässers Erzählungen. Leiden 1973.
Pfeiffer, Johannes: Elisabeth Langgässer: *Glück haben*. In: J. P.: Was haben wir an einer Erzählung? Betrachtungen und Erläuterungen. Hamburg 1965. S. 86–90.

sche Züge in Langgässers Werk informiert Axel Vieregg, in: *Deutsche Dichter*, Bd. 7: *Vom Beginn bis zur Mitte des 20. Jahrhunderts*, hrsg. von Gunter E. Grimm und Frank Rainer Max, Stuttgart 1989, S. 511–522. Vgl. auch Viereggs Beitrag im vorliegenden Band (über *Saisonbeginn*).
14 Bender (Anm. 6) S. 218.

Vieregg, Axel: Elisabeth Langgässer. In: Deutsche Dichter. Bd. 7:
    Vom Beginn bis zur Mitte des 20. Jahrhunderts. Hrsg. von
    Gunter E. Grimm und Frank Rainer Max. Stuttgart 1989.
    S. 511–522.
Zimmermann, Werner: Elisabeth Langgässer: *Glück haben*. In:
    W. Z.: Deutsche Prosadichtungen unseres Jahrhunderts. Inter-
    pretationen. Bd. 2. 2. Aufl. der Neufassung. Düsseldorf 1970.
    S. 42–50.

Luise Rinser: *Die rote Katze*

Von Hans Ester

Die Kurzgeschichte *Die rote Katze* gehört zu den bekanntesten Texten Luise Rinsers und ist in Anthologien für den Schulunterricht häufig zu finden:[1] Sie gehört damit zum engsten Kanon literarischer Nachkriegstexte.

Die rote Katze wird von einem namenlosen Ich-Erzähler erzählt. Die Geschwister des Erzählers werden dagegen mit Namen genannt: Peter und Leni. In der Forschung wurde diskutiert, ob es sich bei dem Erzähler um ein weibliches Ich handeln könnte. Hermann Kesten nimmt dies an und bemerkt, Luise Rinser könne besonders gut »moralisch verwirrte, ja sogar ethisch verlotterte Existenzen zu erzsympathischen Figuren« machen, etwa »wie Jan Lobel aus Warschau oder die bösen kleinen Mädchen in den Geschichten *Die Lilie*, *David* und *Die rote Katze*, die allzu energisch, ja unzähmbar bis zu mörderischen Neigungen sind«.[2] Doch erscheint dies angesichts der Vaterrolle, die der Ich-Erzähler in der Familie offensichtlich zu übernehmen hat, wenig überzeugend.

Der Anfang der Geschichte spielt im Jahr 1946. Der Junge – so sollte man ihn wohl bezeichnen – ist dreizehn Jahre alt. Erst später in der Geschichte wird deutlich, dass er nahezu ohne Vater aufgewachsen ist, denn der anscheinend für körperliche Züchtigungen in der Familie zuständige Vater scheint sich immer noch in Kriegsgefangenschaft zu befinden. Der Junge wird von seiner Mutter geohrfeigt, weil er die titelgebende rote Katze mit einem

---

1 Vgl. Ludwig Rohner, *Theorie der Kurzgeschichte*, Frankfurt a. M. 1973, S. 24.
2 Hermann Kesten, »Ein Bündel weißer Narzissen«, in: *Luise Rinser. Materialien zu Leben und Werk*, hrsg. von Hans-Rüdiger Schwab, Frankfurt a. M. 1986, S. 179–182, hier S. 179 f.

Holzscheit verletzte und verscheuchte. Seit fünf Jahren hat der Junge aber keine Ohrfeige mehr gekriegt. (48)

Es ist nicht ganz einfach, Ort und Zeit der Handlung exakt zu bestimmen, da der Text wenig Hinweise bietet. Aus der Tatsache, dass Peter und Leni Bohnen schneiden, lässt sich aber schließen, dass die Familie zumindest versucht, ihr Leben in normale Bahnen zu leiten. Es spricht einiges dafür, dass die Erzählung im Sommer oder Herbst des Jahres 1946 einsetzt. Später ist vom strengen, legendären Winter 1946 auf 1947 die Rede. Auf jeden Fall lebt die Familie weiterhin in einer Ruine: »Es hat damit angefangen, daß ich auf dem Steinhaufen neben dem Bombentrichter in unserm Garten saß. Der Steinhaufen ist die größere Hälfte von unserm Haus. Die kleinere steht noch, und da wohnen wir, ich und die Mutter und Peter und Leni [...]« (43). Auch ist von einer Stadt und von einem Fluss die Rede. Doch verzichtet der Erzähler auf ausgedehntere Beschreibungen der Umgebung und der Gefühle der Beteiligten. Konzentration im Erzählen ist in der Kurzgeschichte primäres Gesetz: In kindlicher Sprache angenäherten parataktischen Verbindungen (ständig werden die Sätze durch »und« verbunden und die Verben wie in »hab« oder »sag« verkürzt) wird das Geschehen so direkt wie möglich wiedergegeben. Einfache Dinge geraten in den Blickpunkt, wie die die Geschichte eröffnenden Schilderungen des harten Brotes mit seiner biblisch-religiösen Konnotation, als Nahrung und als Zeichen des Mitgefühls mit der anderen Kreatur. Der Erzähler verliert sich nicht in Details. Es geht letztlich allein um den Versuch, mit der eigenen Schuld am Tod der Katze fertig zu werden: Es geht um eine Auseinandersetzung, um einen Prozess im Kopf des Erzählers selbst.

Unvermittelt setzt die Geschichte in der für Kurzgeschichten typischen Art und Weise ein: »Ich muß immer an diesen roten Teufel von einer Katze denken, und ich weiß nicht, ob das richtig war, was ich getan hab.« (43)

Der Erzähler versucht seine Tat dadurch zu entschuldigen, dass er die Familie in Zeiten des Hungers und der Not schützen wollte, indem er einen zusätzlichen Bewerber um die spärlich vorhandenen Nahrungsmittel – ein Tier – tötete. Ludwig Rohner hat in seiner *Theorie der Kurzgeschichte* die Funktion des Titels, des ersten Satzes und die zeitliche und räumliche Struktur der Kurzgeschichte allgemein untersucht. Anhand der von ihm angeführten Aspekte ist *Die rote Katze* ein Modellbeispiel der Kurzgeschichte.[3] Konzentriert auf das Wesentliche, legt der Text dem Leser eine drängende Frage vor. In seinem anregenden Buch *The Short Story* führt Sean O'Faolain bestimmte Begriffe an, die die Strukturen von Kurzgeschichten angemessen beschreiben: »compression« (Kondensation, Verdichtung) werde mit »suggestion« (suggestive Kraft) verbunden. Die Verdichtung ist nach der Meinung O'Faolains die Voraussetzung dafür, direkt die Phantasie des Lesers ansprechen zu können. Aus diesem Grund sind die ersten Sätze einer Kurzgeschichte so eminent wichtig. Es gehe dabei nicht um Schönheit eines Satzes oder seinen Rhythmus, sondern einzig und allein um Effektivität: »do we strike the key-note [also den im Zentrum stehenden Ton oder die zentrale Idee] at once?«[4]

Der Junge hat Schwierigkeiten mit der Katze. Er verkennt im Verlauf des Geschehens jedoch, dass die Katze für die anderen Familienmitglieder symbolischen Wert hat: Sie steht für die langsam einsetzende Normalisierung des Lebens, hat man doch wieder die Möglichkeit, vom eigenen Essen sogar einem Tier etwas abzugeben. Zu Beginn der Begegnung ist die Katze mager und scheu. Für die drei anderen Familienmitglieder bekommt das zugelaufene Tier dann schnell eine starke emotionale Bedeutung. Mit seinen freundlichen Reaktionen auf die Zuwendungen prägt es

3 Rohner (Anm. 1) Kapitel III.
4 Sean O'Faolain, *The Short Story*, New York 1964, S. 217.

das neu entstehende Gefühl, ein wirkliches Zuhause zu haben: Die Katze ist das sichtbare Zeichen für den Neubeginn. In dem dem Sommer folgenden harten Winter 1946/47 wird deshalb auch trotz der Entbehrungen weiter versucht, diese ›Normalität‹, auch noch zusätzlich ein Tier mit durchfüttern zu können, aufrechtzuerhalten.

Doch warum tötet der Junge die Katze? Man muss bedenken, dass der Junge in einer vaterlosen Familie lebt. Die Aufgabe der Beschaffung von Nahrungsmitteln obliegt ihm als dem ältesten männlichen Mitglied der Familie. Die Nahrungssuche ist beschwerlich – er muss stehlen und betrügen und sich der anderen Kinder erwehren, die ebenso wie er auf der Jagd nach Nahrungsmitteln und Brennstoff sind. Es ist dem Jungen kaum möglich, diese Verantwortung oder diesen Anspruch zu reflektieren oder auch nur für kurze Zeit von ihm abzulassen: Die Problematik der Parentifizierung – also der Tatsache, dass ein Kind in die Rolle eines Erwachsenen bzw. eines Elternteils gezwungen wird, obwohl es selbst noch gar nicht in der Lage dazu ist, eine solche Rolle auszufüllen – prägt die gesamte Geschichte. Die Sorge des Jungen besteht darin, dass Mutter und Geschwister verhungern könnten. Die rote Katze scheint die Erfüllung seiner Aufgabe mit ihrer Fresssucht unmöglich zu machen.

Man kann also mit Manfred Durzak diese Geschichte als eine Geschichte der Initiation lesen: »Als Initiation in die Erwachsenenwelt wird hier [...] nicht mehr unmittelbar die verstörende Konfrontation mit der Grausamkeit und Zerstörung des Krieges dargestellt. Die Zeit ist 1946, aber der Krieg ist noch allgegenwärtig und wird von dem dreizehnjährigen Jungen, aus dessen Perspektive erzählt wird, in dem charakteristischen Einleitungssatz angedeutet [...]«.[5] Doch Durzak versteht das Töten der Katze als

---

5 Manfred Durzak, *Die deutsche Kurzgeschichte der Gegenwart*, Stuttgart ²1983, S. 327.

eine notwendige Handlung, die den Jungen schuldig und
unschuldig zugleich macht, da »er aus Liebe zu seiner Familie und um ihres und seines nackten Überlebens willen
selbst gezwungen ist, Gewalt und Zerstörung auszu-
üben.«[6] Ähnlich verkürzt Henning Falkenstein den Text,
wenn er ausführt: »Als der dreizehnjährige Ich-Erzähler
sieht, wie die Katze, die er in der Nachkriegszeit streu-
nend und bettelnd gefunden und zu sich genommen hatte,
besser genährt ist als seine beiden jüngeren Geschwister
Peter und Leni, weil das Mitleid mit dem Tier bei allen
größer als der eigene Hunger ist, schlägt er sie tot.«[7] Man
kann diese Deutungen teilen, doch würde dann der wichtigste Aspekt der Geschichte unbeachtet bleiben, dass
nämlich die Katze in das halbzerstörte Haus zieht, der
Gemeinschaft so ein neues Zentrum gibt und damit an
der Etablierung einer neuen, behüteten und umsorgten
menschlichen Gemeinschaft zumindest beteiligt ist.

   Die rote Katze besitzt also für die Mutter und die Geschwister einen hohen Wert. Das Geben von Nahrung ist
der Keim für ihr humaneres Zusammenleben. Man ist in
der Lage, einem anderen Geschöpf zu helfen, und dieses
Geschöpf dankt dafür mit Vertrauen. Bemerkenswert ist
außerdem, dass es sich um eine Katze und nicht um einen
Kater handelt. Das Weibchen lässt hier an Geborgenheit
und ein Zuhause für die Trägerin künftiger Geschlechter
denken, manifestiert so also noch deutlicher den in die
Zukunft weisenden Grundcharakter der Geschichte.

   Der erzählende Junge kann solchen positiven Gefühlen
in seiner Überforderung aber – zumindest anfänglich –
keinen Raum geben. Damit isoliert er sich innerhalb seiner
eigenen Familie. Sein Leben, das im Jahre 1933 begann
und damit nichts anderes als die Realität des Dritten Reiches und die kurze, harte Nachkriegszeit kennt, wird

6 Durzak (Anm. 5) S. 328.
7 Henning Falkenstein, *Luise Rinser*, Berlin 1988 (*Köpfe des zwanzigsten
   Jahrhunderts*, 111), S. 33.

durch die Überbeanspruchung als Vaterersatz für die Familie zusätzlich geprägt. Die Mutter scheint diese Überforderung deutlich zu bemerken, versucht sie doch, den Jungen zu beruhigen und seine nur indirekt zu erahnende Verzweiflung über die eigene Tat zu beschwichtigen: Bezeichnenderweise reagiert die Mutter nicht mit Empörung auf das von ihr nur geahnte Geschehen auf der Eisscholle: »›Ich versteh dich schon. Denk nimmer dran.‹« (51)

Dass der Junge sich keineswegs wohl fühlt, wenn er die Katze drei Mal attackiert (zuerst mit einem Stein, dann mit einem Stück Holz, am Schluss, indem er sie auf einer Eisscholle zu Tode schlägt), zeigt sich bereits darin, dass sie auch auf ihn wie ein menschliches Wesen wirkt; als er sie attackierte, hat sie »geschrien wie ein Kind« (50, ähnlich 43). Und auch im Negativen vermenschlicht er die Katze, wird sie doch für ihn zu einer bedrohlichen Macht, der nichts entgeht: »Es hat keine Mahlzeit gegeben ohne das rote Vieh, und keiner von uns hat irgendwas vor ihm verheimlichen können.« (48)

Ebenso wie der Erzähler bleibt die Katze namenlos, wird vom Jungen nur mit Schimpfwörtern bedacht, um das Tier – das dem Knaben so menschlich vorkommt, dass er es wie einen Menschen anredet und sich selbst über diese seine Anwandlung wundert (44) – innerlich auf Distanz zu halten: roter Teufel, rotes Vieh, rotes Biest, verdammtes Biest. Die Farbe »Rot« bildet dabei kein nebensächliches Detail. Rot ist die Farbe der Gefahr. Man könnte sogar an Ausdrücke wie die »rote Gefahr« denken, den politischen Feind, der das Territorium des Gegners in Besitz zu nehmen droht.

Doch bröckelt dieses Feindbild gegen Ende der Geschichte. Die die Geschichte eröffnende Frage »und ich weiß nicht, ob das richtig war, was ich getan hab« (43), wird wieder aufgenommen und wenigstens teilweise beantwortet: »Eigentlich frißt so ein Tier doch gar nicht viel« (51) und so – ausgesprochen vorsichtig – wenigstens ein kleines Zeichen der Hoffnung gesetzt.

Literaturhinweise

Luise Rinser: Die rote Katze. In: Karussell. Literarische Monatszeitschrift 3 (1948) Folge 19. S. 23–27.
- Die rote Katze. In: Tausend Gramm. Hrsg. von Wolfgang Weyrauch. Hamburg: Rowohlt, 1949. S. 384–389.
- Die rote Katze. In: L. R.: Ein Bündel weißer Narzissen. Erzählungen. Frankfurt a. M.: S. Fischer, 1956. S. 162–168.
- Die rote Katze. In: L. R.: Ein Bündel weißer Narzissen. Erzählungen. Frankfurt a. M.: Fischer Taschenbuch Verlag, 1975. S. 203–210.
- Die rote Katze. In: Klassische deutsche Kurzgeschichten. Hrsg. von Werner Bellmann. Stuttgart: Reclam, 2003. S. 43–51. – Dieser Druck basiert auf der Ausgabe von 1975.

Heinrich Böll: *An der Brücke*

Von J. H. Reid

Heinrich Bölls früheste und ausführlichste Äußerung zur Kurzgeschichte datiert auf Anfang Januar 1953, als er im Süddeutschen Rundfunk den Vortrag *Gibt es die deutsche Story?* hielt.[1] »Etwas zu erzählen und etwas erzählt zu bekommen, diese beiden Bedürfnisse entsprechen einander, sie sind fast so alt wie die Welt, fast so alt wie die Sprache«, so beginnt sein Vortrag. Das Erzählen sei zunächst mündliches Erzählen gewesen, erst später habe es sich von diesen Ursprüngen entfernt und sei zu »Literatur« geworden. »Kunstformen« werden von »Gesellschaftsformen« bedingt, und: »man kann behaupten, daß die story eine neue Literaturform ist, die des zwanzigsten Jahrhunderts, von dem man gesagt hat, es sei das Jahrhundert des Mannes von der Straße, des common man, der sowohl die Form dieser Geschichte bestimmt wie das Vokabularium, das sie beherrscht«. Dieses »Vokabularium« sei wieder das »gesprochene Wort«, das »mehr Poesie« beinhalte, »als die reine, sich abschließende Schriftsprache noch für uns hat, deren Vokabularium nicht nur verbraucht, zum Teil verschlissen, sondern auch verschmutzt ist.« Vergleiche zwischen dem jeweiligen Anfang von Erzählungen auf der einen Seite von Adalbert Stifter, Heinrich von Kleist und Johann Peter Hebel und auf der anderen von Ernst Schnabel, Wolfgang Borchert und Ernest Hemingway lassen ihn schließen, »daß es bei der Kurzgeschichte nicht auf Exposition, moralische Fabel oder die ungeheure Neuigkeit ankommt, sondern auf den einen Griff, der die Anteilnahme sofort herbeiführt und den Leser veranlaßt, etwas zu

---

1 Eine stark gekürzte Fassung des Vortrags erschien erst am 9. Mai 1957 in der *Saarbrücker Zeitung* unter dem Titel *Vom Experiment des Erzählens*; zitiert wird im Folgenden nach dem Rundfunktyposkript.

tun, worauf jeder Erzähler angewiesen ist: den Leser veranlaßt, weiterzulesen, womit er beweist, daß Spannung in
ihm erzeugt worden ist.«

In diesem Zusammenhang liest sich der Anfang der
1949 in der Zeitschrift *Der Ruf* publizierten[2] Kurzgeschichte *An der Brücke* fast programmatisch. »Die haben
mir meine Beine geflickt und haben mir einen Posten gegeben, wo ich sitzen kann: ich zähle die Leute, die über
die neue Brücke gehen.« (52) Hier spricht ganz umgangs-
sprachlich und gar nicht literarisch der »Mann von der
Straße«. In der Tat sind weitaus die Mehrzahl von Bölls
Kurzgeschichten Ich-Erzählungen, deren Erzähler allesamt »kleine Leute« sind.

Auch »Anteilnahme« und »Spannung« werden im Leser
durch den Anfang erzeugt: Wer sind »die«? Warum muss-
ten dem Erzähler die Beine »geflickt« werden? Der unbe-
fangene heutige Leser könnte annehmen, jener sei in einen
Verkehrsunfall verwickelt gewesen, Opfer vielleicht gerade der Straßenbaupolitik, deren Erfolg er zu kontrollieren
hat – eine Fehlannahme sicherlich, aber vielleicht eine
produktive. Zum Zeitpunkt, als die Geschichte erschien,
war jedoch klar, dass es sich um einen der vielen Kriegs-
versehrten bzw. -beschädigten handelt, die in der Nachkriegszeit die Städte Deutschlands bevölkerten. Denn obwohl der Krieg mit keinem Wort darin erwähnt wird, ist
An der Brücke ein Beispiel für die »Heimkehrerliteratur«,
zu der sich Böll 1952 in einem programmatischen Essay
bekannte.[3] Vom Befremden des Heimkehrers ist dort die
Rede im Anblick der neu entstehenden Gebäude, »die uns
an Kulissen erinnern, Gebäude, in denen keine Menschen

2 Die Redaktion straffte Bölls Text, der 1950 vollständig in der Düsseldorfer
  Zeitschrift *Michael* erschien; diese Version wurde jedoch für spätere Ausgaben verworfen.

3 »Bekenntnis zur Trümmerliteratur«, in: Heinrich Böll, *Zur Verteidigung
  der Waschküchen. Schriften und Reden 1952–1959*, München 1985,
  S. 27–31, hier S. 27.

wohnen, sondern Menschen verwaltet werden [...].« Es sei die »Aufgabe« des Schriftstellers, »daran zu erinnern, daß der Mensch nicht nur existiert, um verwaltet zu werden – und daß die Zerstörungen in unserer Welt nicht nur äußerer Art sind und nicht so geringfügiger Natur, daß man sich anmaßen kann, sie in wenigen Jahren zu heilen.«[4]

Auch dieses Programm wird in vorliegender Geschichte erfüllt. Die im ersten Satz der Erzählung apostrophierten »die« sind mancherlei. Diejenigen, die ihm die »Beine geflickt« haben, sind ja nicht diejenigen, die ihm den jetzigen »Posten« gegeben haben, und im darauf folgenden Satz ist von einer weiteren Personengruppe die Rede, der es »Spaß« mache, sich »ihre Tüchtigkeit mit Zahlen belegen zu lassen – »Tüchtigkeit« war, wie aus einer wenige Monate zuvor geschriebenen Glosse hervorgeht, eine für Böll sehr fragwürdige, amoralische Eigenschaft, die sich gleichermaßen auf die Organisation der Wehrmacht und die Herstellung von »Lokusbrillen« anwenden ließ.[5] Mediziner, Verwaltungsbeamte, Statistiker werden alle vom Erzähler in einen Topf geworfen: Es sind solche, denen der Einzelne ein Abstraktum, Objekt, nicht Subjekt ist, eben diejenigen, die den Menschen »verwalten«. Dass die Ärzte dazu gezählt werden, mag zwar überraschen, andere Erzählungen aus dieser Zeit bestätigen jedoch das Bild des wenig humanen Mediziners, so *Wiedersehen mit Drüng*, wo der Arzt ungeduldig, verständnislos ist; in *Lohengrins Tod* sind die Ärzte gar dabei, auf dem Schwarzmarkt dringend benötigte Medikamente zu verkaufen. Darüber hinaus ist das Wort »Posten« auch eines aus dem Militärwesen. Wie dem Erzähler das Bein zerstört wurde, wissen wir nicht; beim Erzähler der etwa gleichzeitig entstandenen Erzählung *Mein teures Bein* geschah dies jedenfalls, während er auf Posten lag. So wird indirekt eine Verbin-

4 Ebd., S. 31.

5 Vgl. »Deutsche Tüchtigkeit«, in: Heinrich Böll, *Werke. Kölner Ausgabe*, Bd. 3, hrsg. von Frank Finlay und Jochen Schubert, Köln 2003, S. 546–548.

dung zu Nationalsozialismus und Krieg hergestellt, zu einer Zeit also, in der auf besonders eklatante Weise die Unterwerfung des Einzelnen gefordert wurde.

Auch wird die Frage nach dem Sinn der »neuen Brücke« aufgeworfen, hier wie in anderen Nachkriegstexten Bölls Symbol für die deutsche Gesellschaft: Neubeginn oder Wiederherstellung des Alten? Die angedeuteten Kontinuitäten lassen Skepsis aufkommen. Es wird zwar Widerstand praktiziert: Der Erzähler lässt ab und zu eine junge Frau, in die er sich verliebt hat, ungezählt passieren.[6] Der menschenfeindlichen »Verwaltung« setzt also Böll die Liebe entgegen. Dieser privat-optimistische Aspekt hat sicherlich zur Popularität von *An der Brücke* geführt, wie sich anhand der unterschiedlichen Titel der zahlreichen Nachdrucke belegen lässt: *Meine kleine Freundin zählt nicht,*[7] *Begegnung an der Brücke,*[8] *Die Geliebte zählt nicht,*[9] *Zählen oder lieben,*[10] *Die ungezählte Geliebte.*[11] Von *Wo warst du, Adam?* über *Ansichten eines Clowns* bis hin zu *Die verlorene Ehre der Katharina Blum* ist die von gesellschaftlichen Elementen bedrohte, gar verhinderte Liebesbeziehung ein Urthema des Autors. Der von Böll gewählte Titel ist jedoch weit neutraler. Zum einen ist das eine sehr private Art von Widerstand, eine, die außerdem keine praktischen Folgen hat, denn die Arbeitgeber rechnen die Fehler des Mannes mit ein, sie »zählen sowieso einen gewissen prozentualen Verschleiß hinzu« (54) – besonders entlarvend die inhumane Vokabel »Verschleiß«. Und zum anderen weiß ja die »kleine Geliebte« (53) nicht,

---

6 Jochen Vogt, einer der wenigen, die sich dieser Geschichte gewidmet haben, verweist auf das in *Gruppenbild mit Dame* (1971) aufgegriffene Prinzip der »Leistungsverweigerung« (J. V., *Heinrich Böll*, München 1978, S. 28 f.).

7 *Die Welt,* 18. September 1951.

8 *Ost-West-Kurier* (Bremen) Nr. 34, 1954 (August).

9 *Das Wochenende,* 10. April 1954.

10 *Bayerisches Sonntagsblatt,* 23. Mai 1965, S. 349.

11 *Kurier* (Düsseldorf) 8 (1957) Nr. 1/2, S. 3.

dass es den Erzähler überhaupt gibt. Insofern ist in dieser Erzählung auch die Liebe ein rein utopisches Element.[12] Da verspricht eher die Solidarität des »Kumpels« (54), der ihn vor der Kontrolle warnt, mehr Erfolg. Böll war sich der Übermacht bestimmter gesellschaftlicher Kräfte sehr wohl bewusst; er hat keine einfachen Lösungen anzubieten.

Der Erzähler ist zwar ein Fabulierer, er phantasiert – dass 1948 jemand angestellt würde, um »Pferdewagen« zu zählen, gehört auch zu diesem phantastischen Element. Somit ist der zählende Mann jedoch auch eine Chiffre für den Künstler, den Schriftsteller überhaupt. Er beobachtet, und »ein gutes Auge gehört zum Handwerkszeug des Schriftstellers«.[13] Noch wichtiger als die Liebe im Kampf gegen den menschenfeindlichen Bürokratismus ist die dichterische Phantasie, die Fähigkeit, sich eine Alternative zum jetzigen Zustand vorzustellen. Diese auf den ersten Blick anspruchslose Kurzgeschichte ist auch eine Art literarisches Credo, ein »Versuch über die Vernunft der Poesie«, wie des Verfassers Nobelpreisvorlesung von 1973 im Titel heißt.[14]

Literaturhinweise

Heinrich Böll: An der Brücke. In: Der Ruf 4 (1949) H. 3. S. 12 f.
– An der Brücke. In: Michael. 23. April 1950. S. 3. [Abweichende Fassung.]
– An der Brücke. In: Heinrich Böll: Wanderer, kommst du nach Spa… Opladen: Middelhauve, 1950. S. 85–88.

12 Zu Bölls Begriff der Utopie vgl. Heinrich Herlyn, *Heinrich Böll als utopischer Schriftsteller. Untersuchungen zum literarischen Werk*, Bern [u. a.] 1996.
13 »Bekenntnis zur Trümmerliteratur« (Anm. 3) S. 29.
14 In: Heinrich Böll, *Werke. Kölner Ausgabe*, Bd. 18, hrsg. von Viktor Böll und Ralf Schnell in Zusammenarbeit mit Klaus-Peter Bernhard, Köln 2003, S. 200–217.

Heinrich Böll: An der Brücke. In: Heinrich Böll: Erzählungen. Hrsg. von Viktor Böll und Karl Heiner Busse. Köln: Kiepenheuer & Witsch, 1994. S. 235–237. [Fassung des Erstdrucks.]
– An der Brücke. In: Klassische deutsche Kurzgeschichten. Hrsg. von Werner Bellmann. Stuttgart: Reclam, 2003. S. 52–55. – Dieser Druck basiert auf der Ausgabe von 1994.
– An der Brücke. In: Heinrich Böll: Werke. Kölner Ausgabe. Bd. 4: 1949–1950. Hrsg. von Hans Joachim Bernhard. Köln: Kiepenheuer & Witsch, 2003. S. 53–55.

Herlyn, Heinrich: Heinrich Böll als utopischer Schriftsteller. Untersuchungen zum literarischen Werk. Bern [u. a.] 1996.
Vogt, Jochen: Heinrich Böll. München 1978.
Zimmermann, Werner: Heinrich Böll: *Die ungezählte Geliebte.* In: W. Z.: Deutsche Prosadichtungen der Gegenwart. Interpretationen. Teil III. Düsseldorf ²1961. S. 215–220.

Ilse Aichinger: *Spiegelgeschichte*

Von Wilfried Barner

Wer sich auf Ilse Aichingers *Spiegelgeschichte* einlässt und den Text als ebenso virtuoses wie sperriges Sprachexperiment nimmt, darüber hinaus jedoch etwas vom Umfeld seiner Entstehung und frühen Resonanz auszumachen versucht, sieht sich rasch mit einer ganzen Wolke bedeutungsträchtiger Informationen, Sinnzuschreibungen und epochaler Einordnungen konfrontiert.[1] Den Kern bildet das viel beredete ›Ereignis‹, dass die dreißigjährige Wienerin nach der Lesung dieser Geschichte auf der Tagung der Gruppe 47 vom 23. bis 25. Mai 1952 in Niendorf an der Ostsee spontanen Beifall erhielt, entgegen dem strikt geübten Gruppen-Usus, und dass ihr für diese Erzählung schließlich auch der Preis der Gruppe zuerkannt wurde. Es war die denkwürdige Tagung, auf der zum ersten Mal Ingeborg Bachmann bei der Gruppe auftrat, ebenso wie Paul Celan (für den es freilich – nach der kontrovers gedeuteten Aufnahme durch die Gruppe – das einzige Mal blieb).[2]

Ilse Aichinger hatte ihr Debüt ein Jahr zuvor, im Mai 1951, in Bad Dürkheim gegeben, wo sie die Erzählung *Der Gefesselte* vortrug, die im Jahr darauf wiederum Titelgeschichte jener Buchveröffentlichung wurde, in der auch die *Spiegelgeschichte* erstmals auf den Markt kam (Wien 1952). Die Autorin wurde die dritte Preisträgerin der Gruppe nach Günter Eich (Mai 1950 in Inzigkofen), der Gedichte vorgetragen hatte, und nach Heinrich Böll, der im Mai 1951 in Bad Dürkheim mit der Geschichte *Die schwarzen Schafe* erfolgreich gewesen war.

---

1 Vgl. die Spezialstudien von Aldridge, Colclasure, Gerlach, Ratmann, Resler u. a.
2 Antisemitische Motive hierbei vermutet Klaus Briegleb.

Diese Tagung, bei der die *Spiegelgeschichte* den allmählich schon renommierten Preis erhielt, ist aus ganz unterschiedlichen Perspektiven heraus als ein repräsentativer ›Wendepunkt‹ der Nachkriegsliteratur diagnostiziert worden: so von Peter Demetz[3], Elisabeth Endres[4], Karl Krolow[5] und Walter Jens[6]. Nicht zufällig bezieht Walter Jens in seinem viel zitierten Resümee das Moment der mündlichen Präsentation ausdrücklich ein: »Die Veristen, handwerklich-gute Erzähler, lasen aus ihren Romanen. Dann plötzlich geschah es. Ein Mann namens Paul Celan (niemand hatte den Namen vorher gehört) begann, singend und sehr weltentrückt, seine Gedichte zu sprechen; Ingeborg Bachmann, eine Debütantin, die aus Klagenfurt kam, flüsterte, stockend und heiser, einige Verse; Ilse Aichinger brachte, wienerisch-leise, die *Spiegelgeschichte* zum Vortrag.«[7]

Die »Veristen, handwerklich-gute Erzähler«, bilden hier in notgedrungener Verkürzung die ›Kontrastgruppe‹ (das mögen unter den damals Lesenden etwa Milo Dor, Walter Kolbenhoff, Rolf Schroers oder Wolfgang Weyrauch gewesen sein).[8] Peter Demetz spricht davon, dass in Niendorf »der literarische Realismus« verbannt und »der Surrealismus« zum »wirksamen stilistischen Grundprinzip« erhoben worden sei.[9] Und Elisabeth Endres resümiert, seit 1952 stehe nicht mehr das »Typische« im Mittelpunkt der Werke, sondern das »Singuläre«, das »Einzelne«.[10] So

---

3 Peter Demetz, *Die süße Anarchie. Deutsche Literatur seit 1945*, Berlin / Frankfurt a. M. / Wien 1970, S. 62.

4 Elisabeth Endres, *Die Literatur der Adenauerzeit*, München 1980, S. 172.

5 Karl Krolow, »Laudatio. Zur Verleihung des Nelly-Sachs-Preises 1971«, in: *Ilse Aichinger. Leben und Werk*, hrsg. von Samuel Moser, Frankfurt a. M. 1995, S. 106–113, hier S. 107.

6 Walter Jens, *Deutsche Literatur der Gegenwart*, München ²1964.

7 Jens (Anm. 6) S. 129f.

8 Artur Nickel, *Hans Werner Richter – Ziehvater der Gruppe 47. Eine Analyse im Spiegel ausgewählter Zeitungs- und Zeitschriftenartikel*, Stuttgart 1994, S. 344f.

9 Demetz (Anm. 3) S. 62.

10 Endres (Anm. 4) S. 172.

holzschnittartig und klischeehaft Dutzende weiterer Kenn-
zeichnungen der mit der *Spiegelgeschichte* verbundenen
›Wende‹ sich ausnehmen mögen – den Kern des von manchen als sensationell ›neu‹ Empfundenen bilden die Hand-
lungsidee und die erzählerische Machart.

Aichingers Text hebt sich mit dem ersten, hypotaktisch
ganz durchsichtig gebauten Satz aus allen identifizierbaren
Verknüpfungen heraus: »Wenn einer dein Bett aus dem
Saal schiebt, wenn du siehst, daß der Himmel grün wird,
und wenn du dem Vikar die Leichenrede ersparen willst,
so ist es Zeit für dich, aufzustehen, leise, wie Kinder auf-
stehen, wenn am Morgen Licht durch die Läden schimmert, heimlich, daß es die Schwester nicht sieht – und
schnell!« (56)

Das eröffnende »Wenn« ist temporal bestimmt, vielleicht mit einer iterativen Beimischung (›immer wenn‹)
oder auch hypothetisch-konditional (›falls‹): das bleibt
ebenso unbestimmt wie »einer« und »Saal«, die sich erst
im Nachhinein auf ein Spital und etwa einen Krankenpfle-
ger beziehen lassen. Dass der Himmel »grün« wird, hat
man auf eine aufkommende Hoffnung beziehen wollen[11] –
Aichingers frühe Metaphorik ist viel zu irritierend und oft
auch dezidiert rätselhaft bzw. änigmatisch, als dass eine
solche Festlegung hier schon überzeugen könnte.[12] Worauf der »Vikar« und die »Leichenrede« referieren, wird
aus dem nachfolgenden Text bald ersichtlich. Aber schon
der Vergleich mit den »Kindern«, dem »heimlichen« Auf-
stehen, »wenn [!] am Morgen Licht durch die Läden
schimmert«, lässt sich allenfalls über die temporale, die le-
bensgeschichtliche Gesamtkonstellation der Erzählung er-

11 So geschieht es assoziativ etwa bei Jaussi in: Ueli Jaussi, »Zeitkritik als
   Zeit-Kritik. Zu Ilse Aichingers ›Spiegelgeschichte‹«, in: *Ilse Aichinger. Le-
   ben und Werk* (Anm. 5) S. 187–193, hier S. 187.
12 Dazu mehrere Beiträge in: »*Was wir einsetzen können, ist Nüchternheit.*«
   Zum Werk Ilse Aichingers, hrsg. von Britta Herrmann / Barbara Thums,
   Würzburg 2001, bes. S. 61–123.

schließen, in der Kindheit und Erwachsensein, Tod und Geburt ineinander gespiegelt werden. Wer steht hinter der kindlichen Perspektive von »heimlich, daß es die Schwester nicht sieht«, und hinter dem adhortativen Ausrufezeichen des Schlusses: »und schnell!« Schließlich: wer ist hier »du«?

Die Frage zielt in den Kern der Konstruktion dieser Geschichte, und von ›konstruiert‹, ›gebaut‹, ›verknüpft‹, ›gebastelt‹ kann man sehr bald reden, wenn man dem Text Satz für Satz folgt. Rechnet man Aichingers Angaben zur Entstehung der *Spiegelgeschichte* durch, erstreckt sich die – 1948 begonnene und wiederholt unterbrochene – Arbeit über etwa anderthalb Jahre. Keine der in diesem Zeitraum entstandenen und auch keine der früheren Geschichten hat eine der *Spiegelgeschichte* vergleichbare Struktur. Es gibt Singuläres wie die *Rede unter dem Galgen* (eben eine »Rede«, eigentlich keine »Erzählung«), aber keine »du«-Geschichte, wie sie hier vorläufig benannt werden soll.

Die meisten der frühen Erzählungen sind »er«- oder »sie«-Geschichten wie *Das Plakat* oder *Der Hauslehrer*. Etwas rätselhaft beginnt *Die geöffnete Order* mit »man«, wohinter ein Soldatentrupp steht; aber dann tritt doch ein »er« (mit einem Gegenüber) in den Vordergrund. Eine kleine, charakteristische Gruppe bilden die »ich«-Erzählungen (mit weiblichen »ichs«), wie *Wo ich wohne* oder *Engel in der Nacht*, wo das »ich« eines Mädchens sich – an den zitierten Eingangsvergleich der *Spiegelgeschichte* erinnernd – rasch mit der Schwester zu einem »uns« verbindet.

Aber wer ist in der *Spiegelgeschichte* das von der ersten Zeile an begegnende »du«, das bis zum Schluss nicht beiseite tritt und von manchen Interpreten sogar als »Protagonistin«[13] bezeichnet wird? Sind die Sprechende und die

---

13 So etwa bei Annette Ratmann, *Spiegelungen, ein Tanz. Untersuchungen zur Prosa und Lyrik Ilse Aichingers*, Würzburg 2001, S. 5.

Angesprochene identisch? Als »Selbstgespräch« wollen manche die durchgehende Struktur bezeichnen[14] – damit wäre eine Redeform benannt, mit der zu Beginn der 50er-Jahre manche Erzählautoren wie etwa Martin Walser experimentieren.[15] Aber geht man den Text genau durch, so trifft man auf Partien, die nicht eindeutig in das Schema des »Selbstgesprächs« passen: so die Partie, in dem die Entfremdung des Paars dargestellt wird, wo Innensicht in beide Partner vorausgesetzt ist und die beiden distanziert mit »ihr« angeredet werden: »Ihr seht euch nur mehr selten, aber noch immer seid ihr einander nicht fremd genug« (65). »Selbstgespräch« oder auch »innere Selbstansprache der Protagonistin«[16] kann man das im strengen Sinn nicht nennen. Auch ist es, im Gegensatz zu einem Vorschlag von Edgar Neis,[17] kein »innerer Monolog«; denn der würde ja die Ich-Form voraussetzen. So wenig eine präzise Rubrizierung möglich ist, so lässt sich doch festhalten, dass die Redeweise sich am ehesten im Umkreis von »Selbstgespräch« bewegt.

Auf den ersten Blick irritierend wirken die von außen, ja von ›hinten‹ kommenden »Stimmen«, die den Zustand der Fieberkranken kennzeichnen und die – auf den zweiten Blick – den Text sehr genau gliedern. Es sind vier Stellen. Die erste begegnet ungefähr nach dem ersten Drittel der Erzählung: »›Die Fieberträume lassen nach‹, sagt eine Stimme hinter dir, ›der Todeskampf beginnt!‹ Ach die! Was wissen die?« (60) Die kurze abwehrende Reaktion ist

14 So Erika Haas, »Differenzierende Interpretation auf der Oberstufe«, in: *Der Deutschunterricht* 21 (1969) S. 64–78, hier S. 67; ähnlich schon Gisela Lindemann, *Ilse Aichinger*, München 1988, S. 76.

15 Wilfried Barner, »Selbstgespräche? Über frühe Erzählprosa Martin Walsers«, in: *Martin Walser*, hrsg. von Heinz Ludwig Arnold. Neufassung, München ³2000 (text + kritik, Heft 41/42), S. 79–90.

16 Ratmann (Anm. 13) S. 5.

17 Edgar Neis, »*Die geöffnete Order, Seegeister, Spiegelgeschichte*«, in: *Wie interpretiere ich Gedichte und Kurzgeschichten?* Hollfeld/Ofr. ⁹1975, S. 126–130, hier S. 128.

charakteristisch auch für die zweite Stelle, an der die Stimmen näher bestimmt werden; es sind Krankenschwestern: »Was flüstern die in ihren hellen Hauben? ›Das ist der Todeskampf!‹ Die laßt nur reden«. (63) Schon hier wird klar, dass diese »externen Anreden«, wie man sie nicht ganz treffend genannt hat,[18] kompositorisch zugleich der Akzentuierung und Benennung der Geschehens-›Stufen‹ und somit der Zeitstruktur dienen (von denen noch zu reden sein wird). Stufe drei: »›Es dauert nicht mehr lang‹, sagen die hinter dir, ›es geht zu Ende!‹« (65) Und von der Anlage dieses Kompositionselements her ganz konsequent schließt die *Spiegelgeschichte* mit einer solchen Stimme und ihrer ›Abwehr‹: »›Es ist zu Ende —‹, sagen die hinter dir, ›sie ist tot!‹ Still! Laß sie reden!« (68) Nicht nur die wiederholt sich regende Widerständigkeit der Sprecherin wird hier noch einmal kompakt greifbar, sondern die klar herauspräparierte Grundparadoxie der Erzählung: dass die Sprecherin für tot erklärt wird, während sie noch ›antworten‹ kann.

Man könnte versucht sein, die Schwierigkeiten bei der Bestimmung der Redeweise (eine Art ›Selbstgespräch‹) und die Paradoxien der ›Einwürfe‹ aus der narrativen Grundanlage der Geschichte herzuleiten. Schon die ersten Zuhörer auf der Niendorfer Tagung 1952 haben als das ›unerhört‹ Neue, ja Sensationelle dieser Geschichte angesehen, dass sie auf eine näher zu bestimmende Weise ›rückwärts‹ erzählt wird. Genauer – und hier beginnen Ungenauigkeiten späterer Interpretation –, sie wird *stufenweise* ›rückwärts‹ erzählt. Und: Charakteristisch ist eine ›gegenstrebige‹ Bewegung in dem Sinne, dass mit dem Erzählen auf den Tod hin (letzte Stimme: »sie ist tot!‹«) zugleich auf die Geburt hin erzählt wird. Das eigentliche Skandalon der narrativen Konstruktion aber, mit dem der

---

18 So bei U. Henry Gerlach, »Ilse Aichingers *Spiegelgeschichte*. Eine einzigartige Erzählung«, in: *Österreich in Geschichte und Literatur* 40 (1996) S. 37–45, hier S. 41. Die junge Frau wird ja nicht ›angeredet‹.

Leser schon nach wenigen Sätzen konfrontiert wird, besteht darin, dass einzelne sichtbare, in der Raumdimension sich vollziehende und zugleich ›zeitgerichtete‹ Handlungen so erzählt werden, dass sie ›rückwärts‹ geschehen, so schon im zweiten Absatz der Erzählung: »Und die Träger fragen nicht viel und holen deinen Sarg wieder herauf.« (56) Und wenige Sätze weiter fast mit Überdeutlichkeit: »Dann bewegt sich der Zug die Mauern entlang wieder zurück.« (56)

Von früh an hat man wiederholt an die Ähnlichkeit mit filmischen Techniken erinnert (auch an einschlägige Interessen Aichingers). Mit einem bedenkenswerten Einfall spricht Ulrich H. Gerlach vom »Lebensfilm« der jungen Frau;[19] die Berichte und Analysen von ›Lebensfilmen‹, an deren Ablaufen Sterbende oder scheintot Gewesene sich erinnern, sind bekannt. Aber in der *Spiegelgeschichte* wird kein Lebensfilm einer jungen Frau erzählerisch ›rückwärts‹ abgespielt. Die in der Literatur begegnenden Kennzeichnungsversuche wie »im Rücklauf« (Annette Ratmann)[20] oder das Sprechen von »genauer [!] chronologischer Reversion« (Ulrich H. Gerlach)[21] treffen die hier angewandte Technik nicht. Es wird in ›Stufen‹ oder ›Stationen‹ erzählt, die jeweils für sich genommen in der Tat gegenchronologisch angelegt sind: das Grab am Anfang, der Leichenzug, der sich vom Friedhof weg bewegt, usw. Dass die Geschichte der jungen Frau im Akt einer »Revision« sozusagen »stufenweise inszeniert« wird, hat Gisela Lindemann zu Recht herausgehoben.[22] Und in ähnlicher Weise, wie die vier ›Einwürfe‹ das Ganze strukturieren (und eine biographische ›Rückwärts‹-Konstruktion bedarf solcher Markierungen ganz besonders), sind kurze, visuell eindrückliche Kurzszenen fast strategisch über die Erzäh-

19 Gerlach (Anm. 18) S. 45.
20 Ratmann (Anm. 13) S. 5, Anm. 11.
21 Gerlach (Anm. 18) S. 38.
22 Lindemann (Anm. 14) S. 76.

lung verteilt: »Dann bewegt sich der Zug die Mauern entlang wieder zurück« (56); »Bevor es dunkel wird [...], biegt auch der Wagen schon in den Spitalshof ein« (57); »Sie tragen dich ins Haus und die Stiegen hinauf. Du wirst aus dem Sarg gehoben. Dein Bett ist frisch gerichtet« (58 f.). Solche ›orientierenden‹ Szenen, wie man sie nennen könnte, wirken an der Festigung der Rückwärts-Struktur mit, die natürlich infolge der ungewohnten Negation ›natürlicher‹ Chronologie leicht ins Gleiten gerät. Noch im Schlussteil begegnen solche orientierenden Kurzsequenzen: »Du hängst den blauen Hut, den alle Schulkinder tragen, wieder an den Nagel und verläßt die Schule. Es ist wieder Herbst.« (66 f.)

Auf den einzelnen Stufen des retrograden Darstellens ist das Drängende, Teleologische auffällig, das fast jeden Einzelschritt wie in ein festes Zeitkorsett, in etwas Vorgeplantes eingebunden erscheinen lässt. Ein den ganzen Text dicht durchziehendes Strukturmerkmal, das in bisherigen Analysen noch nicht entschieden genug herausgearbeitet wurde, ist die Häufung von Temporalpartikeln wie »schon«, »erst«, »wieder«, »wieder zurück«, »noch einmal«, »ehe« – es sind alles Partikel, die auf der kurzen ersten Seite (56 f.) stehen, zum Teil mehrfach (»wieder« dreimal). Noch im letzten Absatz des Textes begegnet das »wieder« (67).

Die gehäuften Temporalpartikel bilden ein entscheidendes Mittel, das dem Text den Eindruck des Zielgerichteten und Irreversiblen verleiht, nicht nur in dieser Erzählung Aichingers.[23] Das Determinierte des Ablaufs der Geschehnisse ermöglicht es sogar, dass an beschwerten Stellen zwischen den Fugen das durchgängige Präsens[24] sogar ins Fu-

---

23 Es ist einer der Grundzüge, der wiederum früh die Zuhörer und Leser an Kafka erinnerte; vgl. Vivian Liska, »›Und dieser Schatten wird mich streifen, solange ich atme‹. Ilse Aichinger und Franz Kafka«, in: *Was wir einsetzen können, ist Nüchternheit« (Anm. 12) S. 189–204.
24 So die meisten Interpreten; die Stellen im Futur werden meist übersehen.

tur überspringt, so kurz vor dem dritten ›Einwurf‹: »Eines
Tages wird es soweit sein.« (65) Und wenige Zeilen weiter:
»Es wird ein Herbsttag sein« (65). Auch hier wird die
zeitliche Reversion noch ins Abstrakte gesteigert: »Die
Zukunft ist vorbei« (64). Das Stichwort »Herbsttag« mag
daran erinnern, dass die Jahreszeiten – wie auch in anderen Erzählungen Aichingers – ein fast überdeutlich kalku-
liertes zeitliches Gerüst des Ganzen aufrichten. Interpreten wie W. Michael Resler[25] und David L. Colclasure[26]
haben schon auf das ungewöhnliche Arbeiten mit dem
Verhältnis von Erzählzeit und erzählter Zeit aufmerksam gemacht. ›Durchgerechnet‹ wird hier auf gerade elf
Druckseiten das Leben einer jungen Frau in extremer Raf-
fung erzählt.

Dabei ist ›Spiegel‹ hier keineswegs die eindeutige Struk-
turmetapher. Dass nicht einfach ›spiegelverkehrt‹ dargestellt wird, hat sich bereits gezeigt, auch wenn es auf den
einzelnen ›Stufen‹ Spiegelphänomene geben mag: so gleich
zu Anfang, als der Sarg wieder aus dem Grab geholt wird
(56), und bis zum Schluss, wo im Tod die eigene »Geburt«
sich spiegelt (67f.).[27] Doch als Dingsymbol begegnet der
Spiegel, als »blinder« Spiegel, erst bei der schmutzigen Alten (61). Aber der Satz: »Der Spiegel gibt dir Kraft« (61)
bleibt trotz aller Deutungsversuche[28] ebenso rätselhaft wie
der andere, der auf den (gegenüber dem Freund) ver-
schwiegenen Besuch »bei der Alten« Bezug nimmt: »Im
Spiegel sagt man alles, daß es vergessen sei« (63). Die zahl-
losen Vorschläge können hier nicht einzeln referiert wer-

25 Michael Resler, »A structural approach to Aichinger's *Spiegelgeschichte*«,
   in: *Die Unterrichtspraxis* 12 (1979) S. 30–37.
26 David L. Colclasure, »Erzählkunst und Gesellschaftskritik in Ilse Aichingers *Spiegelgeschichte*. Eine Neuinterpretation«, in: *Modern Austrian Literature* 32 (1999) S. 17–89, hier S. 70, besonders auch die beiden Tabellen
   S. 86.
27 Die meisten Analysen setzen bei diesen Spiegelungen im Sinne des ›spie-
   gelverkehrten‹ Erzählens an.
28 Einer der neuesten umfassenden Versuche: Ratmann (Anm. 13).

den, bis hin zur Bezugnahme auf 1. Korinther 13: »wir sehen jetzt durch einen Spiegel in einem dunklen Wort«,[29] wo es immerhin auch um ein tiefes Rätsel und allmähliches Erkennen geht. Dieses Prozesshafte, so sehr es auch der *Spiegelgeschichte* eigen ist, reicht als Schlüssel nicht hin. Und gegen »Botschaften« hat sich Ilse Aichinger wiederholt verwahrt.[30]

Der Besuch bei der Alten, mit dem Spiegel, ist zweifellos die herausgehobene, auch die ›lauteste‹ Szene (ich »schrei über die Gasse«, 61) des ganzen Textes. Und die Forderung: »Mach mir mein Kind wieder lebendig!« (61) bedeutet den rebellischen Höhepunkt der Geschichte, auch in der generalisierenden Ausweitung auf die »unschuldigen Kinder« (61). Das in den Interpretationen der *Spiegelgeschichte* kontrovers diskutierte Problem der »Gesellschaftskritik«[31] oder auch der »Zeitkritik«[32] hat sich vorzugsweise um die Abtreibung und ihre Umstände zentriert (zum Teil auch um die Unfähigkeit des jungen Mannes, Verantwortung zu übernehmen).[33] Bei aller Artistik der Erzählkonstruktion und provokanten Verwendung ›surrealistischer‹ Techniken, die man um 1952 bei den 47ern als Signale einer ›Wende‹ verstand, führt hier auf dem Feld der Sozialkritik eine Brücke zu den kritisch-realistischen Arbeiten eines Alfred Andersch, Heinrich Böll, Hans Werner Richter, Wolfdietrich Schnurre und anderer, die auf ihre Weise eine *littérature engagée* für das Deutschland der Nachkriegszeit versucht hatten.

Ist die *Spiegelgeschichte* überhaupt eine Kurzgeschichte? Man braucht sich nicht in die Feinheiten der Gat-

---

29 Ausgeführt bei Jaussi (Anm. 11) S. 189.
30 Mehrere Beiträge in: Moser (Anm. 5) S. 29–57 u. ö.
31 So schon bei Lindemann (Anm. 14) S. 17; Colclasure (Anm. 26) S. 79; Dietrich Krusche, *Kommunikation im Erzähltext*, Bd. 1. *Analysen*, München 1978, S. 89.
32 Im Titel schon bei Jaussi (Anm. 11).
33 Dazu Colclasure (Anm. 26) S. 82.

tungssortierungen zu begeben (›realistischer‹ Typus, ›amerikanisch‹ orientierter usw.), um noch einmal festzustellen, dass es zwar ein ›kurzer‹ Text ist, aber keine ›Geschichte‹. In den zahlreichen Interpretationen hat man mitunter etwas leichthin von einer »Erzählerfigur« gesprochen.[34] Es gibt hier keine solche, ebenso wenig wie bei der *Rede unter dem Galgen*. Selbst mit einem »Ich« hat man operiert,[35] es gibt aber in der *Spiegelgeschichte* kein solches »Ich«. Und selbst die Grundstruktur dieses Textes, das stufenweise (!) ›Rückwärts‹, wird mitunter ungenau gefasst oder gar verfehlt, etwa als bloßer »Rücklauf«[36] bzw. als »rückläufiger Traum«.[37]

Es gibt wenige in der Grundfigur vergleichbare Texte. Max Frisch erprobte in den 60er-Jahren in seinem Prosa-»Spiel« *Biografie* (entstanden 1966/67, Erstausgabe 1967, Uraufführung 1968) seine neu entwickelte »Dramaturgie des Zufalls«[38] dergestalt, dass die Handlung mehrfach sozusagen ›angehalten‹ wurde und die Hauptfigur versuchte, der ›zwingenden Fügung‹ durch Verhaltensänderung, neue Handlungsänderungen zu entgehen. Was diesen Versuch mit der *Spiegelgeschichte* verbindet, sind unter anderem das Durchbrechen der linearen Teleologie und das Vorgehen in ›Stufen‹. Dass der Protagonist bei Frisch (der Verhaltensforscher Kürmann) mit seinem Experiment scheitert, weil er seiner schon durchlebten Biographie nicht entgehen kann, sei hinzugefügt. Max Frisch hat den Weg von *Biografie* kein zweites Mal beschritten (auch wenn das hier einschlägige Thema ›Identität‹ in immer neuer Varianz bei ihm wiederkehrt), ebenso wie Ilse Aichinger keinen zweiten Text nach dem Strukturmuster der *Spiegelgeschichte* geschrieben hat. Ob der 1952 in Nien-

---

34 Dagmar C. G. Lorenz, *Ilse Aichinger*, Königstein/Ts. 1981, S. 78.
35 Gerlach (Anm. 18) S. 40.
36 Ratmann (Anm. 13) S. 3.
37 Gerlach (Anm. 18) S. 42.
38 Formuliert in seiner Schillerpreis-Rede von 1965.

dorf vorgetragene Text nun eine Kurzgeschichte ist oder eine Art »Selbstgespräch« oder dergleichen war, er hat damals viele gefesselt und bis heute alle Interpretationen dank seiner Widerständigkeit erstaunlich unverbraucht überstanden.

Literaturhinweise

Ilse Aichinger: Spiegelgeschichte. In: Wiener Tageszeitung. 3. Jg. 1949. Nr. 183, 7. August 1949, S. 7 (Teil I); Nr. 184, 9. August, S. 5 (Teil II); Nr. 185, 10. August 1949, S. 5 (Teil III).
– Spiegelgeschichte. In: Merkur. 6. Jg. Heft 1. Januar 1952. S. 70–77.
– Spiegelgeschichte. In: I. A.: Rede unter dem Galgen. Wien: Jungbrunnen Verlag, [1952]. S. 49–63.
– Spiegelgeschichte. In: I. A.: Der Gefesselte. Erzählungen. Frankfurt a. M.: S. Fischer, 1953. S. 61–73.
– Spiegelgeschichte. In: I. A.: Der Gefesselte. Erzählungen (1948–1952). Hrsg. von Richard Reichensperger. Frankfurt a. M.: Fischer Taschenbuch Verlag, 1991. S. 63–74.
– Spiegelgeschichte. In: Klassische deutsche Kurzgeschichten. Hrsg. von Werner Bellmann. Stuttgart: Reclam, 2003. S. 56–68. – Diesem Druck liegt die Ausgabe von 1991 zugrunde.

Aldridge, Maurice: *Spiegelgeschichte*. A Linguistic Analysis. In: International Review of Applied Linguistics in Language Teaching 26/2 (1988) S. 149–166.
Barner, Wilfried: Schwerelosigkeit und Gravitation. Zu frühen Erzählungen Ilse Aichingers. In: »Was wir einsetzen können, ist Nüchternheit«. Zum Werk Ilse Aichingers. Hrsg. von Britta Herrmann / Barbara Thums. Würzburg 2001. S. 205–212.
Bedwill, Carol B.: The Ambivalent Image in Ilse Aichinger's *Spiegelgeschichte*. In: Revue des Langues Vivantes 33 (1967) S. 362–368.
Colclasure, David L.: Erzählkunst und Gesellschaftskritik in Ilse Aichingers *Spiegelgeschichte*: eine Neuinterpretation. In: Modern Austrian Literature 32/1 (1999) S. 67–90.
Gerlach, U. Henry: Ilse Aichingers *Spiegelgeschichte*. Eine einzigartige Erzählung. In: Österreich in Geschichte und Literatur 40/1 (1996) S. 37–45.

Haas, Erika: Differenzierende Interpretation auf der Oberstufe. In: Der Deutschunterricht 21 (1969) S. 64–78.

Krusche, Dietrich: Kommunikation im Erzähltext. Bd. 1: Analysen. Zur Anwendung wirkästhetischer Theorie. München 1978.

Lindemann, Gisela: Ilse Aichinger. München 1988.

Lorenz, Dagmar C. G.: Ilse Aichinger. Königstein/Ts. 1981.

Moser, Samuel (Hrsg.): Ilse Aichinger: Leben und Werk. Frankfurt a. M. 1995.

Ratmann, Annette: Spiegelungen, ein Tanz. Untersuchungen zur Prosa und Lyrik Ilse Aichingers. Würzburg 2001.

Resler, Michael: A structural approach to Aichinger's *Spiegelgeschichte*. In: Die Unterrichtspraxis 12/1 (1979) S. 30–37.

Schafroth, Heinz F.: Ilse Aichinger. In: Kritisches Lexikon zur deutschsprachigen Gegenwartsliteratur (KLG). Hrsg. von Heinz Ludwig Arnold. (31. Nachlfg.) München 1989.

Weber, Elisabeth: Zum frühen Werk Ilse Aichingers. In: Romantik und Moderne. Hrsg. von Erich Huber-Thoma und Ghemela Adler. Frankfurt a. M. 1986. S. 529–541.

Nachtrag 2022:

Beicken, Peter: »Die Geschichte von Leben und Tod«. Ilse Aichingers *Spiegelgeschichte* als intermediales Erzählkino. In: I.A.: Misstrauen als Engagement? Hrsg. von Ingeborg Rabenstein-Michel [u. a.]. Würzburg 2009. S. 109–122.

Markus, Hannah: »Schnell, solang du noch tot bist.« Ilse Aichingers *Spiegelgeschichte*. In: Rückwärtsvorgänge. Retrogrades Erzählen in Literatur, Kunst und Wissenschaft. Hrsg. von Mona Körte. Berlin 2020. S. 43–63. (Sonderheft zu Bd. 138 der Zeitschrift für deutsche Philologie.)

Meiser, Katharina: Die »Dimension Auschwitz« in Ilse Aichingers *Spiegelgeschichte*. In: Weimarer Beiträge 63 (2017) H. 1. S. 44–58.

Siegfried Lenz: *Die Nacht im Hotel*

Von Hans Wagener

Siegfried Lenz' Kurzgeschichte *Die Nacht im Hotel* ist die letzte seiner Erzählsammlung *Jäger des Spotts. Geschichten aus dieser Zeit* (1958), die insgesamt 13 Geschichten aus den Jahren 1949 bis 1954 umfasst. Die meisten dieser Geschichten stehen in der Tradition Ernest Hemingways. Ihre Helden sind einfache Männer, die unter größten persönlichen Anstrengungen kämpfen und schließlich unterliegen, besiegt, aber ungebrochen. Daneben enthält der Band aber auch mehrere Satiren und zeitkritische Erzählungen, die mit Hemingway nichts zu tun haben. Die Erzählung *Die Nacht im Hotel* ist jedoch weder in irgendeiner Weise Hemingway verpflichtet, noch ist sie satirisch oder zeitkritisch, sondern einfach eine »unkompliziert[e], naiv[e] Kurzgeschichte«[1]. Wie die in späteren Ausgaben[2] beigefügte Datumsangabe verrät, handelt es sich um die früheste, bereits 1949 entstandene Erzählung des Erzählbandes. Zieht man in Betracht, dass Lenz' erste Erzählsammlung *So zärtlich war Suleyken* erst 1955 erschienen ist, also zwar vor *Jäger des Spotts*, aber nach der Entstehung von *Die Nacht im Hotel*, so handelt es sich damit um die »erste von Siegfried Lenz vorliegende Arbeit«[3].

Der Inhalt ist folgender: Die einzige Unterkunft, die ein Mann namens Schwamm am Abend in einer Stadt noch bekommen kann, ist ein Bett in einem Doppelzimmer, in dem das andere Bett bereits belegt ist. Als Schwamm das Zim-

1 Wilhelm Johannes Schwarz, *Der Erzähler Siegfried Lenz*. Mit einem Beitrag *Das szenische Werk* von Hans-Jürgen Greif, Bern/München 1974, S. 8.
2 Zum Beispiel in: Siegfried Lenz, *Gesammelte Erzählungen*, Hamburg 1970 oder in: S. L., *Erzählungen 1. 1949–1955*, Hamburg 1996 (*Werkausgabe in Einzelbänden*, Bd. 13).
3 Schwarz (Anm. 1) S. 8.

mer betritt, bittet ihn der andere Gast ohne Grundangabe, das Licht nicht einzuschalten, und dirigiert ihn im Dunkeln – mit der Warnung, nicht über die abgestellten Krücken zu stolpern – zu seinem Bett. Schwamm stellt sich namentlich vor, der andere nicht. Nach dem Grund für seinen Aufenthalt in der Stadt befragt, erzählt Schwamm, er habe einen kleinen Sohn, der jeden Morgen auf dem Schulweg den Reisenden, die im Frühzug vorbeifahren, zuwinkt, ohne dass jemand zurückwinkt. Er sei deshalb schon seit Monaten deprimiert und unfähig, seine Schularbeiten zu machen, wolle nicht spielen und nicht sprechen. Deshalb wolle Schwamm am nächsten Morgen selbst mit dem Frühzug fahren und seinem Sohn zuwinken. Der Unbekannte erklärt, er hasse Kinder, seit seine Frau im Kindbett gestorben sei, und er empfinde Schwamms Vorgehen als glatten Betrug gegenüber dem Sohn.

Als Schwamm am nächsten Morgen aufwacht, ist der Unbekannte bereits fort, und es ist zu spät, um den Frühzug noch zu erreichen. Als er am Nachmittag niedergeschlagen nach Hause kommt, öffnet ihm sein kleiner Sohn außer sich vor Freude die Tür, denn an diesem Tag hat ihm einer der Reisenden zurückgewinkt, ganz lange. Auf seine Frage hin bestätigt ihm der Kleine, dass es ein Mann mit einem Stock war.

Der Name der Stadt ist nicht angegeben, die Zeit ist wohl die Gegenwart von 1949, eine Zeit, in der ein Mann mit Krücken damals aller Wahrscheinlichkeit nach ein Kriegsversehrter war. Auch die Tatsache, dass jemandem in einem Hotel ein Bett in einem bereits teilbelegten Zimmer angeboten wird, ist am ehesten in der Nachkriegszeit denkbar (unabhängig von der berühmten Bettszene in Melvilles *Moby Dick*).

Die Erzählung besteht zum größten Teil aus Dialogen: Bereits die epische Einleitung, in der der Nachtportier Schwamm dazu überredet, das Zimmer mit einem Fremden zu teilen, enthält einen Dialog zwischen den beiden.

Nachdem Schwamm dann das Zimmer betreten hat, setzt sich die Erzählung als Gespräch zwischen Schwamm und dem Fremden fort, bis Schwamm einschläft. Anschließend berichtet Lenz in knappen Worten, dass der Fremde bereits fort ist, als Schwamm aufwacht, zu spät, um den Frühzug noch zu erreichen, und wie er niedergeschlagen nach Hause kommt. Der Schluss ist wieder als kurzer Dialog zwischen Vater und Sohn gegeben. Durch diese äußere Dialogform erhält die Geschichte den Charakter einer dramatischen Szene; da sie sich »größtenteils im Dunkeln abspielt, ist [sie] [...] gleichsam ein erzähltes Hörspiel«[4].

Um eine scheinbare dramatische Auseinandersetzung zwischen Schwamm und dem Unbekannten handelt es sich denn auch im zentralen Dialog. Schwamm ist mitteilungsfreudig, stellt sich namentlich vor, berichtet im Detail von seinem Anliegen, von seiner Besorgnis über das Leiden seines Sohnes. Der Unbekannte wird als ausgesprochen ablehnend dargestellt, allein schon dadurch, dass er sich nicht namentlich vorstellt. Lenz teilt uns nicht mit, warum Schwamm das Licht nicht einschalten darf. Will der Unbekannte nur nicht durch den hellen Schein der Lampe geblendet werden? Er hat Krücken. Ist er eventuell so verunstaltet, dass er Schwamm durch seinen Anblick nicht erschrecken möchte? Wir wissen es nicht, die Krücken weisen jedoch darauf hin, dass der Unbekannte ein »Geschlagener, Gezeichneter«[5] ist. Dies wird auch in dem Gespräch mit ihm bestätigt: Schwamm erhält auf seine Mitteilungen über seinen kleinen Sohn hin nur Antworten, die auf die deprimierte innere Verfassung eines Mannes schließen lassen, der verbittert, vom Leben enttäuscht ist: Als Schwamm erzählt, er habe wahrscheinlich »den merkwürdigsten Grund, den je ein Mensch hatte, um in

4 Colin Russ, »Nachwort«, in: Siegfried Lenz, *Gesammelte Erzählungen*, Hamburg 1970, S. 624.
5 Ebd.

die Stadt zu fahren« (71), fragt er: »Wollen Sie in der Stadt
Selbstmord begehen?« (71) Als Schwamm erzählt, er habe
einen kleinen Sohn, dessentwegen er hergefahren sei, ist
die Gegenfrage: »Ist er im Krankenhaus?« (71), und als
Schwamm berichtet, der Kleine habe »eine Glasseele« (72)
und sei bedroht, schlägt der Fremde vor: »Warum begeht
er nicht Selbstmord?« (72) – eine fast unglaubliche Zumu-
tung, zumal es um ein Kind geht. Die Begründung für seine geradezu unnatürliche Kinderfeindschaft – er weiche
ihnen aus und hasse sie – gibt der Fremde mit dem Hinweis, eines Kindes wegen habe er seine Frau verloren, die
bei der ersten Geburt starb (73). Erst als er noch argumen-
tiert, das Vorhaben Schwamms sei »ein glatter Betrug, eine
Hintergehung« (73), verwahrt dieser sich energisch gegen
eine solche Unterstellung, indem er aufgebracht kontert:
»Was erlauben Sie sich, ich bitte Sie, wie kommen Sie
dazu!« (73), und er zieht sich die Decke über den Kopf,
um einzuschlafen.

Offensichtlich hat Lenz ein derartiges verbittertes Bild
des Fremden gezeichnet, um dessen anschließende Handlungsweise als eine umso überraschendere Wende darstellen zu können, als etwas, was allen dessen früheren, ab-
weisenden Kommentaren diametral entgegengesetzt ist.
Was müssen wir annehmen, ohne dass es in dieser fast rein
dialogischen Geschichte ausgesprochen wird? Dass der
Fremde vor Schwamm aufgewacht ist, festgestellt hat, dass
der noch schlafende Schwamm den Frühzug, der ihn an
seinem Kind vorbeiführen würde, nicht mehr erreichen
kann und dass er selbst den inneren Auftrag Schwamms
übernommen hat, dem Kind vom Zug aus zuzuwinken,
um es aus seiner Depression zu erlösen. Das ist die äußere
Handlung; die innere ist jedoch die Wandlung des Unbekannten vom verbitterten Kinderhasser zu jemandem, der
sich für ein Kind einsetzt, ihm hilft, sich seiner inneren
Not erbarmt. Diese Wandlung vollzieht sich gleichsam
hinter der Bühne, denn sie wird nicht dargestellt, offen-

bart sich auch nicht im Gespräch, sondern wird in der von Schwamm und vom Leser indirekt zu erschließenden Handlung ausgedrückt. Der Fremde war offensichtlich leidend, litt am Tod seiner Frau und, so müssen wir annehmen, auch seines Kindes, ein Leiden, das Lenz im Gebrauch der Krücken – Symbolen der auch inneren Verkrüppelung – ausdrückt.

Dadurch, dass er nicht rechtzeitig aufgewacht ist, um den Zug noch zu erreichen, versagt letztlich der vorher so sympathisch gezeichnete Schwamm, während der Fremde durch die Übernahme von dessen Anliegen für Lenz zur eigentlichen Hauptgestalt der Kurzgeschichte wird. Indem Lenz weder dessen äußere Handlungsweise noch seine innere Wandlung berichtet, reduziert er seine Geschichte auf das absolut Wesentliche, minimalisiert er das Berichtete. Er erzählt scheinbar distanziert, ohne emotionale Beteiligung, objektiv, ohne sich als Erzähler einzumischen, und überlässt es dem Leser, seine Schlussfolgerungen zu ziehen.

Die ganze Erzählung ist auf die überraschende Wende, die Schlusspointe hin ausgerichtet; sie lässt sich für den erfahrenen Leser bald erraten. Alles konzentriert sich deshalb auf das ›Wie‹ der Darstellung. Auch die Schlusspointe überlässt dem Leser noch die letzte Schlussfolgerung, nämlich, dass es der Unbekannte war, der den Jungen aus seiner Depression erlöst hat. Lenz gibt uns damit nur das Gerüst einer Erzählung, berichtet lediglich deren äußere Fakten, um dem Leser die Ausfüllung der Leerstellen zu überlassen und ihn zum Mitdenken zu zwingen. Voraussetzung dafür ist, dass er einen geheimen Pakt mit dem Leser schließt, ihn mit Schwamm sich über den Kinderhass des Fremden erregen lässt – auch wenn dieser psychologisch gesehen vielleicht verständlich oder nachvollziehbar ist –, um ihn dann in einer Art Schlusskatharsis innerlich befreit zu entlassen.

In der Tat steht am Schluss eine Geste des Mitgefühls

und der Hilfe seitens des Fremden. Seine Wandlung ist eine Wandlung vom Hass zur Menschlichkeit, zur inneren Versöhnlichkeit, zur Humanität. Das Ende der Geschichte wäre für heutige Begriffe fast zu sentimental, wenn es Lenz nicht so »trocken unterkühlt und scheinbar völlig unbeteiligt«[6] erzählt hätte. Der Kinderhass des Fremden, seine innere Verbitterung hat sich gelöst, und die Depression des Kindes ist durch die befreiende Tat des Fremden von ihm gewichen. Die Konflikte durch menschliche Wärme und Verstehen aufzulösen, die Welt wieder in Ordnung zu bringen, ist ein Ziel, dem Lenz auch in seinen späteren Werken – bis heute – treu geblieben ist.

Literaturhinweise

Siegfried Lenz: Die Nacht im Hotel. In: S. L.: Jäger des Spotts. Geschichten aus dieser Zeit. Hamburg: Hoffmann & Campe, 1958. S. 208–214.
– Die Nacht im Hotel. In: Gesammelte Erzählungen. Hamburg: Hoffmann & Campe, 1970. S. 164–168.
– Die Nacht im Hotel. In: Werkausgabe in Einzelbänden. Bd. 13: Erzählungen 1. 1949–1955. Hamburg: Hoffmann & Campe, 1996. S. 7–13.
– Die Nacht im Hotel. In: Klassische deutsche Kurzgeschichten. Hrsg. von Werner Bellmann. Stuttgart: Reclam, 2003. S. 69–74. – Diesem Druck liegt die Ausgabe von 1996 zugrunde.

Arnold, Heinz Ludwig (Hrsg.): Siegfried Lenz. München 1976. 2., erw. Aufl. 1982. (text + kritik. 52.)
Bassmann, Winfried: Siegfried Lenz. Sein Werk als Beispiel für Weg und Standort der Literatur in der Bundesrepublik Deutschland. Bonn 1976.
Murdoch, Brian / Read, Malcolm: Siegfried Lenz. London 1978.

---

6 Ebd.

Nordbruch, Claus: Über die Pflicht. Eine Analyse des Werkes von Siegfried Lenz. Hildesheim [u. a.] 1996.

Pätzold, Hartmut: Theorie und Praxis moderner Schreibweisen. Am Beispiel von Siegfried Lenz und Helmut Heißenbüttel. Bonn 1976.

Russ, Colin (Hrsg.): Siegfried Lenz. Urteile und Standpunkte. Hamburg 1973.

Schwarz, Wilhelm Johannes: Der Erzähler Siegfried Lenz. Mit einem Beitrag »Das szenische Werk« von Hans-Jürgen Greif. Bern/München 1974.

Wagener, Hans: Siegfried Lenz. 4., erw. Aufl. München 1985. [1. Aufl. München 1976.]

Wolff, Rudolf (Hrsg.): Siegfried Lenz. Werk und Wirkung. Bonn 1985.

Heinrich Böll: *Wanderer, kommst du nach Spa…*

Von J. H. Reid

In einem wenige Jahre nach dem Ersten Weltkrieg verfassten Aufsatz schrieb Hugo von Hofmannsthal von der *Ironie der Dinge*, die gerade durch einen Krieg, zumal einen verlorenen Krieg, deutlich gemacht werde. Der Krieg, so Hofmannsthal, »setzt alles in ein Verhältnis zu allem, das scheinbar Große zum scheinbar Kleinen, das scheinbar Bedingende zu einem Neuen über ihm, von dem es wiederbedingt wird, das Heroische zum Mechanischen, das Pathetische zum Finanziellen, und so fort ohne Ende.«[1] In Anlehnung an ein Wort des romantischen Dichters Novalis, so fuhr er fort, hätten nach einem solchen Kriege die Unterlegenen »Komödien« zu schreiben: »Wer an das bittere Ende einer Sache gelangt ist, dem fällt die Binde von den Augen, er gewinnt einen klaren Geist und kommt hinter die Dinge, beinahe wie ein Gestorbener.«[2] Potenziert wurde diese »Ironie« durch den Zweiten Weltkrieg und die Verbrechen des Nationalsozialismus, wie in vorliegender Kurzgeschichte zu erkennen ist: Auch hier kommt »ein Gestorbener« hinter die »Ironie der Dinge«. Allerdings schreibt Böll keine »Komödie«; im Unterschied zu den Dichtern der Romantik kann er das Leben nicht wie ein »herrliches Schauspiel«[3] betrachten. In einem Brief vom 22. April 1941 ging er auf den Unterschied zwischen Humor und Satire ein: Diese habe »mehr Existenzberechtigung«; »der Humor liegt mir zu sehr zwischen den Dingen [...], die Satire ist eben so absolut wie die Lie-

---

1 Hugo von Hofmannsthal, »Die Ironie der Dinge«, in: H. v. H., *Ausgewählte Werke in zwei Bänden*, hrsg. von Rudolf Hirsch, Bd. 2, Frankfurt a. M. 1957, S. 633–636, hier S. 633.

2 Ebd. S. 635.

3 Ebd.

be, und eine Satire schreiben kann nur jemand, dessen
Herz voll ist von einer schwermütigen Lyrik und von einer unendlichen Trauer.« Und er schloss: »Das wäre mein
sehnlichster Wunsch, einmal vollendete, eisklare Satiren
schreiben zu können ...«⁴ *Wanderer, kommst du nach
Spa...* ist eine solche »eisklare Satire«, die mittels einer
ganzen Reihe von Ironiesignalen funktioniert.

Schon der Titel der 1950 veröffentlichten Kurzgeschichte persifliert Friedrich Schillers heroisches Distichon, das
sich auf Herodot und Cicero bzw. den Grabspruch des
griechischen Lyrikers Simonides von Keos über die im
Kampf gegen die Perser 480 v. Chr. gefallenen Helden
Spartas bezieht:

> Wanderer, kommst du nach Sparta, verkündige dorten,
> du habest
> uns hier liegen sehn, wie das Gesetz es befahl.⁵

Die klassische Anspielung wäre mit Sicherheit den zeitgenössischen Lesern präsent gewesen. Nach der sich abzeichnenden Niederlage der Sechsten Armee bei Stalingrad war von der deutschen Propaganda wiederholt die
Parallele zwischen der Schlacht am Thermopylen-Pass
und der Schlacht bei Stalingrad gezogen worden.⁶ Nicht
Sparta jedoch, sondern Spa, der belgische Kurort mit seinen Wäldern und Bergen, im 18. und 19. Jahrhundert *das*
Modebad Europas, ist hier anscheinend Ziel der ›Wanderung‹. Im weiteren Verlauf der Erzählung stellt man fest,
dass der Erzähler zwar dringend ärztliche Hilfe braucht,
seine Wunden aber sind nicht solche, die in einem Mode-

---

4 Heinrich Böll, *Briefe aus dem Krieg 1939–1945*, hrsg. von Jochen Schubert,
Bd. 1, Köln 2001, S. 183.
5 Friedrich Schiller, »Der Spaziergang« (1795), in F. Sch., *Gedichte*, hrsg. von
Norbert Oellers, Stuttgart 1990, S. 46.
6 S. Roderick H. Watt, »›Wanderer, kommst du nach Sparta‹: History
through Propaganda into Literary Commonplace«, in: *Modern Language Review* 80 (1985) S. 871–883, hier S. 874.

bad zu kurieren wären. Die Umgebung ist auch keine ländliche Idylle in Belgien, sondern eine brennende deutsche Stadt gegen Ende des Zweiten Weltkriegs.

Allerdings birgt der Titel von Bölls Erzählung eine weitere Anspielung. In den letzten Monaten des Ersten Weltkriegs, vom März bis November 1918, war Spa Sitz des deutschen Großen Hauptquartiers; hier unterschrieb Kaiser Wilhelm II. seine Abdankungsurkunde, und von hier aus reiste er am 10. November 1918 ins Exil in die Niederlande. Wie der spätere Roman *Billard um halb zehn* hat *Wanderer, kommst du nach Spa...* die deutsche Geschichte zum Thema, behandelt implizit die fatale Wiederkehr von Kriegsschuld und -folgen.

Dass der Erzähler ausgerechnet in seine eigene, jetzt zum Behelfslazarett umfunktionierte Schule zurückgebracht wird, ist eine weitere Ironie. Ungläubig sucht er nach anderen Erklärungen für die Ähnlichkeit der räumlichen Ausstattung mit der des Gymnasiums, das er vor drei Monaten verlassen hatte:

> [...] letzten Endes ist es kein Beweis, daß ich in meiner Schule bin, wenn die Medea zwischen VIa und VIb hängt und Nietzsches Schnurrbart zwischen OIa und OIb. Gewiß gibt es eine Vorschrift, die besagt, daß er da hängen muß. Hausordnung für humanistische Gymnasien in Preußen: Medea zwischen VIa und VIb, Dornauszieher dort, Caesar, Marc Aurel und Cicero im Flur und Nietzsche oben, wo sie schon Philosophie lernen. (78)

Provoziert wird hier der ironische Eindruck durch den Widerspruch zwischen dem Ideal und dem Mechanischen, zwischen dem ›Humanismus‹, der gerade die Freiheit und Einmaligkeit des menschlichen Individuums proklamiert, und der ›Hausordnung‹. Eine ähnliche Wirkung entsteht durch die Feststellung, dass das Nietzsche-Bild zur Hälfte

mit dem Zettel »Leichte Chirurgie« überklebt ist, was dann
sofort seine Parallele in dem von einem Schüler – eben dem
Erzähler – als Akt des Vandalismus auf eine der Bananen
geschriebenen »Es lebe Togo« (78) findet. So wird der Leser aufgefordert, der Bedeutung Nietzsches bei den Nationalsozialisten nachzugehen: Wer vandalisiert was? Die Zu-
fälligkeit der Ausstellungsobjekte bringt die humanisti-
schen Büsten von Cäsar, Cicero und Marc Aurel neben die
inhumanen Bilder der nationalsozialistischen Rassenlehre.

Erst als der Erzähler seine eigene Handschrift an der
Tafel eines Zeichensaals entdeckt, lässt sich nicht mehr
leugnen, dass es sich tatsächlich um seine alte Schule handelt. Es stellt sich heraus, dass der Zeichenlehrer den he-
roischen Spruch Schillers zur Schreibübung verwendet
hatte, dass jedoch die Tafel zu kurz, die Schrift des Schü-
lers zu groß gewesen war. So wird die in der Überschrift
der Erzählung angedeutete Banalisierung der Heldenideo-
logie potenziert, einmal durch die Degradierung zur
Schreibübung und einmal durch die mechanische Wiederholung. Die »Ironie der Dinge« jedoch bringt es außerdem mit sich, dass der Spruch, »der nur ein bißchen verstümmelt war« (87), von jemandem gelesen wird, der
mehr als ›ein bißchen verstümmelt‹ ist: Sofort nachdem er
sein ›Werk‹ erkannt hat, stellt der Erzähler das Ausmaß
seiner Verletzungen fest: Er hat keine Arme, auch kein
rechtes Bein mehr.

Schillers Gedicht *Der Spaziergang* endet mit einem weiteren oft zitierten Vers: »Und die Sonne Homers, siehe!
sie lächelt auch uns.«[7] Die andauernde Gültigkeit der hu-
manistischen klassischen Tradition wird voller Zuversicht
von Schiller proklamiert. Nach der ungeheuren Barbarei
von zwei Weltkriegen und dem Holocaust wirkte diese
Zuversicht recht zweifelhaft. Schon 1947 erschien Thomas
Manns Roman *Doktor Faustus* mit seiner »Zurücknahme«

---

7 *Der Spaziergang* (Anm. 5) S. 50.

des Kulturerbes Goethes und Beethovens. Auch Böll zeigt sich skeptisch. Während der Erzähler über die Gänge und Treppen der Schule in den Zeichensaal getragen wird, wo er verbunden werden soll, wird er en passant noch einmal mit dem gesamten abendländischen Kulturerbe konfrontiert, so wie es von den Nationalsozialisten gepflegt wurde: der Medea von Anselm Feuerbach, dem Dornauszieher (einer hellenistischen Statue), dem Parthenonfries, Cäsar, Cicero, Marc Aurel. Was für Schiller noch lebendige Wirklichkeit war, ist für ihn jedoch museal und tot. Noch mehr: In Umkehrung des erkenntnistheoretischen Ansatzes der klassischen deutschen Literatur von Goethe, Schiller und Kleist tritt sein Gefühl, sein Herz hinter seinen Verstand zurück: »Mein Herz sagte mir nichts. Hätte es nicht etwas gesagt, wenn ich in dieser Bude gewesen wäre, wo ich acht Jahre lang Vasen gezeichnet und Schriftzeichen geübt hatte [...].« (82 f.)[8]

Wie Bölls bekannteste Erzählung *Die verlorene Ehre der Katharina Blum* könnte auch *Wanderer, kommst du nach Spa...* den Untertitel tragen: »Wie Gewalt entstehen und wohin sie führen kann«. Der Blick des Erzählers streift die verschiedensten Aspekte der nationalsozialistischen Ideologie: Rassenlehre, Verlust der afrikanischen Kolonien im Ersten Weltkrieg,[9] aber hervorgehoben wird vor allem der Militarismus. An den Wänden hängen neben der Nachbildung des Parthenonfrieses der griechische Hoplit[10] und die Großen der deutschen Militärgeschichte

8 Erinnert sei vor allem an Heinrich von Kleists Erzählung *Die Marquise von O...*

9 Togo war seit 1884 »Schutzgebiet« des Deutschen Reiches gewesen und wurde 1919 in ein britisches und französisches Mandatsgebiet des Völkerbundes aufgeteilt.

10 Möglicherweise handelt es sich um eine Abbildung der so genannten Leonidas-Büste aus dem Archäologischen Museum zu Athen; diese wurde im März 1943 in einer Ausgabe des Wehrmachtsmagazins *Signal* ausdrücklich mit Schillers Distichon in Zusammenhang gebracht – S. Watt (Anm. 6) S. 876.

»vom Großen Kurfürsten bis Hitler« (76). Die Verklärung des Krieges »in den Bilderbüchern« (82) wird von der Wirklichkeit widerlegt. »Wir lernten nicht fürs Leben in der Schule, sondern für den Tod«, so beschrieb Böll seine eigene Schulzeit.[11] So wird der Erzähler durch eine »Totenstadt« (84) in ein ›Totenhaus‹ getragen, wo er sterben soll.

Die Erzählung ist die Geschichte einer Rückkehr, gleichzeitig ist sie die einer Regression: hilflos wie ein kleines Kind – am Ende sieht er sich, im Glas der Glühbirne reflektiert, als »ein außergewöhnlich subtiler Embryo« (86) – findet der Erzähler Zuflucht im Schreien: wie ein Säugling. Ganz zum Schluss erblickt er den ehemaligen Hausmeister seiner Schule, jetzt Feuerwehrmann, und leise spricht er: »Milch« (87), wieder wie ein Säugling, könnte ein solcher sprechen.

Zwei Dinge sind dabei bemerkenswert. Zum einen wird impliziert, dass auch der Krieg und erst recht der Nationalsozialismus regressiv sind, eine Regression vom Humanismus in die Barbarei. Zum anderen jedoch macht das Verlangen nach Milch auf die Abwesenheit weiblicher Figuren in der Erzählung aufmerksam. Die eine Ausnahme bestätigt die Regel: Medea im Bild Anselm Feuerbachs; denn Medea, die ihre Kinder schlachtete, um sich am untreuen Theseus zu rächen, gilt als das Urbild der Unmutter. In einer Zeit, in der gerade die Mutterschaft für die eigentliche Bestimmung der Frau gehalten wurde, ist das ein besonders schwerwiegendes Urteil. Wiederholt machte Böll den Männlichkeitswahn für den Krieg verantwortlich, so in einem Brief vom 27. März 1943 an seine Frau, in dem er meinte, es sei schwer, »die unnatürlichen Dinge« des Krieges »euch Frauen« zu erklären; der Krieg sei »etwas absolut Männliches«[12]. Ebenfalls nur in-

---

11 Heinrich Böll, *Was soll aus dem Jungen bloß werden? Oder: Irgendwas mit Büchern*, München 1983, S. 49.
12 *Briefe aus dem Krieg* (Anm. 4) S. 672.

direkt bzw. durch ihre Abwesenheit vertreten ist in Bölls Satire die christliche Religion. Die Thomas-Schule – wohl nach Thomas von Aquin benannt – ist zur Friedrich-der-Große-Schule geworden, der Glaube des Thomas höchstens als Schatten vorhanden, der, den das von den Nationalsozialisten entfernte Kreuz hinterlassen hat. Für den Böll der damaligen Zeit war das Leiden, und als Symbol dafür das Kreuz, ganz zentral, wie sowohl seine Kriegsbriefe als auch der Nachlassroman *Kreuz ohne Liebe* bezeugen: »Tief, tief, fast vollkommen ist unser Volk dem Christentum fremd und feindlich geworden, und wir müssen wirklich für die Wahrheit und Wirklichkeit des Kreuzes kämpfen mit unserem Wort.«[13] So werden die Leiden des Erzählers im Bild des Kreuzschattens aufgehoben.

Noch schattenhafter angedeutet wird in Bölls Erzählung der Aspekt des Widerstands. Im autobiographischen Text *Was soll aus dem Jungen bloß werden?* sollte der Autor später berichten, sein Deutschlehrer habe die Pflichtlektüre von Hitlers *Mein Kampf* zu ironisieren gewusst, indem er die Schüler den Führertext zusammenziehen ließ,[14] und man könnte die in vorliegender Geschichte dargestellte Schreibübung ebenfalls als einen versteckten Akt des Widerstands auffassen. Wichtiger jedoch ist der Schluss von Schillers Distichon, der in der Erzählung nirgends vorkommt, immer aber mitzulesen ist: »wie das Gesetz es befahl«. Für Böll waren diese Worte so wichtig, dass er sie immer wieder zitierte: in der um dieselbe Zeit geschriebenen Erzählung *Mein trauriges Gesicht*,[15] als Überschrift einer Kurzgeschichte und des Entwurfs für

13 Ebd., S. 625.
14 *Was soll aus dem Jungen bloß werden?* (Anm. 11) S. 57. Böll wird auch Borcherts Kurzgeschichte *An diesem Dienstag* gelesen haben, in der die 42 Mädchen mit ähnlichen kriegspatriotischen Sprüchen Großbuchstaben üben.
15 Heinrich Böll, *Erzählungen*, hrsg. von Viktor Böll und Karl Heiner Busse, Köln 1994, S. 357.

ein Theaterstück[16] wie auch viele Jahre später in der Besprechung von H. G. Adlers *Der verwaltete Mensch* über die Deportierung der Juden im Dritten Reich.[17] Die Formel schwingt auch mit im Kommentar zum Beginn des Adolf-Eichmann-Prozesses in Jerusalem im Jahr 1961: Eichmann habe »auf Befehl gehandelt«, und das dürfe keine Entschuldigung sein.[18] Einem, der erst vor drei Monaten die Schule verlassen hat, kann man hingegen keinen Vorwurf machen, den Nazis nicht widerstanden zu haben: Das Ziel von Bölls Satire ist ein Schulsystem, das die Kinder *nicht* zu kritischen Staatsbürgern macht.

Betrachtet man die Form der Erzählung, so stellt man fest, dass auch *Wanderer, kommst du nach Spa...* die damals für Böll wichtigen Merkmale einer Kurzgeschichte aufweist.[19] Sie beginnt in medias res, der Leser weiß zunächst so wenig wie der Erzähler, wo der Schauplatz der Erzählung liegt; zusammen mit ihm müssen wir nach und nach den Hergang rekonstruieren. So wird, wie von Böll gefordert, »die Anteilnahme sofort herbeigeführt« und der Leser veranlasst »weiterzulesen«. Das ebenfalls von Böll geforderte alltagssprachliche, an der mündlich verwendeten Sprache orientierte Erzählen steht in starkem Kontrast zu dem in der Überschrift implizierten Hexameter Schillers. Dieser Ich-Erzähler ist allerdings kein »Mann von der Straße« – er hat immerhin ein humanistisches Gymnasium besucht. Er ist auch keineswegs naiv.[20] Hofmanns-

16 Die Kurzgeschichte ist in Band 3 (S. 421 f.), das Dramenfragment in Band 4 (S. 11–39) der Kölner Ausgabe erschienen.
17 In: Heinrich Böll, *Man muß immer weitergehen. Schriften und Reden 1973–1975*, München 1985, S. 117–122.
18 Heinrich Böll, *Befehl und Verantwortung. Gedanken zum Eichmann-Prozeß*, in: H. B., *Briefe aus dem Rheinland. Schriften und Reden 1952–1963*, München 1985, S. 135–138.
19 Siehe die in der Interpretation zu *An der Brücke* wiedergegebenen Auszüge in vorliegendem Band.
20 Vgl. Gabriele Sander, »*Wanderer, kommst du nach Spa...*«, in: Heinrich Böll. Romane und Erzählungen, hrsg. von Werner Bellmann, Stuttgart 2000, S. 44–52, hier S. 50.

thals »Ironie der Dinge« findet hier ihr Gegenstück in der bewussten, bitteren Ironie eines jungen Menschen, der die Todesideologie der Nationalsozialisten durchschaut, für den das Kriegerdenkmal ein »Konfektionskriegerdenkmal« (82) ist, das man »aus irgendeiner Zentrale« (82) bezieht.

Der ›Offenheit‹ des Anfangs entspricht ein ebenfalls ›offener‹ Schluss: Wird der so fürchterlich verstümmelte Erzähler überleben? Bereits am Anfang, als die Sanitäter Weisung bekommen, wohin sie die Toten bringen sollen, bemerkt der Ich-Erzähler: »Aber ich war noch nicht tot [...]« (75), und wenig später kommt ihm die Erkenntnis, dass auch sein Name auf dem nächsten Kriegerdenkmal stehen wird.

Andere Erzählungen Bölls aus dieser Zeit räumen mit der Realismuskonvention auf, ein Erzähler dürfe nicht im Verlauf des Textes sterben, so *Damals in Odessa, Wiedersehen mit Drüng, Die Essenholer* und *Wiedersehen in der Allee*. Von diesen wird in den drei Letzteren der Tod durch das Erlebnis eines Jenseits verklärt, das lediglich recht fromme Gläubige überzeugen wird. Anders *Wanderer, kommst du nach Spa...*, wo das Kreuz nur angedeutet und eher als der himmlische Lohn das Leiden betont wird. Wie in *Damals in Odessa* wird der Erzähler gleichsam von seiner eigenen Erzählung geschluckt, ein Verfremdungseffekt, der nicht nur das Entsetzen des Lesers steigert, sondern dessen kritische Haltung fördert.

Bemerkenswert ist jedoch ein weiterer Aspekt dieser außerordentlichen Kurzgeschichte. Schauplatz ist eine Schule in Bendorf – die Wahl des Ortes hat sicherlich mehr mit dem Lexem -dorf zu tun als mit der real existierenden Stadt dieses Namens –, während sich der implizierte Raum auf Griechenland, Italien, Belgien, Preußen und auch noch Afrika erstreckt. Dieser Dialektik von Enge und Ausdehnung entspricht der zeitliche Aspekt: Wir erleben einerseits die äußerst konzentrierte Zeitspanne zwischen Ankunft am unbekannten Ort und der Erkenntnis sowohl des ehemaligen Hausmeisters als auch der des Todes, andererseits eine Reise durch die abendländische Geschichte von mythologischen Zeiten bis zu Adolf Hitler. Somit ist *Wanderer, kommst du nach Spa...* nicht nur ein Paradebeispiel für eine fruchtbare Aufarbeitung der Vergangenheit, sondern auch für Bölls Auffassung der Kurzgeschichte als einer literarischen Form, die »alle Elemente der Zeit« enthalte: »Ewigkeit, Augenblick, Jahrhundert.«[21]

Literaturhinweise

Heinrich Böll: Wanderer, kommst du nach Spa... In: H. B.: Wanderer, kommst du nach Spa... Opladen: Middelhauve, 1950. S. 47–59.
– Wanderer, kommst du nach Spa... In: Frankfurter Hefte 5 (1950) H. 11. S. 1176–1181. [Abweichende Fassung.]
– Wanderer, kommst du nach Spa... In: H. B.: Erzählungen. Hrsg. von Viktor Böll und Karl Heiner Busse. Köln: Kiepenheuer & Witsch, 1994. S. 296–305. [Fassung des Erstdrucks.]
– Wanderer, kommst du nach Spa... In: Klassische deutsche Kurzgeschichten. Hrsg. von Werner Bellmann. Stuttgart: Reclam, 2003. S. 75–87. – Dieser Druck basiert auf der Ausgabe von 1994.
– Wanderer, kommst du nach Spa... In: H. B.: Werke. Kölner Ausgabe. Bd. 4: 1949–1950. Hrsg. von Hans-Joachim Bernhard. Köln: Kiepenheuer & Witsch, 2003. S. 547–556.

Durzak, Manfred: Die deutsche Kurzgeschichte der Gegenwart. Autorenporträts – Werkstattgespräche – Interpretationen. Stuttgart 1980.
Hummel, Christine: Intertextualität im Werk Heinrich Bölls. Trier 2002.

21 »Werkstattgespräch mit Horst Bienek« (1961), in: H. B., *Interviews I. 1961–1978*, hrsg. von Bernd Balzer, Köln 1979, S. 13–25, hier S. 13.

Lauschus, Leo: Heinrich Böll, *Wanderer, kommst du nach Spa...* In: Der Deutschunterricht 10 (1958) H. 6. S. 75–86.

Parent, David J.: Böll's *Wanderer, kommst du nach Spa...* A reply to Schiller's *Der Spaziergang.* In: Essays in Literature 1 (1974) S. 109–117.

Sander, Gabriele: *Wanderer, kommst du nach Spa...* In: Heinrich Böll. Romane und Erzählungen. Interpretationen. Hrsg. von Werner Bellmann. Stuttgart 2000. S. 44–52.

Watt, Roderick H.: *Wanderer, kommst du nach Sparta*: History through propaganda into literary commonplace. In: Modern Language Review 80 (1985) S. 871–883.

Weber, Albrecht: *Wanderer, kommst du nach Spa...* In: Interpretationen zu Heinrich Böll verfaßt von einem Arbeitskreis. Kurzgeschichten 1. Hrsg. von Rupert Hirschenauer und Albrecht Weber. München 1965. S. 42–65.

Ilse Aichinger: *Die geöffnete Order*

Von Richard Reichensperger

> Wichtig ist nur, jeden Augenblick auf den Tod bereit zu sein,
> »zum Sterben fertig« ... Das ist das Kommando, das die
> Preußen noch nicht erfunden haben!
>
> (Heinrich Böll an seine Mutter, 24. Juli 1943)

Keine deutschsprachige Erzählung einer Frau aus der Generation Ilse Aichingers ist an der Front situiert. Nicht an der – Frauen traditionell zugeteilten und auch beschriebenen[1] – »Heimatfront«, sondern an der militärischen. Überdies wird in *Die geöffnete Order* aus der Soldatenperspektive erzählt; dabei wechselt die wie in filmischer Technik gegebene Totale von Landschaft und Kriegsgeschehen ab mit den Nahaufnahmen einer Kurierfahrt und einer Verwundung und wird immer stärker von der Innenperspektive des Kuriers, von seinen Ängsten, Flucht- und Todesphantasien überblendet.

Die militärische Ausgangslage der 1950 geschriebenen Erzählung ist der Stellungskrieg: »Vom Kommando war lange keine Weisung gekommen, und es hatte den Anschein, als ob man überwintern würde. [...] Der Feind lag jenseits des Flusses und griff nicht an.« (88) Ein Stellungskrieg verstärkt, wie exemplarisch Heinrich Bölls Briefe von der Westfront im Zweiten Weltkrieg zeigen,[2] nicht nur das Gefühl der Unsicherheit, sondern auch das Bewusstsein des Ausgeliefertseins an unverstehbare, von fernen Instanzen hinter der Front beschlossene Entscheidun-

---

1 Vgl. etwa die 2003 publizierten anonymen Aufzeichnungen aus dem Berlin 1945: Anonyma, *Eine Frau in Berlin. Tagebuch-Aufzeichnungen vom 20. April bis 22. Juni 1945*, Berlin 2003.

2 Heinrich Böll, *Briefe aus dem Krieg 1939–1945*, hrsg. von Jochen Schubert, 2 Bde, Köln 2001.

gen. Auch in Aichingers Erzählung fühlen sich einige »unter den jüngeren Freiwilligen der Verteidigungsarmee [...] dieser Art der Kriegführung« nicht gewachsen (88).

Durch die Wahl dieser Ausgangslage einer drückenden Nicht-Aktivität untergräbt *Die geöffnete Order* von Beginn an eine Tradition der auf Aktion ausgerichteten männlichen Soldatenerzählung, die im Niveau von Ernst Jüngers *In Stahlgewittern* bis zu Heinz Konsalik reicht. Im Unterschied zu dieser Traditionslinie werden die dort nicht befragten Befehlsstrukturen und Begriffe wie »Aktion« und »Order« bei Aichinger in höchstem Grade problematisiert, ja förmlich dekonstruiert. Deshalb handelt diese Erzählung nicht nur von einer Kurierfahrt, von Angst, Verwundung, Tod und dem Erbrechen einer Order, sondern auch von der Sprache, auf der solche Befehle und Abläufe fußen: indem der Text diese kritisiert, bringt er jene zu Fall.

Denn was, zum Beispiel, ist eine militärische Aktion? Im traditionellen Verständnis, und damit setzt die Erzählung ein, stellt diese einen Angriff oder die Verteidigung im Kampfgeschehen dar. Genau dies wird den Soldaten hier aber verweigert, und deshalb beschließen sie, selbst eine Aktion zu setzen, nämlich »auch ohne Befehl anzugreifen, bevor Schnee fiel« (88). Gegen Ende aber, als der zu einer Aktion – dem Überbringen der Order ans Kommando – bestimmte Soldat verwundet in einem Zimmer der Kommandozentrale liegt, da sieht dieser die eigentliche »Aktion« nicht mehr in einem Angriff, sondern in einer Flucht (94). Und da er dazu, seiner Verwundung wegen, nicht fähig ist, wird der Begriff noch weiter umgedreht: »Aktion« ist jetzt genau das, wovor zu Beginn eine traditionelle Angriffsaktion retten sollte: das Zurückgeworfensein auf sich selbst, ohne Weisung, das Ausharren in einer – nun physisch durch die Verwundung erzwungenen – Nicht-Aktion. »Und war nicht der reinste aller Zustände Verlassenheit und das Strömen des Blutes Aktion?« (95), fragt sich der

Verwundete, während ihm die realen Aktivitäten in der Kommandozentrale, die nach Überbringung der Order nun tatsächlich einen Angriff vorbereitet, leer erscheinen: »›Wozu das alles?‹ dachte der Mann« (94).

Im Verlauf der Erzählung hat sich auch der Begriff »Kampf« verkehrt, er ist kein äußerer, sondern ein innerer, und diese Entwicklung verläuft parallel zum Weg, den die Order nimmt: Gegen die von oben in Form von Befehlen vollzogene Verfügung über das Subjekt brechen immer stärker dessen Phantasmen, brechen Todesangst und Todeswunsch hervor. Diese Abstufungen werden im Aufbau der Erzählung durch eine dreimalige Uminterpretation des Wortlauts der Order markiert: »Die Order lautete auf seine Erschießung« (91); »Die Order lautete auf die Erschießung des Überbringers« (93); und schließlich die beiläufige Anmerkung eines Stabsoffiziers, der Wortlaut der Order sei bloß »eine merkwürdige Chiffre für den Beginn der Aktion« (96). Die Erzählung zeichnet dabei nicht nur den Weg von der Unruhe zur relativen Gelassenheit einer »verzweifelten Heiterkeit« (95) nach, sondern destruiert in diesen drei Stufen mit ihren beständigen Uminterpretationen des scheinbar Feststehenden die Normen des Über-Ich.

Der erste Abschnitt, der mit dem Erbrechen der Order endet, setzt ein mit einem Geflecht aus Schuldgefühl und Projektionen: Zwar gehört der ausgewählte Kurier zu den scheinbar Tapferen, die schon zum Angriff »auch ohne Befehl« entschlossen waren, aber das militärische Über-Ich – »Er wußte, daß sie keinen Scherz verstanden, wenn es um Meuterei ging« (88) – generiert Schuldgefühle, welche auch die Deutung der Order steuern: Wenn die Order auf Erschießung lautet, so wohl, vermutet der Kurier, wegen dieser – im Übrigen ja nur geplanten – »Aktion ohne Befehl« (91). Deshalb muss der beigegebene Fahrer auch »Eskorte« sein (91), alle Sätze, die dieser spricht, werden im Kontext der Todesgewissheit des vermeintlichen De-

linquenten umgedeutet. Phrasen wie »Wir werden eine ruhige Nacht haben!« (91) klingen mit dieser Vorsteuerung
»wie reiner Hohn« (91). Konsequenterweise denkt der
Verwundete beim Satz »Wir sind jetzt bald am Ziel!« (93)
nach der Lektüre der Order nur noch: »Dem Verwundeten wird der Tod versprochen« (93).

Die hermeneutische Falle, die hier zuschnappt, ist diejenige, in welcher die Dorfbewohner aus Kafkas Roman
Das Schloß festsitzen: Die Macht der Mächtigen beruht
darauf, dass die Unterworfenen jede mehrdeutige Äußerung oder auch Nichtäußerung sofort zu deuten versuchen und damit die Abhängigkeit in der Machthierarchie
weiterhin akzeptieren, ohne je aus diesem Bannkreis her-
auszutreten. Die Bewegung eines solchen Heraustretens
macht den ›Drive‹ von Aichingers Erzählung aus. Insofern
ist sie, obgleich sie in einer Situation physischer Ausge-
setztheit endet, eine Befreiungsgeschichte.

Am Beginn erwarten die Soldaten einen Befehl. Ein solcher würde ihnen, vermeintlich, Halt geben, jene Orientierung, die George Saiko in einer die Kriegsmythen von
Heimkehrern problematisierenden Erzählung benennt als
»jene Geborgenheit, die aus dem Zwang, aus der unerhör-
ten Eindeutigkeit des Befehls kommt«.[3] Zweifellos hat
solche Eindeutigkeit eine Entlastungsfunktion, zumindest
so lange, wie der Zwangs- und Scheincharakter dabei
nicht reflektiert wird.

Diese Illusion einer möglichen Sicherheit durch eindeutigen Befehl greift *Die geöffnete Order* durch ihre sprachliche Mehrdeutigkeit an: Was der Befehl verspricht, nämlich Entlastung und Orientierung, leistet er nicht, weil er
selbst, wie die Uminterpretationen beweisen, mehrdeutig
und auslegungsbedürftig ist. Gleichzeitig wird aber die
diese Mehrdeutigkeit nun festlegende und als »Chiffre«

---

3 George Saiko, *Die Badewanne* (1960), in: G. S., *Die Erzählungen*, hrsg. von
   Adolf Haslinger, Salzburg 1990, S. 147–191, hier S. 153.

benennende Schlusspointe von der Gegenrichtung her, derjenigen der eindeutigen Geschehnisse, ausgehöhlt: Obwohl die Order nur »Durch den Schuß lädiert« ist, wie ein Offizier erklärt (96), hat sich davor ihr chiffrierter Inhalt doch schon fast erfüllt: Der Überbringer wurde tatsächlich angeschossen. Und da die Order als Chiffre den Beginn eines Angriffes signalisiert, verweist sie auf etwas, was wie bei allen Angriffen im Krieg stattfinden wird: Erschießungen. Trägt nicht jeder Soldat die Order zu seiner Erschießung tatsächlich unausgesetzt mit sich?

Die Kritik an Befehls- und Gewaltstrukturen entwickelt dieser Text auf der Sprachebene also in einer Doppelstrategie: Während das Verständnis des scheinbar eindeutigen Begriffes »Aktion« durch eine Reihe von Permutationen immer weiter aufgefaltet und ins Gegenteil verkehrt wird, wird die mehrdeutige Chiffre als eindeutige Bedrohung gelesen: Was – wie oft in der Sprache der Militärs – verschleiernd gedacht war, das wird hier dechiffriert: der Soldat trägt die Order seiner eigenen Erschießung mit sich. So wird die Order hier auch im doppelten Sinn geöffnet, nämlich in ihrem Zynismus offen gelegt. Mit dieser starken und sehr frühen Sprachreflexion steht *Die geöffnete Order* auch innerhalb der Tradition der kritischen Kriegsgeschichte – von Borchert und Böll bis Schnurre – singulär.

Und doch ist die militärische Ebene noch nicht alles; Aichingers Geschichte erzählt noch etwas, indem sie von dem spricht, was nicht nur im Kriegsalltag – dort aber am deutlichsten – dauernd präsent ist, aber verdrängt wird: Der Tod ist der »Cantus Firmus« der Erzählung, und zwar so stark, dass Klaus Hoffer in seiner Interpretation sagen kann: »Ich sage mir, die Schlucht mit dem Fluß, der auf der Fahrt durch den Wald da und dort in der Tiefe einsehbar wird, ist die Schlucht des Acheron.«[4] Damit ist

4 Klaus Hoffer, »Der Beginn der Aktion«, in: Kurt Bartsch / Gerhard Melzer, *Dossier Ilse Aichinger*, Graz 1993, S. 88–101, hier S. 94.

auch schon die Kunst der frühen Aichinger benannt: Genaueste Schilderung sichtbarer Abläufe in der »Wirklichkeit« – die Fahrt, die Natur –, dazu aber ein Sprechen aus dem und zum Unbewussten. In dem Moment, da hier im Stellungskrieg Gewissheiten und Befehle brüchig werden, bricht das Verdrängte auf: »Die Kontur des Bewußten verfließt in der Finsternis.« (91) Alles gewinnt einen doppelten Boden, auch die Sprache, zum Beispiel das Wort »Grenze«.

Frühe Texte Ilse Aichingers kreisen um Begriffe wie »Freiheit«, »Abschied«, »Ort« und eben »Grenze«. In der poetologischen Äußerung *Das Erzählen in dieser Zeit*, das sie ihrer ersten, auch *Die geöffnete Order* enthaltenden Sammlung von Erzählungen 1952 vorangestellt hat, wird das moderne Erzählen mit reißenden Flüssen verglichen, »vielleicht Grenzflüsse«. Im Weiteren setzt Aichinger »Grenze« gleich mit Lebensgrenze, mit Tod, auch im Sinne von Grenzsituation, dreht aber die herkömmliche, rein negative Bewertung um: »So können alle, die in irgendeiner Form die Erfahrung des nahen Todes gemacht haben, diese Erfahrung nicht wegdenken [...] Aber sie können ihre Erfahrung zum Ausgangspunkt nehmen, um das Leben für sich und andere neu zu entdecken.«[5]

Auch der Fluss in *Die geöffnete Order* ist ein Grenzfluss, zumindest in dem Sinne, als er die Frontlinien teilt – aber auch die zwischen Leben und Tod. Zwar heißt es zu Beginn: »Nichts in der Natur nahm die Grenzhaftigkeit zur Kenntnis« (89), doch wird im Weiteren gerade die Natur zum Spiegel des Unbewussten: Der Wagen bleibt »an einer sumpfigen Stelle stecken«, »Farnkräuter wucherten im Umkreis« (90), »Schreie von Vögeln ließen die darauffolgende Stille noch größer erscheinen« (90): Das klingt wie das Schreien von Totenvögeln, vor allem

5 Ilse Aichinger, *Der Gefesselte. Erzählungen (1948–1952)*, hrsg. von Richard Reichensperger, Frankfurt a. M. 1991, S. 9–11.

im Blick darauf, dass diese Formulierung fast wörtlich gegen Ende der Geschichte und am – vermeintlichen – Lebensende des Verwundeten wiederkehrt (94). Die Fahrt durch den Wald – im Sinne von Klaus Hoffer: die über den Acheron, begleitet vom Unterwelts-Fährmann Charon – wird zu einer in Kindheitsängste: »Als Kind‹, sagte der Fahrer, ›mußte ich immer von der Schule durch den Wald nach Hause gehen, wenn es abends war, da habe ich laut gesungen, damals …‹« (91 f.).

Was in Militär und Alltag nie ausgesprochen wird, wird in dieser Natur wie in einem Vexierbild sichtbar: Die »letzte Rodung« (92), von Ochsenkarren zerfurcht, etwa spiegelt die Todesangst des (zu diesem Zeitpunkt noch nicht verwundeten) Kuriers: »Die eingetrockneten Furchen glichen im Mondlicht dem Innern einer Totenmaske.« (92) Nach der Verwundung wird sie gar zu einer Stätte des Jüngsten Gerichts: »Auf den himmlischen Weiden sind die Schafe geschützt, aber die himmlischen Weiden enthüllten sich als Richtplatz.« (93) Nach Erreichen der Baumgrenze wandelt sich jedoch Todesangst in Todeswunsch: »[…] die Wunde brach auf. Sie öffnete sich mit der Vehemenz eines verborgenen Wunsches.« (95)

Todesangst und Selbstmordphantasien von Soldaten hat schon Böll in seiner Erzählung *Der Zug war pünktlich* (1949) thematisiert. Aber durch die Verknüpfung mit ihren poetologischen Grundbegriffen schafft es Ilse Aichinger in *Die geöffnete Order*, eine Geschichte über die Innenseiten des Kriegs auch noch zu einer über die Innenseiten des Lebens zu machen, wo »Tod« zu einem – akzeptierten – Ort der Existenz wird: »Da er das Liegen an den Grenzen satt hatte, bedeutete es Erlösung.« (95) Dass diese aber keine weltflüchtige ist, hat die Erzählung davor in ihren Details deutlich gemacht.

Literaturhinweise

Ilse Aichinger: Die geöffnete Order. In: Frankfurter Hefte 6 (1951)
H. 2. S. 113–117.
– Die geöffnete Order. In: I. A.: Rede unter dem Galgen. Wien:
Jungbrunnen Verlag, [1952]. S. 9–19.
– Die geöffnete Order. In: I. A.: Der Gefesselte. Erzählungen
(1948–1952). Hrsg. von Richard Reichensperger. Frankfurt
a. M.: Fischer Taschenbuch Verlag, 1991. S. 30–38.
– Die geöffnete Order. In: Klassische deutsche Kurzgeschichten.
Hrsg. von Werner Bellmann. Stuttgart: Reclam 2003. S. 88–96. –
Dieser Druck basiert auf der Ausgabe von 1991.

Klaus Hoffer: Der Beginn der Aktion. In: Kurt Bartsch / Gerhard
Melzer: Dossier Ilse Aichinger. Graz 1993. S. 88–101.

Wolfgang Hildesheimer: *Das Atelierfest*

Von Christine Hummel

In einem Interview gibt Wolfgang Hildesheimer 1990 Auskunft über seine insgesamt sechsundzwanzig *Lieblosen Legenden*, die zwischen 1950 und 1962 entstanden und publiziert wurden.[1] »Modell« für ihre Konzeption sei wohl, so der Autor retrospektiv, »die allgemeine Tendenz der Ästhetisierung unseres Lebens« gewesen:

> [...] und so entstanden diese Geschichten [...]. Der primäre Wunsch, der vordergründige Wunsch war einfach, Geschichten zu erzählen, und zwar Geschichten, die im Bereich der Kultur angesiedelt waren – das konnte man damals, heute könnte man es nicht mehr so leicht –, und das hat mir großes Vergnügen bereitet.[2]

Unter der Sammelüberschrift »Zwei Erzählungen zweier verschiedener Festlichkeiten« erschien *Das Atelierfest* erstmals im Herbst 1951 im Monatsmagazin *Schweizer Journal*[3] gemeinsam mit der ebenfalls in die Sammlung *Lieblose Legenden* eingegangenen Satire *Das Ende der Welt*. Dieser Text, den Hildesheimer im selben Jahr auf der Frühjahrstagung der Gruppe 47 in Bad Dürkheim ge-

---

1 Zwischen 1952 und 1962 erschienen die *Lieblosen Legenden* in unterschiedlichen Zusammenstellungen; die erste Gesamtausgabe würde 1982 in Hildesheimers Stammverlag Suhrkamp veröffentlicht. Vgl. den ausführlichen Apparat in: Wolfgang Hildesheimer, *Gesammelte Werke in sieben Bänden*, hrsg. von Christiaan Hart Nibbrig und Volker Jehle, Bd. I: *Erzählende Prosa*, Frankfurt a. M. 1991, S. 525 f.; und Volker Jehle, *Wolfgang Hildesheimer. Werkgeschichte*, Frankfurt a. M. 1990, S. 10 f.
2 In einem Interview mit Stephan Reinhardt am 7. Januar 1990 für den Südwestfunk. Vgl. *Gesammelte Werke* (Anm. 1), hier Bd. I, S. 527.
3 *Schweizer Journal* 17 (1951) H. 9/10: September/Oktober, S. 37–41, hier S. 39–41.

lesen hatte, beschreibt den Untergang einer fiktiven Insel, die die Marchesa Montetristo (!) aufschütten ließ, um dort ihr Leben »der Kultur des Altbewährten und Vergessenen« zu widmen. Ziel des zurückhaltend formulierten Spotts ist – wie in *Das Atelierfest* – die saturierte Nachkriegsgesellschaft, die den mondänen Kulturbetrieb als amüsanten Ersatz für die Realität betrachtet.

Das Atelierfest schildert ein offenbar nicht endendes absurd-phantastisches Künstlerfest. Ein ins Geschehen involvierter, namenlos bleibender Ich-Erzähler berichtet, wie es zu dem in seinem Atelier stattfindenden Fest gekommen ist und wie er in dessen Folge von lauter ungebetenen Gästen aus seinem Arbeits- und Lebensraum verdrängt wurde.

Die Handlung wird nicht näher lokalisiert; ebenso wenig festlegbar sind Handlungszeit und -zeitraum. Der erste Satz beginnt mit: »Seit einiger Zeit« (97), weitere Zeitangaben im ersten Absatz sind gleichfalls unbestimmt: »eines Abends«, »einige Stunden später«. Die Rückblende, die die Vorgeschichte und Entwicklung des Atelierfests beschreibt, wird durch die ebenfalls unbestimmte Zeitangabe »an jenem Nachmittag« (99) vorbereitet und endet in der Schlusspointe genau einen Tag später mit der Feststellung des Erzählers, dass das Fest »nun für immer weitergehen würde« (110). Das Geschehen wird in dieser langen Rückblende aufgerollt und progressiv auf die Gegenwartssituation hin erzählt, mit dem Ziel, diese zu erklären.[4]

Der Einstieg erfolgt ohne Umschweife: »Seit einiger Zeit findet in dem Atelier neben meiner Wohnung ein rauschendes Fest statt.« (97) Im zweiten Satz deutet sich die Absurdität der Lage schon an: »Ich habe mich an diesen Umstand gewöhnt, und das Rauschen stört mich gewöhn-

---

4 Zur Erzähltechnik der Kurzgeschichte vgl. Leonie Marx, *Theorie der Kurzgeschichte*, 2. überarb. u. erw. Aufl., Stuttgart 1997, zur Zeitstruktur bes. S. 79.

lich nicht mehr.« (97) Das Fest wird als vitaler Organismus geschildert: Ist im ersten Satz noch – der Redewendung entsprechend – vom »rauschende[n] Fest« die Rede, so wird das Attribut »rauschen« im zweiten Satz substantiviert und quasi verselbständigt zu einem nunmehr negativ konnotierten Geräusch. Im dritten Satz wird das Atelierfest personifiziert, wenn es von ihm heißt, es tobe (97). Mit diesen wenigen Bemerkungen wird der Leser mit der alptraumhaft-unrealistischen, gleichwohl komischen Situation, in der das Erzähler-Ich steckt, konfrontiert. Dieses zeichnet sich durch eine erstaunliche Gelassenheit und Passivität aus, was im Text rhetorisch durch die *figura etymologica* ›gewöhnt‹ – ›gewöhnlich‹ unterstrichen wird.

Eine erste kurze einleitende Rückblende schildert, wie der Hauswirt »eines Abends« die Beschwerde des Ich-Erzählers entgegennehmen soll, allerdings »einige Stunden später« als Gast auf dem Fest im Atelier nebenan erspäht wird (97). Somit fällt schon eingangs ein Schlaglicht auf das höchst eigenartige Geschehen. In der (zweiten) langen Rückblende wird dann die Entwicklung zum jetzigen Zustand aufgerollt.[5]

Die Neugier des Lesers, um was für ein Fest es sich handelt, wird durch ein retardierendes Moment gesteigert, indem der Erzähler detailliert seine gegenwärtige Umgebung, die Nachbarwohnung, beschreibt und erläutert, wie er sich von der Unruhe in seinem ehemaligen Atelier ablenkt. Das bürgerliche Ambiente seiner Zuflucht wird charakterisiert durch die Schilderung der »strenge[n], unverrückbare[n] Anordnung« (97) des Interieurs (Bleikristall, Teakholztisch) und einer Druckgra-

---

5 Auf die eher komische Vermutung des Erzähler-Ichs, eine der Damen, Gerda Stroehr, habe das Haar mit Künstlerfarben gefärbt, folgt seine grotesk anmutende Frage, ob seine Mäzenin Frau von Hergenrath »inzwischen gestorben« sei (99). Die im Mai 1955 urgesendete Hörspielfassung endet in einer ähnlich konstruierten makabren Pointe. Vgl. Hildesheimer, *Gesammelte Werke* (Anm. 1), hier Bd. 5: *Hörspiele*, Frankfurt a. M. 1991, S. 168.

phik von Picasso, als deren Titel »Blaue Jugend« genannt
wird (98).[6] Wahrscheinlich handelt es sich hierbei um die
Reproduktion der Lithographie *Jeunesse*, die die Büsten
eines jungen Paares zeigt, das zwischen sich – auf alttesta-
mentliche Friedenssymbolik verweisend – Taube und Öl-
zweig hält. Im Erzählkontext geht es indes lediglich um
die Qualität der »originalgetreuen« Wiedergabe. Weiteres
Charakteristikum der fremden Wohnung ist ihr kafkaes-
kes Eigenleben; sie hat ihre »Bräuche« (98) und nötigt
den Erzähler fast, ein »sachliches Büro« aufzusuchen und
somit eine bürgerliche Existenz anzunehmen. Seine Auflehnung gegen den Lärm des rauschenden Festes be-
kämpft der Ich-Erzähler mit Pfefferminztee; wenn er
seinen Unmut besiegt hat, legt der stoische Dulder signi-
fikanterweise eine Patience (frz.: Geduld) (98).

Die Gestaltung der Hauptfigur und der Situation in
Hildesheimers *Atelierfest* sind typisch für die absurde
Literatur dieser Zeit und erinnern an die Werke Samuel
Becketts, z. B. den Steine lutschenden Molloy aus dem
gleichnamigen Roman (1951) oder Wladimir und Estra-
gon, die vor ihrem zwecklosen *Warten auf Godot* (Uraufführung 1953) kapituliert haben. Nicht mehr das freie
Individuum gestaltet vernünftig seinen Lebensraum, sondern der durch abwegige, lächerliche Kleinigkeiten charakterisierte Lebensraum hat das Individuum im Griff.
Jegliche Rebellion gegen die bedrängenden Umstände ist
von vornherein zum Scheitern verurteilt. Die Isolation des
Einzelnen und die Unfähigkeit der Menschen, miteinander zu kommunizieren, sind weitere Merkmale absurder
Literatur, die sich ebenfalls in *Das Atelierfest* finden und
konstitutive Bedeutung haben.[7]

---

6 Im Zeitschriften-Erstdruck (Anm. 3) ist stattdessen die Rede von einer Reproduktion von Vincent van Goghs »Sonnenblumen« – ein Indiz dafür,
dass es hier vorwiegend um die Popularität der Kunstwerke geht.

7 Besonders deutlich wird dies durch die Neologismen im obszönen Lied
der Frau von Hergenrath in der gleichnamigen Hörspielfassung: »sie hal-

Mit Becketts Werk war Hildesheimer bestens vertraut: 1963 schrieb er einen Essay über dessen Dramen, 1967 rezensierte er die im Suhrkamp-Verlag erschienene einbändige Werkauswahl.[8] Doch im Unterschied zu Beckett ist Hildesheimer der Überzeugung, dass die hergebrachten Formen der Literatur das Sinnwidrige, Absurde erfassen können, was ihm verschiedentlich den Vorwurf eingebracht hat, er sei formkonservativ.[9] Das Absurde spielt für ihn weniger auf sprachlich-narrativer als auf inhaltlich-weltanschaulicher Ebene eine Rolle.

Sein Verständnis des Absurden, das sich aus den Schriften Albert Camus' speist, hat Hildesheimer verschiedentlich erläutert (z. B. in der Erlanger Rede *Über das absurde Theater*, 1960). Seinen Anstoß zu schreiben leitet er aus der Lektüre der in den 1950er-Jahren äußerst populären Werke der französischen Existentialisten – u. a. derjenigen Camus' – ab, die für ihn, wie für zahlreiche andere deutschsprachige Intellektuelle auch, eine »Offenbarung« darstellten; ihr Anliegen sei auch seines, schreibt er im Februar 1951 an seine Eltern.[10] Hildesheimers erste Frankfurter Vorlesung zur Poetik (1967, ein Jahr nach Erhalt des Büchner-Preises) ist *Die Wirklichkeit des Absurden* betitelt; er wandelt hier die Definition des Absurden aus Camus' *Der Mythos von Sisyphos* ab: »Das Absurde bedeutet die Vernunftwidrig-

---

pen mutz'gen schnotz / mir rülfzgen fraßlich puhlen / garauslich zu der Muhlen / und sprarch ›verschlietzig motz!‹« (Hildesheimer, *Gesammelte Werke* [Anm. 5] S. 164) – Zur absurden Literatur und ihrer theoretischen Fundierung vgl. Leo Kofler, *Absurde Kunst und absurde Literatur. Ästhetische Marginalien*, Wien [u. a.] 1970, sowie Rüdiger Görner, *Die Kunst des Absurden: über ein literarisches Phänomen*, Darmstadt 1996.

8 Hildesheimer, *Gesammelte Werke* (Anm. 1), hier Bd. VII: *Vermischte Schriften*, Frankfurt a. M. 1991, S. 308–311 und 317–320.

9 Günter Blamberger, »Wolfgang Hildesheimers Prosa des Absurden«, in: G. B., *Versuch über den deutschen Gegenwartsroman. Krisenbewußtsein und Neubegründung im Zeichen der Melancholie*, Stuttgart 1985, S. 74–100, hier S. 80 f.

10 Wolfgang Hildesheimer, *Briefe*, hrsg. von Silvia Hildesheimer und Dietmar Pleyer, Frankfurt a. M. 1999, S. 27.

keit der Welt, indem sie dem Menschen die Antwort auf seine Frage verweigert.«[11] Absurde Literatur handele von eben jenem Fehlen des vom Menschen ersehnten, alles erklärenden Urtextes; in ihr sei »Identifikation mit der handelnden, behandelten oder mißhandelten Zentralfigur – meist dem Ich-Erzähler – Voraussetzung. [...] Das Ich weist den Leser auf das Schweigen der Welt hin.«[12]

Literarhistorisch deutet sich in der Zeit der Veröffentlichung von Hildesheimers *Lieblosen Legenden* ein ästhetisch-weltanschaulicher Paradigmenwechsel an, nämlich die Ablösung der Prämissen von Kahlschlag- und Trümmerliteratur. Dieser Paradigmenwechsel steht in engem Zusammenhang mit der Rezeption u. a. der französischen Literatur und der aus ihr resultierenden Annäherung der deutschen Autoren an die Moderne. Wilfried Barner betrachtet das Jahr 1952 als Zäsur, da in ihm durch Aichingers *Spiegelgeschichte*, Dürrenmatts *Tunnel* und Hildesheimers *Lieblose Legenden* die »bisher dominierenden ›Realismen‹ mit neuen Mustern eines selbstbewußten Künstlichkeitsanspruchs konfrontiert wurden«.[13]

In *Das Atelierfest* spiegelt sich dieser Künstlichkeitsanspruch vor allem in den grotesk überzeichneten Figuren und ihrem absurden Verhalten wider; es handelt sich eher

---

11 Hildesheimer, *Gesammelte Werke* (Anm. 8) S. 50. Der von Hildesheimer zitierte Satz von Albert Camus lautet: »Das Absurde entsteht aus dieser Gegenüberstellung des Menschen, der fragt, und der Welt, die vernunftwidrig schweigt.« (A. C., *Der Mythos von Sisyphos. Ein Versuch über das Absurde* [1942], Reinbek bei Hamburg 1992, S. 29.) Vgl. weiterführend zu Camus und Hildesheimer: Blamberger (Anm. 9) S. 74–100.

12 Hildesheimer, *Gesammelte Werke* (Anm. 8) S. 54 und 58. Zur absurden Prosa zählt Hildesheimer Werke von Kafka und Beckett, Weiss, Aichinger, Lettau und Eich. Vgl. ebd., S. 83.

13 *Geschichte der deutschen Literatur von 1945 bis zur Gegenwart*, hrsg. von Wilfried Barner, München 1994, S. 172. Das Skurrile oder Groteske fungiere als »Element von Entlarvung« und das »Gegen-Realistische, das Artifizielle« diene »der satirischen Spiegelung kultureller ›Legenden‹ der Gegenwart«. So scheine die Wirklichkeit, fährt Barner fort, noch nicht im Camus'schen Sinne absurd (ebd., S. 179).

um Typen, die mit wenigen treffenden Worten charakterisiert werden und sukzessive die Festgesellschaft konstituieren. Der Kreis der anfangs reigenartig auftretenden Figuren wird eröffnet durch einen namenlos bleibenden Glaser, der sich als Amateurkünstler und Landschaftsmaler vorstellt; er initiiert das Fest. In dessen Tasche findet der Ich-Erzähler schließlich den Hammer, mit dem er das rettende Loch in die Wand schlägt, um seine Flucht aus seinem besetzten Atelier zu bewerkstelligen. Dann tritt als Zweite die Mäzenin Frau von Hergenrath ein, um sich nach der künstlerischen Produktion des Ich-Erzählers zu erkundigen. Als Dritter »stürzt« ein »unausstehlicher Gesellschafter« namens Engelhardt ins Atelier (101) – später ist er »der Herr der Situation« (104) und übernimmt die Rolle des Gastgebers (105). Er wird mit einem »reifen Camembert« verglichen, der »unter seiner unangenehmen Schale weich« ist, »was ihn letzten Endes noch unausstehlicher macht« (101). Die Wendung »harte Schale, weicher Kern« erfährt hier eine Umdeutung ins Negative. Indem Redensartliches wörtlich genommen (wie z. B. eingangs die Wendung »rauschendes Fest«) oder aber persifliert wird, wie in diesem Fall, entlarvt sich seine Unsinnigkeit. Die solcherart vollzogene Sprachkritik kennzeichnet Hildesheimers Schreiben; in den *Mitteilungen an Max* (1983), die diese Form des Schreibens vollenden und zugleich abschließen, bildet sie überdies das stilistische Grundprinzip. Diese Form der »Sprachgroteske«[14] beruht auf einer Art Rückübersetzung von Metaphern, indem uneigentliche Wendungen wörtlich genommen werden; ein anderes Beispiel dafür ist die Bezeichnung »einsilbig« für die de facto einsilbigen Äußerungen »so« bzw. »ach« (99). Ähnlich

---

14 Vgl. Werner Zimmermann, »Wolfgang Hildesheimer: *Das Atelierfest*«, in: W. Z., *Deutsche Prosadichtungen unseres Jahrhunderts. Interpretationen*, Bd. 2, Düsseldorf ⁶1986, S. 106–116, hier S. 113. Vgl. weiterführend die Studie von Heike Mallad, *Komik im Werk von Wolfgang Hildesheimer*, Frankfurt a. M. [u. a.] 1994.

verfährt Günter Eich in seinen *Maulwürfe* betitelten Pro-
sasplittern (1968).

Vierter ›Gast‹ ist die Frau des Ich-Erzählers, über die
beiläufig und verharmlosend gesagt wird, sie gewinne
nach ihrem Mittagsschlaf »nach einigen Glas Schnaps [...]
ihre – oft eigenwillige – Perspektive wieder« (102). Des
Weiteren erscheint ein Paar, das auf eine ominöse »Emp-
fehlung« eines »Hébertin in Paris« (103) verweist. Der
Ich-Erzähler reagiert hierauf mit einer Geste des Wieder-
erkennens, gleichwohl er diesen Namen noch nie gehört
hat – eine durchaus konventionelle Verhaltensweise. Der
Erzähler ist – was an Figuren Becketts erinnert – ein an
seiner Mitwelt nicht recht interessierter Einzelgänger, der
beim »Vorstellen noch niemals einen Namen« verstanden
hat, »denn jeder Name trifft mich unvorbereitet« (103). Er
ist für die übliche Konversation eines solchen gesellschaftlichen Ereignisses überhaupt nicht geschaffen, versucht
sich ihr aber anzupassen.

Gerda Stoehr – die zu Beginn der Kurzgeschichte erwähnt wird[15] – tritt ein mit zwei älteren Herren (104). Die
nachfolgenden Gäste werden nicht als Individuen geschildert, sondern als »laute[r] Schwarm« (105), der herein-
bricht wie ein Schwarm von Insekten, in dem der Ich-Erzähler nur noch einige wenige Menschen wiedererkennt.
Dazu gehört Vera Erbsam, ironisch apostrophiert als »intime Busenfeindin« (105) der Ehefrau. Die Abwandlung
des Kompositums erzeugt durch die phonetische Nähe
zum Ursprungswort komische Wirkung; komisch ist ferner die Anekdote des Erzählers über sein Verhältnis zu
Vera Erbsam: dass er ihren Avancen erst ausweichen
konnte, als er seinen Vater als Dampfbäcker in Dobritz-
burg vorstellte.[16]

---

15 Vgl. S. 99 den Text sowie Anm. 5.
16 Weitere Figuren werden über ihre Namen und Berufe kurz charakterisiert,
     wie der Dichter Benrath (99). In der Erstfassung heißt der Dichter Zoppe;
     die Schauspielerin Halldorf trägt hier den schäbigen Namen Gripenthran;

Die gelungene Typisierung der Figuren zeigt sich auch bei der Beschreibung des betrunkenen Bildhauers Schmitt-Hollweg, der seiner Berufung mit »schmerzlicher Erbitterung« folgt und am Boden liegend aussieht, »als habe Rabelais ihn im Rausch erfunden« (106). François Rabelais, französischer Humanist, glaubte an das Lachen als Heilmittel und schuf in den 30er-Jahren des 16. Jahrhunderts seinen satirischen Romanzyklus *Pantagruel und Gargantua*, dessen riesenhafte Helden seine Leser belustigen sollten. Diese intertextuelle Anspielung verweist auf den gewaltigen Körperumfang und das komische Aussehen des Bildhauers. Sie führt überdies auf narrativer Ebene das Gerede über Kunst beim Atelierfest fort, das darin gipfelt, dass sich nahezu jeder der Anwesenden für einen Künstler hält.

Treten die ersten Gäste noch als Individuen auf, so gehen sie sukzessive in die Masse der Feiernden und in das entpersonalisierte Fest ein, das als »Menschenbestand« (98), »Gästekörper«, der »eine homogene Masse war« (105), und als »bacchantischer Zug« (106) apostrophiert wird. Der Umschlag, der erzählerische Point of Return, wird ausdrücklich eingeleitet: »Irgendwie war die Situation außer Kontrolle geraten.« (103) Der Glaser nähert sich der Mäzenin; überdies hat den Erzähler »hilflose Melancholie« ergriffen – ein im Camus'schen Sinne wahrhaft absurdes Bewusstsein – angesichts der Situation in seinem Atelier, die Arbeiten völlig unmöglich macht. Das wird in einem humorvoll auf die griechische Mythologie rekurrierenden Bild beschrieben, wenn es heißt, die »Muse« sei »verhüllten Gesichtes« geflohen und habe »nichts zurückgelassen als einen tantalisierenden Terpentinduft« (104). Die Sprachkomik ergibt sich hier zum einen aus der Personifizierung der ideenspendenden Muse, zum anderen

statt in der Rolle der Maria Stuart (99) ist sie dem Erzähler durch die der Eboli (aus *Don Carlos*) in Erinnerung.

aus der Kombination von Banalem und Mythologischem, die durch die Alliteration klanglich hervorgehoben wird.

Im späteren Verlauf des Fests belauscht der Ich-Erzähler ein Gespräch zwischen einem »jungen Kollegen« und einem schlagfertigen Künstler, in dem der Jüngere wohl seiner Begeisterung Ausdruck verleihen will mit der Äußerung: »Das ganze Leben müßte ein Atelierfest sein« (105), worauf der andere erwidert: »Das ganze Leben ist ein Atelierfest« (106). Hier wird offenkundig, dass für die anwesenden, bis auf den namenlosen Glaser alle dem so genannten Kulturbetrieb zugehörigen Gäste eben jener ›Betrieb‹ Leben bzw. Lebenssurrogat ist. Der Künstler wird dabei im wahrsten Sinne des Wortes »an die Wand gedrückt« und von seinem amüsierversessenen Publikum verdrängt.

Zu guter Letzt befindet er sich dann doch noch in der Rolle des Gastgebers, indem er die Nachbarn zum Atelierfest einlädt, damit er Zuflucht in deren Wohnung findet. Der Künstler tauscht seine Existenz gegen die bürgerliche; er ist zum skeptischen Beobachter des Künstlerfests geworden, an dem die Künstler selbst gar nicht mehr teilnehmen – und das sich somit ad absurdum geführt hat.

Satirische Geschichten über die Vereinnahmung des Künstlers bzw. der Künste durch die vermeintlich kunst- und kulturinteressierte, in Wahrheit jedoch prestige- und unterhaltungssüchtige Gesellschaft finden sich Anfang der 1950er-Jahre nicht nur in den *Lieblosen Legenden*, sondern z. B. auch bei Heinrich Böll (*Die Suche nach dem Leser, Die unsterbliche Theodora, Hier ist Tibten*), Alfred Andersch (*Mit dem Chef nach Chenonceaux*[17]), Reinhard Lettau (*Einladung zu Sommergewittern, Die literarischen Soireen des Herrn P.*) und Kurt Kusenberg (*Angst vor Festen*).

17 Vgl. hier S. 199–211.

Hildesheimer greift den kritischen Diskurs der Künstler über ihre sinnentleerte und rein dekorativ empfundene Position in der Gesellschaft auf; er weitet ihn aus in seinem 1953 erscheinenden einzigen Roman *Paradies der falschen Vögel* über Kunstfälscher und Kunstfälschung.

Literaturhinweise

Wolfgang Hildesheimer: Das Atelierfest. In: Schweizer Journal 17 (1951) H. 9/10. S. 39–41.
– Das Atelierfest. In: W. H.: Lieblose Legenden. Mit Zeichnungen von Paul Flora. Stuttgart: Deutsche Verlags-Anstalt, 1952. S. 21–32.
– Das Atelierfest. In: W. H.: Lieblose Legenden. Frankfurt a. M.: Suhrkamp, 1962. S. 114–127. [Veränderte Fassung.]
– Das Atelierfest. In: W. H.: Gesammelte Werke in sieben Bänden. Hrsg. von Christiaan Hart Nibbrig und Volker Jehle. Bd. I: Erzählende Prosa. Frankfurt a. M.: Suhrkamp, 1991. S. 59–71.
– Das Atelierfest. In: Klassische deutsche Kurzgeschichten. Hrsg. von Werner Bellmann. Stuttgart: Reclam, 2003. S. 97–110. – Diesem Druck liegt die Ausgabe von 1962 zugrunde.

Blamberger Günter: Wolfgang Hildesheimers Prosa des Absurden. In: G. B.: Versuch über den deutschen Gegenwartsroman. Krisenbewußtsein und Neubegründung im Zeichen der Melancholie, Stuttgart 1985. S. 74–100.
Jehle, Volker: Wolfgang Hildesheimer. Werkgeschichte. Frankfurt a. M. 1990.
Mallad, Heike: Komik im Werk von Wolfgang Hildesheimer. Frankfurt a. M. 1994.
Puknus, Heinz: Wolfgang Hildesheimer. München 1978.
Richter, Hans Werner: Die Schlafanzughose. Wolfgang Hildesheimer. In: H. W. R.: Im Etablissement der Schmetterlinge. 21 Portraits aus der Gruppe 47. München 1986. S. 138–148.
Zimmermann, Werner: Wolfgang Hildesheimer: *Das Atelierfest*. In: W. Z.: Deutsche Prosadichtungen unseres Jahrhunderts. Interpretationen. Bd. 2. Düsseldorf [6]1986. S. 106–116.

Ilse Aichinger: *Seegeister*

Von Richard Reichensperger

Drei Episoden aus der sich eben formierenden Wohlstandsgesellschaft, geschrieben 1952, kurz vor dem ersten Italienboom, einige Jahre nach Schlagern wie »Capri, wo die rote Sonne im Meer versinkt«: Ilse Aichingers Seestück – situiert wohl am Attersee im Salzkammergut[1] – besingt keine Sonnenuntergänge; vielmehr schlägt hier das Urlaubsvergnügen ins Gespenstische um: »Da ist der Mann, der den Motor seines Bootes, kurz bevor er landen wollte, nicht mehr abstellen konnte.« (111) Mit seinem Boot, das zuletzt längsseits aufgerissen wird und »von nun an Luft« tankt (114), fährt er wohl auf ewig weiter – ein moderner, ein unglücklicher Fliegender Holländer mit seinem Luftschiff im doppelten Sinne: »In den Herbstnächten hören es die Einheimischen über ihre Köpfe dahinbrausen.« (114) Auch die letzte Episode endet mit einem solchen allgemeinen Ausblick, bezogen auf drei Mädchen, die einen Matrosen auslachten, damit in den Tod trieben und nun, wohl zur Strafe, als Geister am See wiederkehren: »Wer sie sieht, sollte sich von ihnen nicht beirren lassen. Es sind immer dieselben.« (118)

Solche Sentenzen sind typisch für Sagen, jene knappen Erzählungen, die bestimmte Orte, Personen, (Natur-)Er-

---

1 Dies lässt sich erschließen aus dem im Text erwähnten Kontrast von flachem Ostufer und steilem Westufer, »wo die Berge steil aufsteigen und die großen Hotels stehen« (111); noch expliziter lokalisiert wird es in einer vierten Episode, die von Ilse Aichinger nicht in die Endfassung aufgenommen wurde, aber im Anhang der Werkausgabe 1991 abgedruckt ist (*Der Gefesselte. Erzählungen 1948–1952*, S. 116–118). Hier ist die Rede von einer Kapelle des heiligen Eduard, wie sie am Attersee steht, »am Seeufer, das hier nicht verbaut ist, gegenüber der Autostraße« (S. 116). – Dieser See spielt auch in späteren autobiographischen Texten eine Rolle, vgl. etwa den mittleren Abschnitt von *Kleist, Moos, Fasane* (1959).

eignisse mit numinosen oder mythischen Elementen verknüpfen; auch Toten- und Geistersagen gehören dazu.[2] Gleich drei davon, auf einen See bezogen und insofern Lokalsagen, erfindet Ilse Aichinger. Diese drei Blicke auf den See folgen auch darin der Gattung, dass der Sage die Beschwörung oder Erklärung des Lokalkolorits meist ebenso wichtig ist wie die darin auftauchenden Personen: die Geister sind dem See zugeordnet und, was in *Seegeister* zum Thema wird, keine »Individuen«. In die Moderne verschoben wird die Gattung dadurch, dass die in der Tradition strenge Trennung von »Überirdischem« und »Irdischem« hier nicht mehr gilt. Diese Seegeister gehen allesamt direkt aus der ›normalen‹ Welt hervor. Das im Urlaub und im Konsum Übliche – Bootsfahrten oder Sonnenbrillen – wird in der für die frühe Ilse Aichinger typischen strengen Logik im Absurden einfach ins Extrem verlängert:[3] So wird der Genuss beim Bootsfahrer derart ausgedehnt und weiter gedacht, dass er im wörtlichen und dann ironischerweise auch im metaphysischen Sinne nicht mehr damit aufhören kann. Das erklärt auch den Satz, mit dem die letzte am Sommerende noch am See Verbliebene, ein Mädchen, ihren Abschied vom Bootsfahrer kommentiert: »Sie warf ihm eine Kußhand zu und dachte: ›Wäre er ein Verwunschener, ich wäre länger geblieben, aber er ist mir zu genußsüchtig!‹« (113) – Mit solcher Ausdehnung ins Extrem arbeitet auch die zweite Episode, wo Sonnenbrille und ihre Trägerin derart verschmelzen, dass das Ablegen des Konsumgegenstandes zur Selbstauflösung führen würde.

---

2 So in: Günther und Irmgard Schweikle (Hrsg.), *Metzler Literatur Lexikon. Begriffe und Definitionen*, 2., überarb. Aufl., Stuttgart 1990, S. 405. – Vgl. auch: Leander Petzold, *Sagenforschung*, Tübingen 2002.

3 Vgl. zu dieser Logik etwa die Konsequenz, mit der in der frühen Geschichte *Wo ich wohne* (1955) der allmähliche Abstieg einer Wohnpartei samt Wohnung geschildert wird. In: Ilse Aichinger, *Der Gefesselte. Erzählungen (1948–1952)*, Frankfurt a. M. 1991, S. 93–98.

Diese kleinen Erzählungen funktionieren also wie ein Spiegelkabinett, das materielle Körper so dehnt, dass sie ›unwirklich‹ und eben geisterhaft werden; und doch wäre dieses Bild nicht möglich ohne das materielle Substrat. In einem schon klassischen Vorwort zu einer einschlägigen Anthologie hat Mary Hottinger diese Verbindung von Alltags- und Geisterwelt betont: »Der eigentliche Gegenstand der modernen Gespenstergeschichte ist der Einbruch jener völlig fremdartigen, anderen Welt in die Nüchternheit unseres Alltagslebens; genau genommen ist ihr Herrschaftsbereich jenes Grenzgebiet, in dem diese beiden Welten ineinander übergehen.«[4] Dieses »Grenzgebiet« ist die Gesellschaft, ein – wie Geister – unfassbar Bereich; und ebenfalls wie manche Geister liegt die Gesellschaft drückend auf den Individuen. Dieses Ungreifbare und zugleich Prägende umkreist Aichingers Erzählung.

Seegeister erzählt moderne Sagen auch in dem Sinne, als der Mythos aus der Gegenwart direkt aufsteigt, umgeben von Autolärm, Jachten, Tennisspiel und Ausflugsdampfer. Diese Welt der Freizeitgesellschaft bildet aber selbst schon einen Mythos im Sinne eines geschlossenen und unhinterfragten Systems, eine Glückskonstruktion, ein Mythos, der Glauben verlangt und dazu unterwirft. Diesen massiven Druck, den die Freizeitideologie ausübt, bestimmte Theodor W. Adorno in einem seiner letzten Rundfunkfeulletons. »Freizeit« erkennt er darin als einen Bereich, der »im Zeitalter beispielloser sozialer Integration« ebenso gesellschaftlich diktiert sei wie die Arbeit: »Selbst wo der Bann sich lockert und die Menschen wenigstens subjektiv überzeugt sind, nach eigenem Willen zu handeln, ist dieser Wille gemodelt«.[5] Weil der Zusammenhang des Begriffs »Freizeit« mit dem von »Arbeit« verdrängt wird, weil bei-

---

4 Mary Hottinger, »Vorwort«, in: M. H. (Hrsg.), *Gespenster. Die besten Gespenstergeschichten aus England*, Zürich 1956, S. 7 f.

5 Theodor W. Adorno, »Freizeit«, in: T. W. A., *Stichworte. Kritische Modelle 2*, Frankfurt a. M. 1969, S. 57–67, hier S. 57.

de »im bürgerlichen Denken« streng geschieden werden (»erst die Arbeit, dann das Vergnügen!«), wird in der zur Gegenwelt stilisierten »Freizeit« alles überbewertet. Solcherart entstehen Fetische, vom Konsumgegenstand bis hin – ein Beispiel Adornos – zur Bräune der eigenen Haut. Fehlt sie nach dem Urlaub, so werde man besorgt danach gefragt, woraus folgt: »Der Fetischismus, der in der Freizeit gedeiht, unterliegt zusätzlicher sozialer Kontrolle.«[6]

Exakt dieses Zusammenspiel von nur noch scheinbarer Individualität und sozialer Kontrolle ist das Hauptthema in *Seegeister*. So wenig wie die Geister, die zum See gehören, eine selbständige Existenz führen, so wenig gibt es ein »Individuum«, das unabhängig wäre von Gesellschaft.[7] Es ist nicht möglich, diesen Zwang zu verlassen, auch nicht im Urlaub.

So erzählt die zweite Episode von einer »Frau, die vergeht, sobald sie ihre Sonnenbrille abnimmt« (114). Diese Sonnenbrille wird zum letzten Gehäuse des »Ich«; ohne die Teilhabe am Konsum – dem Bindeglied zur Gesellschaft – zerfällt es: »Als sie wenig später während einer Segelfahrt auf der Jacht eines Freundes die Sonnenbrille für einen Augenblick abnahm, fühlte sie sich plötzlich zu nichts werden, Arme und Beine lösten sich im Ostwind auf.« (114) Wenn in der ersten Episode das »Ich« nur noch ewig zwischen Ost- und Westufer hin- und hertaumelt, so treiben es in dieser zweiten Ost- und Westwind immer wieder an den Rand der »Auflösung« (115). Für beide Abschnitte stellt sich die Frage, ob ein »Ich« überhaupt noch vorhanden ist. Die dritte Episode verneint dies von vornherein. Sie führt

6 Adorno (Anm. 5) S. 67.

7 Diese Unentrinnbarkeit – es gäbe kein soziales Faktum, das nicht durch Gesellschaft determiniert wäre – stellt Adorno am präzisesten in einem Lexikonartikel zum Stichwort »Gesellschaft« dar. Vgl. Theodor W. Adorno, *Soziologische Schriften I*, hrsg. von Rolf Tiedemann, Frankfurt a. M. 1972, S. 9–19.

vor, dass sich ein Selbstbewusstsein hier ausschließlich über
die Anerkennung durch andere bilden könnte.[8] Das würde
aber einen liebevollen Blick voraussetzen. Schon eine andere frühe Erzählung Ilse Aichingers, *Das Fenstertheater*
(1949), zeigt aber (am Beispiel einer vom Fenster aus den
Nachbarn belauernden Frau), dass dieser Blick böse, vo-
yeuristisch und denunzierend ist.[9] Deshalb wird die Hoffnung auf Anerkennung auch in dieser dritten Episode der
Seegeister nicht erfüllt: Ein Matrose auf einem Ausflugsdampfer, verlacht von drei Mädchen, verunglückt bei einem waghalsigen Manöver, das er unternahm, »um den
Mädchen zu zeigen, was er wert war« (117).

Charakteristischerweise beginnt nach dem Tod des Matrosen in Ilse Aichingers moderner Sage nicht dieser zu
geistern; dies tun die drei Mädchen, die für die Gesellschaft stehen, die Anerkennung verweigert. Die Unsicherheit, die diesen Matrosen schon nach dem ersten Lachen
erfasst hatte – »er hatte den bestimmten Argwohn, daß es
ihn und den Dampfer betraf« (116) –, und der Verlust seines Vertrauens in seine angestammte Rolle werden durch
kein positives Echo von außen ›repariert‹. Eine kalte Gesellschaft verweigert dies – und zwar nicht nur aus Sadis-
mus oder Gleichgültigkeit, sondern auch, weil sie selbst
gar nichts »Aufbauendes« zu bieten hat.

Verknüpft sind die drei Episoden also nicht nur durch
die Erzählstimme und die Erzählform, sondern durch ihre

---

8 Diesen Zusammenhang von der Ausbildung – oder auch der Zerstörung –
von Selbstbewusstsein und der Ökonomie in der modernen Gesellschaft
zeigt fundiert der Essay von Georg Franck, *Ökonomie der Aufmerksamkeit. Ein Entwurf*, München 1988. – Zu Recht moniert hierin Franck das
Fehlen einer »ökonomischen Theorie des Prestiges, der Reputation und der
Prominenz« und eines »ökonomischen Zugangs zum Seelenleben« (ebd.,
S. 22).

9 Vgl. hier *Das Fenstertheater* (1949): »Die Frau hatte den starren Blick neu-
gieriger Leute, die unersättlich sind. Es hatte ihr noch niemand den Gefallen getan, vor ihrem Haus niedergefahren zu werden« (I. A., *Der Gefesselte. Erzählungen 1948–1952*, Frankfurt a. M. 1991, S. 83–85, hier S. 83).

gemeinsame Stoßrichtung:[10] Zur Sprache gebracht wird, was David Riesman in seinem soziologischen Bestseller *The Lonely Crowd* (1950)[11] als die »Außensteuerung« in der Konsumgesellschaft diagnostiziert.[12] Verkürzt gesagt: In einer Gesellschaft mit Produktionsüberschuss und erhöhtem Konsumbedürfnis dominiert der »außen-geleitete Typus«. Wichtiger als Traditionen oder Familie sind ihm Kollegen und »peer-groups«. Das Verhalten des Einzelnen wird von den Zeitgenossen gesteuert, die Ziele sind nicht selbst gesteckt, sondern verändern sich jeweils mit den Signalen von außen.[13] Zentral wird die Empfangs- und Folgebereitschaft für die Wünsche anderer. Diese Angewiesenheit auf Anerkennung erzeugt wiederum eine »diffuse Angst«, ob man den ›peer-groups‹ genüge.[14] Deshalb vermessen Menschen des außen-geleiteten Typus ihre Umwelt »wie eine Radaranlage«[15].

Auch die Figuren in Ilse Aichingers Erzählung sondieren »wie eine Radaranlage« ihre soziale Umwelt und richten ihr Verhalten danach aus: Als seine Kinder dem Mann im Boot vom Ufer her zuwinken, tut er so, »als wollte er nicht landen« (111). Seine erst diffuse, dann immer deutlichere Angst ist, vor den Freunden das Gesicht zu verlieren; deshalb entsprechen seine Ausreden, die eben dies verhindern sollen, exakt den Normen und Erwartungen des Urlauberverhaltens. Der zentrale Imperativ für und bei Urlaub ist »Fröhlichkeit«, das auch als Wort hier konsequenterweise gehäuft auftaucht: Fröhlich ruft er seinen

---

10 Zur Struktur von *Seegeister* und zu ihrer Einordnung in die moderne Gattungstradition vgl. Erna Kritsch Neuse, *Die deutsche Kurzgeschichte. Das Formexperiment der Moderne*, Bonn 1980, S. 83 f.

11 Im Folgenden zitiert nach der deutschen Ausgabe: David Riesman, *Die einsame Masse*, übersetzt von Renate Rausch, mit einer Einleitung von Helmut Schelsky, Reinbek bei Hamburg 1958.

12 Vgl. Riesman (Anm. 11) S. 30–42, hier S. 33.

13 Ebd., S. 37.

14 Ebd., S. 38.

15 Ebd., S. 41.

Freunden auf der Terrasse zu, »er wolle noch ein wenig weiterfahren« (112), fröhlich rufen sie zurück, das solle er nur. Am nächsten Morgen ruft er den Freunden und dann auch seinen Kindern zur Erklärung seiner fortgesetzten Bootsfahrt »fröhlich« zu, »der Sommer ginge zu Ende, man müsse ihn nützen« (113). Nun zeigt der Text aber, dass dieses Einlassen auf den Schein ins Verderben führt – durch die eigenen Ausreden baut sich der Bootsfahrer einen Kerker, dessen Mauern die eigenen, nach der Erwartung der anderen ausgerichteten Sätze sind: Als seine Freunde schließlich doch das Gehäuse aufzubrechen beschließen und »am nächsten Morgen eine Rettungsexpedition nach ihm ausschicken wollten, winkte er ab, denn er konnte doch jetzt, nachdem er sich zwei Tage lang auf die Fröhlichkeit hinausgeredet hatte, eine Rettungsexpedition nicht mehr zulassen« (113).

Dann müssen diese Freunde aber an ihre Arbeit zurück; und auch die Kinder – von einer Ehefrau ist im Text nie die Rede – »kehrten zur Stadt zurück, die Schule begann« (113). Im Text wird hier alles abgezogen, jeder Sozialbezug verschwindet: Freunde, Kinder; beide – Freunde wie Kinder – haben, im Unterschied zu dem Mann im Boot, ihr konstantes, nur im Urlaub kurz verlassenes, soziales Umfeld, eben Arbeit und Schule. Indem Freunde und Kinder dorthin zurückkehren, wird noch deutlicher sichtbar, was für den Zurückbleibenden immer schon da war: Einsamkeit. Sie ist auch das Signum der Frau mit der Sonnenbrille – wie auch des Matrosen, der explizit verstoßen wird. Vor solcher Einsamkeit sollten sie ihre Versuche der Anpassung bewahren. Somit »erklären« Ilse Aichingers moderne Sagen auch dieses Verhalten, der Mythos ist hier in doppeltem Sinne aufklärend: als eine Erklärung für den verzweifelten Kampf um Anerkennung einerseits, als Angriff auf den falschen, den verschleiernden Mythos der Freizeitgesellschaft mit ihrem gespenstischen Zwang andererseits. Wie die Bewegungen leichter Wellen auf dem Seewasser entwickelt der Text, der von verschleierter Gewalt spricht, somit zugleich eine Gegenbewegung: Nicht verurteilend, sondern in einer mimetischen Empathie, wie sie nur Kunst schaffen kann, werden die verformten Individuen von der Stimme der Erzählerin aufgenommen und vom »Identitätszwang« (Adorno) – also dem Zwang zur falschen, weil aufgezwungenen »Identität« – befreit: Sentenzen wie die auf die drei Mädchen bezogene (»Wer sie sieht, sollte sich von ihnen nicht beirren lassen. Es sind immer dieselben«; 118) lassen sich, wenn man die Mädchen als pars pro toto für die Gesellschaft liest, auch als ermunternde Absage an diese lesen. Gegen die Schwerkraft der Verhältnisse werden Leichtigkeit und Witz ins Treffen geführt. Und auch dabei kommt noch einmal die literarische Form zu Hilfe, denn sie unterstützt diese Erleichterung bzw. Levitation: In *Einfache Formen* merkte André Jolles zu den meist vernachlässigten literarischen Kleinformen wie Sage, Sentenz, Rätsel etc. an, sie schafften »einen anderen Aggregatzustand«[16]. Deshalb auch schweben diese Geister letztlich doch so frei über dem See.

Literaturhinweise

Ilse Aichinger: Sommergeister. In: Stillere Heimat. Jahrbuch der Stadt Linz. 1952. S. 136–142.
– Seegeister. In: I. A.: Der Gefesselte. Frankfurt a. M.: S. Fischer, 1953. S. 87–94. [Gekürzte Fassung.]
– Seegeister. In: I. A.: Der Gefesselte. Erzählungen (1948–1952). Hrsg. von Richard Reichensperger. Frankfurt a. M.: Fischer Taschenbuch Verlag, 1991. S. 86–92. [Fassung von 1953.]
– Seegeister. In: Klassische deutsche Kurzgeschichten. Hrsg. von Werner Bellmann. Stuttgart: Reclam, 2003. S. 111–118. – Dieser Druck basiert auf der Ausgabe von 1991.

---

16 André Jolles, *Einfache Formen*, 2., unveränd. Aufl., Darmstadt 1958, S. 10.

Corkhill, Alan: Ilse Aichingers »Seegeister« und Christa Reinigs »Drei Schiffe«. Zwei motivgleiche Erzählungen. In: Colloquia Germanica 15 (1982) S. 122–132.

Herrmann, Britta / Thums, Barbara (Hrsg.): »Was wir einsetzen können, ist Nüchternheit«. Zum Werk Ilse Aichingers. Würzburg 2001.

Zimmermann, Werner: Ilse Aichinger: *Seegeister.* In: W. Z.: Deutsche Prosadichtungen unseres Jahrhunderts. Interpretationen. Bd. 2. 2. Aufl. der Neufassung. Düsseldorf 1970. S. 74–81.

Friedrich Dürrenmatt: *Der Tunnel*

Von Jan Knopf

Ein 24-jähriger Student fährt von seinem nicht näher spezifizierten Heimatort, der, da die Hauptfigur häufig als Selbstporträt Dürrenmatts aufgefasst worden ist, in der Regel mit Bern identifiziert wird, zu einer Züricher Universität, um dort ein Seminar zu besuchen, »das zu schwänzen er schon entschlossen war« (119). Der Zug ist überfüllt, jedoch findet der Student in der dritten Klasse, ganz hinten, einen passablen Platz und beschäftigt sich mit seinen Studien. Nach etwa zwanzig Minuten fährt der Zug in einen kleinen Tunnel ein, den der Student – er fährt die Strecke fast jede Woche – bisher kaum beachtet hatte. Jedoch diesmal nimmt der Tunnel kein Ende, was sich der »junge Mann« zunächst damit zu erklären versucht, dass er den falschen Zug genommen hat. Der Schaffner jedoch bestätigt, dass der Zug nach Zürich fahre. Außer dem Studenten ist niemand beunruhigt; alle Mitreisenden bleiben mit ihren normalen Tätigkeiten beschäftigt, sei es mit versunkenem Romanlesen, wie ein junges Mädchen im Abteil, sei es mit Schachspielen gegen sich selbst, wie der männliche dicke Zuginsasse. Als der Tunnel auch nach zwanzig Minuten nicht endet, macht sich der Student auf den Weg zum Zugführer, der sich in einem der vorderen Wagen aufhält. Auch der Zugführer versucht zunächst zu beschwichtigen, führt dann aber den Studenten entschlossen durch den Packwagen zur Zugspitze und schließlich mit einem riskanten Klettermanöver in die Lokomotive, die leer ist: der Lokführer ist abgesprungen, sobald er bemerkt hatte, dass es nicht mit rechten Dingen zuging. Die Geschwindigkeit des Zugs nimmt zu und die Fahrt geht deutlich abwärts. Es wird klar, dass der Zug ins Erdinnere abstürzt. Den Versuch des Zugführers, wieder zurück in die Wagen zu gelangen, verhindert die Neigung, und er stürzt schließlich blutüberströmt auf das Fenster der Lokomotive und kommt neben dem Studenten zu liegen, der das Gesicht über den Abgrund gepresst hält. Auf die Frage des Zugführers, was zu tun sei, antwortet der Student: »Nichts. Gott ließ uns fallen und so stürzen wir denn auf ihn zu.«« (133)

So weit der Plot der Erzählung, die durch ihren scheinbar offenen Schluss[1] sowie mit der ›theologischen‹ Erklärung des Studenten – schon zu ihrer Entstehungszeit, nämlich 1951[2] (veröffentlicht 1952), als der Zweite Weltkrieg noch vor Augen stand – herausfordern musste.

Die einfache Erläuterung, dass Dürrenmatt bereits mit seiner frühen Prosa sich seinem Dauerthema, nämlich dem Einbruch des Ungewöhnlichen in den gewöhnlichen Alltag bzw. in die gewohnte Ordnung,[3] verpflichtet habe, ist sicherlich nahe liegend, aber wohl kaum zureichend. Dazu enthält die Erzählung zu viele erklärungsbedürftige Passagen.

Die Probleme beginnen bereits mit dem ersten Satz. Der junge Student schottet sich mit seinem Fett und dem Verstopfen der »Löcher in seinem Fleisch« gegen das »Schreckliche« und »Ungeheuerliche«, das sich hinter den »Kulissen« verbirgt, ab (119). Damit sind bereits zwei Wirklichkeitsbereiche ausgemacht, die in der Erzählung dann kollidieren werden. Es liegt nahe – im Sinn der angedeuteten Erläuterung – den Bereich der »Kulissen« als die alltägliche Wirklichkeit zu interpretieren, hinter der sich

---

1 Vom offenen Schluss spricht Winfried Freund in: W. F., »Friedrich Dürrenmatt: *Der Tunnel.* Vorlauf in den Tod«, in: *Interpretationen. Erzählungen des 20. Jahrhunderts*, Bd. 2, Stuttgart 1996, S. 164. Er sei dazu da, im Leser eine Reflexion seiner »Selbsttäuschungen« in Gang zu setzen.

2 Nach Gerhard P. Knapp, *Friedrich Dürrenmatt*, 2., überarb. und erw. Aufl., Stuttgart/Weimar 1993, S. 35.

3 So z. B. die Deutungen von Freund (Anm. 1) passim, und Knapp (Anm. 2) S. 36 f.; vgl. dazu auch Jan Knopf, *Der Dramatiker Friedrich Dürrenmatt*, Berlin 1987, S. 26–28.

eine andere Wirklichkeit verbirgt, die am Ende der Erzählung das letzte Wort behält, die des Schrecklichen.[4] Freilich – und da ist entschieden zu differenzieren – enthält
der Begriff »Kulisse« bereits eine Wertung, nämlich dass
diese Wirklichkeit in Wahrheit keine ist, sondern lediglich
›Theater‹, also nur scheinbare Wirklichkeit. Da das
›schreckliche‹ Geschehen am Ende aber ebenfalls mit der
Theatermetapher bedacht wird – es sei ein »tödliches
Schauspiel«, heißt es (133) –, erweist sich auch diese
›Wirklichkeit‹ lediglich als Theater und nicht, wie man zu
Beginn meinen möchte, als die ›eigentliche‹ Wirklichkeit,
die der alltäglichen kontrastiv gegenübergestellt wird. Das
heißt: Eine idealistisch-philosophische Deutung, wonach
unsere alltägliche Wirklichkeit nur Schein sei, in die – sie
zerstörend oder zumindest in Frage stellend – eine andere,
von den Menschen ignorierte Wirklichkeit (deutlich am
Verhalten der übrigen Fahrgäste abzulesen) einbricht,
wird durch die Theatermetapher am Ende zurückgewiesen
(womit auch das in den Interpretationen immer wieder
bemühte platonische Höhlengleichnis als Deutungsmuster
ausfällt[5]). Es wird folglich nicht – wie dann später etwa im
Stück *Der Meteor* – eine ›höhere‹ gegen eine ›niedere‹
Wirklichkeit ausgespielt, vielmehr wird durch die Schau-
spielmetaphorik das gesamte Geschehen als Fiktion, als
Theater deklariert. Es handelt sich um Gegenbilder zur
gewohnten Wirklichkeit und möglicherweise – das ist zu
prüfen – um Metaphysik.

Es gibt weitere scheinbare Ungereimtheiten im Text.
Obwohl der Student derjenige ist, der den Einbruch des
Schrecklichen nicht nur wahrnimmt, sondern am Ende

---

4 So Freund (Anm. 1) S. 164 f.
5 Vgl. dazu z. B. Freund (Anm. 1) S. 159. Freund beruft sich auf Dürrenmatt,
der im Nachwort zum Band der Erstausgabe selbst vom Höhlengleichnis
spricht. Deutungsangebote des Autors sind jedoch prinzipiell nicht ver-
bindlich, zumal ich in den Felsenwänden des Tunnels keinerlei ›gespiegelte‹
(= scheinbare) Wirklichkeit erkennen kann.

auch annimmt, tut er zunächst alles, um das Ungeheuerliche, »welches er sah (das war seine Fähigkeit, vielleicht seine einzige)« (119), mit allen Mitteln von sich abzuhalten; sogar seine Leibesfülle hat er sich zu diesem Zweck zugelegt, das heißt, dass er seinen ganzen Körper als Schutzschild gegen das Schreckliche, als *adipositas*, eingesetzt hat. So gesehen müsste er es eigentlich sein, der den Todessturz des Zugs ignoriert; der Text jedoch besteht darauf, dass alle übrigen Fahrgäste entweder nach rationalen (und zum Teil komischen: »Simplon«, 125) Erklärungen suchen oder das Geschehen im Ganzen überhaupt nicht wahrnehmen (wie z. B. auch niemand – was ja gänzlich unwahrscheinlich ist – merkt, dass der Haltepunkt Olten nicht kommt). Der Student verfügt aber über die Fähigkeit, das Schreckliche ›sehen‹, folglich ist er es, der offenbar allein dazu prädestiniert ist, das Ungeheuerliche wahrzunehmen, weshalb alle seine Panzerungen unnütz werden. Neben dem Studenten erkennt auch der Zugführer das Unheil, er muss aber erst durch den Studenten zum Eingeständnis des Schrecklichen gebracht werden (auch er versucht zunächst zu verdrängen). Im Zusammenhang mit der Theatermetapher (»Schauspiel«) bedeutet dies, dass dieses ›Sehen‹ möglicherweise als Vision[6] zu verstehen ist und dass es sich bei dieser Vision um eine ›Veranstaltung‹ des Studenten handelt, die sich vielleicht nur in dessen Kopf abspielt, die Erzählung folglich als eine Art ›objektivierter‹ innerer Monolog zu verstehen ist. Es sei angemerkt, dass Elisabeth Brock-Sulzer die These in die Welt gesetzt hat, es spreche in der Geschichte ein ›erzählendes Ich‹,[7] wovon keine Rede sein kann; das Missverständnis kommt aber möglicherweise dadurch zustande, dass sich die Erzählung wie die Wiedergabe eines

---

6 So schon Peter Spycher, *Friedrich Dürrenmatt. Das erzählerische Werk*, Frauenfeld/Stuttgart 1972, S. 105.

7 Elisabeth Brock-Sulzer, *Friedrich Dürrenmatt. Stationen seines Werkes*, Zürich 1960, S. 338.

Bewusstseinsstroms liest. Oder anders gesagt: Erzähler ist
der Bewusstseinsstrom des Studenten, den dieser in der
Fiktion, sein ›Ich‹ nämlich in ein ›Er‹ erzählerisch transpo-
nierend, als Fiktion aufgezeichnet hat und von daher nur
als ein metaphysischer Scherz aufzufassen ist.

Diese Lesung lässt sich durch weitere Indizien stützen.
Der Student tritt eine Reise an, die völlig unsinnig und
folglich ›ziellos‹ ist, weil er sich bereits entschlossen hat,
das Seminar, zu dem er angeblich »muss« (vgl. 121), zu
schwänzen. Warum fährt er dann überhaupt nach Zürich?
Doch offenbar nur darum, um eben dieses Erlebnis des
Schrecklichen nicht zu versäumen, das der Fahrt plötzlich
›Sinn‹ verleiht. Hinzu kommt, dass der Student – und dies
ist doppelt betont – »nebulose Studien« (119) bzw. ›ver-
worrene Studien‹ betreibt, »die ihm niemand recht glaubte« (121), was darauf verweist, dass der Student sein Studium nicht dazu nutzt, und dies ist ja wohl der übliche Sinn
von Studium, sich – in welchem Fach auch immer – rationalen Wirklichkeitserklärungen zu widmen. Er ist vielmehr damit beschäftigt, sich eine irrationale ›Ordnung‹
zuzulegen, was nochmals das Fiktionale der Erzählung
betont: »alles, was er tat, war nur ein Vorwand, hinter der
Fassade seines Tuns Ordnung zu erlangen, nicht die Ordnung selber, nur die Ahnung einer Ordnung, angesichts
des Schrecklichen« (121). Diese Ordnung aber hat mit der
gewöhnlichen Ordnung, wie sie in der Erzählung durch
die Statistik des dicken Mitreisenden, durch die Fahrpläne,
durch die ›Normalität‹ des Verhaltens der übrigen Fahrgäste oder durch die Regeln des Schachspiels repräsentiert
ist, nichts zu tun.[8] Die Frage ist, um welche Ordnung es
sich dann handelt. Vermutlich geht es wohl um eine, die
zur gewohnten Ordnung buchstäblich auf dem Kopf

---

8 Freund (Anm. 1) S. 156, deutet die Passage als »akuten Orientierungsver-
lust«, als Ausdruck von »Chaos«, bemerkt aber nicht, dass der Student eine
›Ordnung‹ sucht, also den Einbruch des Schrecklichen durchaus nicht als
›Chaos‹ erfährt, sondern ganz offenbar als Zeichen einer anderen Ordnung.

steht, womit man bei der metaphysischen Komponente des Textes ist.

Die Kernstelle lautet: »Der junge Mann war froh, nach der bedenklichen Nähe der Felswände auf etwas gelenkt zu werden, das ihn an die Alltäglichkeit erinnerte, in der er sich noch vor wenig mehr denn einer halben Stunde befunden hatte, an diese immer gleichen Tage und Jahre (immer gleich, weil er nur auf diesen Augenblick hin lebte, der nun erreicht war, auf diesen Augenblick des Einbruchs, auf dieses plötzliche Nachlassen der Erdoberfläche, auf den abenteuerlichen Sturz ins Erdinnere).« (129)

Trotz des noch fast jugendlichen Alters des Studenten hat dieser sein Leben in Alltäglichkeit und Immergleichheit verbracht; beides erscheint negativ und pejorativ besetzt und wäre etwa mit Leere und Sinnlosigkeit zu übersetzen. Der Text sagt ausdrücklich, wenn auch durch die Klammern scheinbar nur nebenbei, dass diese Zugfahrt offenbar das eigentliche Ziel und der eigentliche Sinn des Lebens für den Studenten ist. Dem korrespondiert, dass dieser am Ende »geborgen auf der Glasscheibe des Führerstandes lag« (131), also seinen Tod, der gewiss ist, weil die Scheibe zu bersten beginnt, nicht fürchtet, sondern als Geborgenheit annimmt (was – darauf sei nur verwiesen – eine starke Nähe zu Martin Heideggers »Sein zum Tode« bedeutet[9]). Es ist daher konsequent, wenn der Student auf die Frage des Zugführers, was sie tun sollten, mit »Nichts« (133) antwortet. Er überlässt sich dem Absturz und gewinnt durch ihn Schutz sowie Sicherheit, was ja wohl nichts anderes heißt, als dass der Tod der ›eigentliche Sinn‹ des Lebens ist; er ist das Ziel, auf das hin der Student gelebt hat und der ihm das einbringt, was er bisher nur geahnt hat: eine neue, andere Ordnung, über die freilich nichts weiter gesagt wird, die der inneren Konse-

---

9 Vgl. Martin Heidegger, *Sein und Zeit*, Tübingen 1949, passim; auf Heidegger verweist auch Freund (Anm. 1) S. 163, freilich mit anderer Begründung.

quenz des Textes entsprechend aber wohl nur eine metaphysische sein kann (ob diese, wie übereinstimmend die frühen theologischen Deutungen meinen, mit »Gnade« zu identifizieren ist,[10] lässt sich am Text kaum belegen).

Gerhard P. Knapp hat den theologischen Deutungen vorgeworfen, dass sie sich lediglich auf den Schlusssatz stützten (»Gott ließ uns fallen und so stürzen wir denn auf ihn zu«), ein Satz, der ohne jeden kontextuellen Anhaltspunkt bleibe. Es sei deshalb von Dürrenmatt nur konsequent gewesen, in der Neufassung der Geschichte von 1978 diesen Satz sowie die Bibelanspielung mit der Rotte Korah (4. Mose 16) »ersatzlos gestrichen« zu haben, sodass der Schluss jetzt lapidar »Nichts« lautet.[11] Knapp bleibt bei der nahe liegenden, aber oberflächlichen Deutung, dass es sich um eine »gesellschaftskritische Parabel« handele, die der »im Zuge des Wirtschaftswunders saturierten und genießenden, apolitisch der Planmäßigkeit des behördlich geregelten Alltags vertrauenden Gesellschaft« gelte.[12] Einmal abgesehen davon, dass das so genannte Wirtschaftswunder 1951 durchaus noch nicht ausgebrochen war, übersieht eine solche Deutung – auch wenn sie *einen* Aspekt der Geschichte durchaus trifft – die oben angedeuteten metaphysischen Komponenten.

Zunächst zur Bibelanspielung: Es wird weder in der Urfassung noch in der Fassung von 1978 ganz klar, wer die Passage spricht (oder denkt): »›Noch hatte sich nichts verändert, wie es uns schien, doch schon hatte uns der Schacht nach der Tiefe zu aufgenommen, und so rasen wir denn wie die Rotte Korah in unseren Abgrund.‹« (131) Der erzählerischen Logik nach kann hier nur der Zugführer sprechen – denn der Student liegt bereits geborgen auf der Scheibe –, der Zugführer, der kurz vorher konstatiert hat, dass er »immer ohne Hoffnung gelebt« habe (131).

10 Beispielhaft Spycher (Anm. 6) S. 111 f.
11 Knapp (Anm. 2) S. 36.
12 Knapp (Anm. 2) S. 37.

Durch die Bibelanspielung interpretiert er folglich die
Fahrt in den Abgrund als Strafgericht Gottes; dieser hatte
den Aufruhr der Rotte mit ihrem Untergang bestraft, indem er die Erde unter ihr zerreißen ließ und der Abgrund
sie verschlang. Dass der Student spricht, ist insofern unwahrscheinlich, als er »diesem Ziel aller Dinge« (132) ent-
gegenzurasen als den Augenblick deutet, auf den er hin-
lebte (129). Entsprechend unternimmt er auch nichts weiter. Der Zugführer versucht demgegenüber vergeblich, in
die Wagen zurückzukehren. Im Gegenteil: Durch die Bi-
belberufung wird der ganze Unterschied im Bezug auf das
Verhalten des Studenten und des Zugführers überhaupt
erst deutlich, weshalb es sich bei diesen durchaus nicht um
»ungleiche Brüder« handelt, wie Peter Spycher meint.[13]
Dem Zugführer fällt nur die übliche Deutung des Sach-
verhalts ein und zugleich identifiziert er den Sturz mit seiner – angeblich schon immer gegebenen – Hoffnungslo-
sigkeit, wohingegen, um es nochmals zu sagen, der Student ihn willig annimmt. Entsprechend liegen die beiden
am Ende kaum als »Brüder« auf der berstenden Scheibe:
der eine ist blutüberströmt, der andere fühlt sich geborgen. Die Streichung des Bibelbezugs in der Fassung von
1978 lässt diese Differenz fast ganz undeutlich (bzw. äußerlich) werden.

Interpretationsbedürftig ist vor allem der Schlusssatz,
der in der Fassung von 1978 gestrichen worden ist: »Gott
ließ uns fallen und so stürzen wir denn auf ihn zu.« (133)
Die These der Forschung, hier die göttliche Gnade walten
zu sehen,[14] ist nicht nachvollziehbar, da der Wortlaut dies
nicht abdeckt. Zunächst handelt es sich um die Umkehr
des ›normalen‹ Blicks: Gott ist nicht ›oben‹ (im Himmel),
sondern ›unten‹, im ›Innern der Erde‹ (was noch zu deuten sein wird). Es heißt, dass Gott »uns« fallen lässt; diese

13 Spycher (Anm. 6) S. 109.
14 So schon Brock-Sulzer (Anm. 7), die S. 339 von »Rettung« spricht; vgl.
   Spycher (Anm. 6) S. 112.

Verallgemeinerung lässt sich kaum anders verstehen, als dass die ganze Menschheit gemeint ist, unter die sich möglicherweise Gott als im Gang wandelnder Passagier (eine Figur, die ohne weiteren Bezug bleibt; vgl. 122) gemischt hat. Fallen lassen ist doppeldeutig: Vordergründig ist der konkrete Fall des Zugs mit seinen Insassen in den Abgrund bezeichnet; es kann aber auch im übertragenen Sinn heißen, dass Gott die Menschheit fallen gelassen im Sinn von aufgegeben hat, wofür keine konkreten Gründe genannt werden, diese aber erschlossen werden können: Gleichgültigkeit, unbewusstes Dahinleben im Immergleichen, Verleugnung des Schrecklichen und Ungeheuerlichen; kurz: Gott wendet sich von der Menschheit ab und ist nicht mehr bereit, ihr seinen Schutz und womöglich seine Gnade zukommen zu lassen. Der Mensch, das Ebenbild Gottes, hat sich nicht bewährt und Gott gibt ihn deshalb auf.

Durch den zweiten Teil des parallel gebauten Satzes entsteht ein Paradox: Obwohl ›uns‹ Gott hat fallen lassen, stürzen wir dennoch auf ihn zu; also hat sich Gott nicht gänzlich verabschiedet. Aber auch hier gilt Doppeldeutigkeit: Zustürzen kann bedeuten, dass die Menschheit, wenn sie auf Gott trifft, zerschmettert wird; es kann aber auch heißen, dass er sie auffängt und ihr neue Geborgenheit zukommen lässt, eine mögliche Lesart, die aufgrund der Geborgenheit des Studenten auf dem Zugfenster gestützt ist. Dies ändert aber nichts daran, dass sich mit dem Zustürzen auf Gott das Schreckliche und Ungeheuerliche verbinden, folglich ihre Erfahrung notwendige Voraussetzung ist, sollte Gott die Menschheit tatsächlich ›auffangen‹. In der Konsequenz heißt dies, dass die Menschen eine neue und andere ›Ordnung‹ als die bisher gewohnte akzeptieren müssen, wenn Gott sie tatsächlich retten sollte (was sehr wenig mit der üblichen Vorstellung von Gnade zu tun hat und doppeldeutig in der Schwebe bleibt).

Hinzu kommt, dass sich im Schlusssatz eine Gottesvorstellung kundtut, die allen (christlichen) Traditionen widerspricht. Gott ist im Innern der Erde angesiedelt, und die Erde ist traditionell der Ort des Menschen. Das kann doch wohl in der Konsequenz nur heißen, dass Gott, wie Bertolt Brecht es seinen Galilei hat sagen lassen, »in uns [ist] oder nirgends«[15]. Dies wiederum bedeutet eine Verabschiedung des Christentums in der Gestalt aller Veräußerlichungen: Repräsentanz, Kirche, Beteiligung an Kriegen und Handel etc., hieße also, wie sich Dürrenmatt auch selbst verstanden wissen wollte, die Position eines radikalen Protestanten – im doppelten Wortsinn – zu beziehen: »Ich bin Protestant und protestiere.«[16]

Literaturhinweise

Friedrich Dürrenmatt: Der Tunnel. In: Die Stadt. Prosa I–IV. Zürich: Verlag der Arche, 1952. S. 151–167.
– Der Tunnel. In: Friedrich Dürrenmatt Lesebuch. Zürich: Verlag der Arche, 1978. S. 25–39. [Erstdruck der bearbeiteten Fassung von 1978.]
– Der Tunnel. In: F. D.: Werkausgabe in dreißig Bänden. Hrsg. in Zusammenarb. mit dem Autor. Zürich: Diogenes, 1980. Bd. 20. S. 19–34. [Der ursprüngliche Schluss: S. 97 f.]
– Der Tunnel. In: Klassische deutsche Kurzgeschichten. Hrsg. von Werner Bellmann. Stuttgart: Reclam, 2003. S. 119–133. – Die Anthologie bietet die Erstfassung nach der Ausgabe von 1952.

Brock-Sulzer, Elisabeth: Friedrich Dürrenmatt. Stationen seines Werkes. Zürich 1960.

---

15 Bertolt Brecht, *Stücke 5* (= *Werke. Große kommentierte Berliner und Frankfurter Ausgabe*, Bd. 5), Berlin und Weimar / Frankfurt a. M. 1988, S. 30.
16 Friedrich Dürrenmatt, *Theater-Schriften und Reden*, hrsg. von Elisabeth Brock-Sulzer, neue Aufl., Zürich 1969, S. 45.

Freund, Winfried: Friedrich Dürrenmatt: *Der Tunnel*. Vorlauf in den Tod. In: Interpretationen. Erzählungen des 20. Jahrhunderts. Bd. 2. Stuttgart 1996. S. 153–166.

Knapp, Gerhard P.: Friedrich Dürrenmatt. 2., überarb. und erw. Aufl. Stuttgart/Weimar 1993.

Knopf, Jan: Friedrich Dürrenmatt. 4., neubearb. Aufl. München 1980.

– Der Dramatiker Friedrich Dürrenmatt. Berlin 1987.

Spycher, Peter: Friedrich Dürrenmatt. Das erzählerische Werk. Frauenfeld/Stuttgart 1972.

Weber, Emil: Der Tunnel. http://www.spieker.ch/duerrenmatt/ texte/Text15.htm [mit einer Zusammenfassung der Forschungsergebnisse].

Wolfdietrich Schnurre: *Das Manöver*

Von Günter Helmes

Die bei der Kurzgeschichte Anleihen nehmende[1] Erzählung erschien erstmals 1952 unter dem zwar vorausdeutenderen, doch damit Erzählstrategien (s. u.) unterminierenden Titel *Ein Zwischenfall*. Es handelt sich um eine z. T. mit militärsprachlichen Mitteln[2] operierende, gleichwohl auch Passagen mit lyrischem Grundton[3] enthaltende Satire auf den Militarismus. Der Erzählung geht es aber nicht vor allem um den Militarismus als solchen oder beispielsweise um den Zweiten Weltkrieg. Ihr besonderes Ziel ist vielmehr jener aktuelle Militarismus, der sich in der Bundesrepublik von Anbeginn wieder massiv regte und der erbittert geführte Kontroversen auslöste.[4] Schnurre greift also mit dieser Erzählung in einen damaligen öffentlichen Diskurs von außerordentlicher Brisanz ein.

1 Vgl. beispielsweise Schnurres Erzählprinzip, »jede[n] mögliche[n] auktoriale[n] Kommentar« in »reine Darstellung« zu verwandeln. (Zitat aus: Ferdinand Piedmont, »Kurzgeschichte und Kürzerzählung. Zu drei Prosatexten von Ernst Jünger, Wolfdietrich Schnurre und Hans Bender«, in: *Texte und Kontexte. Studien zur Deutschen und Vergleichenden Literaturwissenschaft*, hrsg. von Manfred Durzak [u. a.], Bern/München 1973, S. 149–160, hier S. 155.) Vgl. auch Anm. 2, 3 und 9.

2 Der ursprüngliche Titel ist eine Satire auf das Verfahren, üble Geschehnisse bzw. Sachverhalte sprachlich zu verharmlosen und zu verschleiern. Wenn während des Manövers beispielsweise von »Goldammertrupps« (135) die Rede ist, wird der Übergriff des Militarismus auf die Natur bis in sprachliche Nuancen hinein verfolgt. Vgl. auch Anm. 1, 3 und 9.

3 Vgl. im Besonderen die liebevollen Vogelschilderungen zu Beginn und ganz am Ende der Erzählung. Piedmont (Anm. 1, S. 156) übersieht, dass Schnurres Wechsel der Erzählhaltung die Funktion einer indirekten Kommentierung hat. Vgl. auch Anm. 1, 2 und 9.

4 Ein auch um Rekonstruktion historischer Bedeutung und Funktion bemühtes Verständnis der Erzählung setzt die Erinnerung an weltpolitische (z. B. 1. Indochina-Krieg) und außen- bzw. innenpolitische (vor allem die militärische Westintegration der BRD) Geschehnisse des ersten Nachkriegsjahrzehnts voraus.

Die ersten fünf Abschnitte[5] setzen alles daran, Natur
und Menschenwerk als idyllisch und beherrschbar und die
Menschen selbst, zumal die Militärs, als verantwortungs-
voll und vorausschauend erscheinen zu lassen. Die Rede
ist von »strahlende[m] Wetter«, einer bunten Vogelwelt,
»blendender Laune« und dergleichen mehr (134). Eigens
wird hervorgehoben, dass von ranghöchster Seite, einem
»General«, übertrieben sorgfältige Sicherheitsvorkehrun-
gen für ein anstehendes Manöver getroffen worden sind.
Dieser letzte Eindruck des keinerlei Befürchtungen Raum
lassenden Sicherheitsdenkens wird sogar noch dadurch
verstärkt, dass es ausgerechnet dieser General ist, der sich
über das anstehende Manöver nur »in leicht ironischem
Tonfall« (135) äußern kann[6] – und der doch, Ironisierung
seiner Ironie, Opfer dieser »Farce« bzw. seiner Hybris
bzw. der Natur werden wird.

Mit dem Beginn der Manöverhandlungen (6. Abschnitt)
verändert sich die evozierte friedvolle Stimmung zusehends. Das »Lerchengedudel und das monotone Zirpen
der Grillen« (135) werden binnen kurzem von Panzerlärm
ganz »ausgelöscht«. Alles scheint seinen prognostizierten
Verlauf zu nehmen, die Menschen scheinen der Natur und
den von ihnen selbst ausgelösten Prozessen gegenüber in
absoluter Handlungsmächtigkeit zu sein. Doch die zum
»Übungsgelände« (136) degradierte, bloß als kalkulierbare
Funktion gedachte und somit in ihren basalen Vitalin-
teressen missachtete Natur setzt sich zur Wehr, indem
sie sich ironischerweise ›Nebenprodukten‹ menschlicher
Übergriffe auf sie bedient. An antike Mythen erinnernd,
zieht nämlich ein Wind auf, treibt »Staub- und Pulver-

---

5 Hinzuweisen ist darauf, dass sich der vorliegende Text hinsichtlich der Ab-
   satzgliederung und einiger Passagen von den Erstdrucken 1952 bzw. 1954
   leicht unterscheidet.
6 Mit der Luftwaffe fehlt ihm jenes Gefahrenpotential, das im damaligen
   zeitgenössischen Bewusstsein angesichts beispielsweise von Coventry und
   Dresden ein Synonym für Massenvernichtung und ungezügelte Zerstö-
   rungskraft ist.

dampfwolken« heran und nimmt so »den Offizieren einige Zeit jede Sicht« (136). Das Blatt beginnt sich zu wenden und Handlungsmächtigkeiten, nicht zuletzt auch solcher selbstbezüglicher Art, verschieben sich.[7] Das ist mit repräsentativer Gültigkeit am General abzulesen, hier dem Sinnbild höchster Kontrolle, scheinbarer Vernunft und als unübersteigbar behaupteter menschlicher Macht. Der General nämlich gerät, damit (ironischerweise) der sich ihm entgegenstellenden Natur sogar zuarbeitend, in einen kaum zu unterdrückenden Ärger darüber, »daß der Wind sich ihm widersetzte« (137) – und lässt so erkennen, dass es allein schon um seine Selbstkontrolle schlecht bestellt ist und dass sein Denken und Handeln Ausdruck von Selbstherrlichkeit und Größenwahn sind.[8]

Als dann der »Qualmschleier« wieder zerreißt, bietet sich den Militärs »ein merkwürdiges Bild«, ist doch das »Übungsgelände« plötzlich von Abertausenden Schafen in »Todesangst« bevölkert.[9] Aber noch ein »seltsame[s]«, in aller Ausführlichkeit[10] erzähltes Lehrstück ganz anderer Art wird ihnen im Fortgang geboten, das nämlich, wie der General nach und nach jegliche Macht über sich[11] und damit auch über die Situation[12] verliert. Schließlich, in der als

---

7 Es zeigt sich beispielsweise, dass ein Jeep, Technik also als vermeintlich wirkungsvollste menschliche Extension, dem »Gegendruck der ihn umwogenden Schafherden« hoffnungslos unterlegen ist (140).

8 So befiehlt er, dass die plötzlich aufgetauchten Schafe »umgehend zu verschwinden« (138) hätten. Vgl. auch Anm. 9.

9 Mit diesem außergewöhnlichen, den Wendepunkt markierenden Ereignis hat die Erzählung auch Anteil an der Novelle. Vgl. auch Anm. 1 bis 3. – Hinzuweisen ist auf das Symbolhafte der Schafe, das von der Redewendung »dummes Schaf« bis zu christlichen Bedeutungen (vgl. z. B. Joh. 10,11 ff.) reicht. Vgl. auch Anm. 8.

10 Den Verhältnissen von erzählter Zeit bzw. Erzählgegenstand und Erzählzeit in dieser Erzählung ist besondere Aufmerksamkeit zu schenken.

11 Er, nicht die Schafe, wie die Offiziere glauben, handelt wie »von Sinnen« (138) und ist schließlich »verrückt fast vor Zorn« (140).

12 Die Schafe »gehorchten anderen Gesetzen« (138), entziehen sich also zumindest jeder militärischen Logik.

mythischer Showdown angelegten Konfrontation mit einem quasi zur Militärmaschinerie mutierten[13] »Widder«, ist es der General selbst, der nichts anderes mehr ist als »nackte, bebende Angst« (141). Die Ausgangsverhältnisse haben sich nunmehr also, menschlichem Eskalationshandeln geschuldet, exakt in ihr Gegenteil verkehrt.

Der unausweichliche, weil selbst heraufbeschworene Tod des Generals wird auf wenigen Zeilen lapidar erzählt,[14] gilt es doch, Wichtigeres herauszustellen. Zum einen nämlich zeigt es sich, dass die ohne Führung auf dem Manöverhügel verbliebenen Militärs dem selbstmörderischen Aktivismus ihres Generals längere Zeit nichts anderes als Ahnungslosigkeit und Handlungsunfähigkeit zur Seite stellen können. Auf sie ist keinerlei Verlass.[15] Als sie dann endlich handeln, zum Zweiten, tun sie es in grotesker Missachtung des Dramas, das sich gerade vor ihren Augen abgespielt hat. Sie verhalten sich wie Monster.[16] Zum Dritten kommt die Natur erst wieder ins Lot, als das komplette Militär abgezogen ist.[17] Da erst kehrt den Vögeln »der Lebensmut wieder« (143 f.) und jene Atmosphäre des Friedens, die die sich überlassene Natur eingangs ausstrahlte, kann sich wieder ausbreiten.

---

13 »Brust und Vorderbeine des Tieres«, heißt es, »zitterten wie von einem im Innern laufenden Motor erschüttert« (141).

14 Angesichts der vorhergehenden, trotz allem Mitgefühl auslösenden Schilderung der Todesangst des Generals ist Piedmont (Anm. 1) zu widersprechen, der in dieser Knappheit einen besonders wirkungsvollen Ausdruck der »Verachtung angemaßter […] militärischer Autorität« sieht (a. a. O., S. 155).

15 Ironischerweise sind es die »Schafe selbst, die die Herren der Peinlichkeit ihres Untätigseinmüssens enthoben« (142). Vgl. auch Anm. 9.

16 An Gefühlen ist nur von selbstsüchtiger Enttäuschung über den Manöverabbruch die Rede, und dieser selbst wird nicht etwa mit dem Tod des Generals begründet, sondern mit schnödesten ökonomischen Erwägungen. Vgl. S. 143.

17 Dieser Abzug wird als pedantische Geschehensabfolge erzählt. Vgl. S. 143 f.

Literaturhinweise

Vgl. in diesem Band auch die Literaturhinweise des Beitrags über Schnurres *Das Begräbnis*. S. 22

Wolfdietrich Schnurre: Ein Zwischenfall. In: Deutsche Rundschau 78 (1952) H. 12. S. 1280–1285.
– Das Manöver. In: Frankfurter Allgemeine Zeitung. 6. Jg. Nr. 199. 28. August 1954. Bilder und Zeiten. S. 2.
– Das Manöver. In: W. Sch.: Eine Rechnung, die nicht aufgeht. Olten u. Freiburg i. Br.: Walter-Verlag, 1958. S. 148–159.
– Das Manöver. In: W. Sch.: Erzählungen 1945–1965. München: List Verlag, 1977. S. 213–220.
– Das Manöver. In: Klassische deutsche Kurzgeschichten. Hrsg. von Werner Bellmann. Stuttgart: Reclam, 2003. S. 134–144. – Dieser Druck basiert auf der Ausgabe von 1977.

Piedmont, Ferdinand: Kurzgeschichte und Kurzerzählung. Zu drei Prosatexten von Ernst Jünger, Wolfdietrich Schnurre und Hans Bender. In: Texte und Kontexte. Studien zur Deutschen und Vergleichenden Literaturwissenschaft. Festschrift für Norbert Fuerst zum 65. Geburtstag. Hrsg. von Manfred Durzak [u. a.]. Bern/München 1973. S. 149–160.

Hans Bender: *Die Wölfe kommen zurück*

Von Norbert Schachtsiek-Freitag

In seinem gattungspoetologischen und zugleich auch programmatischen Aufsatz »Ortsbestimmung der Kurzgeschichte«[1] hat Hans Bender nicht nur der Rezeptionsge-
schichte der Gattung wichtige und bis heute gültige Orien-
tierungen gegeben, sondern auch ästhetische Positionen
seines eigenen Kurzgeschichten-Œuvres markiert. Benders
an internationalen Gattungsexemplaren der Short Story
aus einer Reihe von Beispielen erschlossene Formbeschrei-
bungen charakterisieren wesentliche Elemente vor allem
seiner frühen Kurzgeschichten zum Thema Krieg und Gefangenschaft,[2] deren berühmtester, *Die Wölfe kommen
zurück*[3], kanonische Qualitäten attestiert wurden und

---

1 Hans Bender, »Ortsbestimmung der Kurzgeschichte«, in: *Akzente* 9 (1962)
S. 205–225.
2 Hans Bender, *Mit dem Postschiff*, München 1962.
3 Die Kurzgeschichte liegt in drei verschiedenen Druckfassungen vor: a) in:
Akzente 1 (1954), S. 198–203; b) in: Hans Bender, *Mit dem Postschiff*,
München 1962, S. 163–169; c) in: Heinz Ludwig Arnold (Hrsg.), *Die deutsche Literatur 1945–1960*, Bd. 3: *Im Treibhaus 1953–1956*, München 1995,
S. 161–167. Zitiergrundlage ist Fassung b) in: *Klassische deutsche Kurzgeschichten*, hrsg. von Werner Bellmann, Stuttgart 2003, S. 145–152. – Die
drei Fassungen unterscheiden sich strukturell und inhaltlich nicht wesentlich und bieten keine grundsätzlich unterschiedliche Textbasis für Inter-
pretationsvarianten. Dennoch zeigt ein akribischer Vergleich der drei Fassungen umfangreiche Texteingriffe. Gegenüber der Erstfassung weist die
zweite 47 Veränderungen auf, und in der Fassung letzter Hand sind weitere 58 zu addieren. Diese Veränderungen reichen von der Zeichensetzung
und der Namenschreibung über den Sprachstil und den Satzbau bis zur
Tilgung von Satzgliedern und der Einfügung ganzer Sätze. Die dritte Fassung korrigiert auch einige sprachliche Schwächen der Erst- und Zweitfas-
sung, und auch der (späten) Korrektur einiger Fakten ist der Autor bei der
Revision nicht ausgewichen, wie etwa der plausiblen Reduzierung des
Fußmarsches der Gefangenen von 50 auf 20 Werst am Beginn der Geschichte.

der der Autor den Klassiker-Rang in der deutschen Kurzgeschichte verdankt.[4]

> Die Story-Haltung ist eine skeptische Haltung. Der
> Autor ist sich seiner Grenzen bewußt: er weiß, was er
> noch darstellen kann und was nicht. Er rettet sich in die
> Beschränkung, in die Dinglichkeit, ins Detail, in die
> punktuelle Beschreibung; er arbeitet mit Aussparungen;
> auch das Schweigen redet. Die Gestalten haben Um-
> risse, die vom Leser auszufüllen sind.[5] [...] Der Kurzge-
> schichtenschreiber läßt seine Figuren sprechen, ohne
> sich einzumischen [...]. Die Objektivität [...] ist so weit
> getrieben, daß die Figuren allein sind, unter sich.[6] [...]
> Alles Dargestellte ist Ausschnitt, eine Konstellation im
> Augenblick. [...] Kurzgeschichten komprimieren Au-
> genblicke, aber kaum ist es ihr geglückt, kommt schon
> zutage, wie schwebend der Augenblick ist, wie vielstim-
> mig, wie vielschichtig.[7]

Die Kurzgeschichte *Die Wölfe kommen zurück* entwickelt (in den drei vorliegenden Fassungen druckgraphisch
nicht einheitlich in Abschnitte geteilte) vier Augenblicks-
situationen.[8] Die erzählte Geschichte wird lakonisch lokalisiert: »Krasno Scheri hieß das Dorf seit der Revoluti-

---

4 Diese Wertschätzung teilt die Sekundärliteratur unisono, und die Zahl der
   Drucke indiziert die große Resonanz: die Geschichte liegt in (nachgewiese-
   nen) 59 deutschsprachigen Veröffentlichungen und in 9 Fremdsprachen
   vor.
5 Bender (Anm. 1) S. 213.
6 Bender (Anm. 1) S. 221.
7 Bender (Anm. 1) S. 225.
8 Walter Höllerer entwickelt den Typus der Augenblickskurzgeschichte aus
   Die Wölfe kommen zurück. Siehe Walter Höllerer, »Die kurze Form der
   Prosa«, in: *Akzente* 9 (1962) S. 226–245, hier S. 241 f. Zur Typologie vgl.
   bes. Ruth Lorbe, »Die deutsche Kurzgeschichte der Jahrhundertmitte«, in:
   Der Deutschunterricht 9 (1957) H. 1, S. 36–54. Manfred Durzak, *Die deutsche Kurzgeschichte der Gegenwart*, Stuttgart 1980, bes. S. 68–84, 200–212
   und 361–363.

on« (145), ein Weiler im Osten der Waldaihöhen, die historische Zeit wird später lapidar nachgereicht: »Fünf Monate ist der Krieg vorbei« (146). Bereits im ersten Erzählabschnitt exponiert der Erzähler das Zentralmotiv der Geschichte: der junge deutsche Max (im russischen Äquivalent Maxim genannt), der vom Starost mit sechs weiteren Kriegsgefangenen offenbar für einen Arbeitseinsatz aus dem Gefangenenlager ins Dorf gebracht wird, fragt den russischen Dorfvorsteher unvermittelt: »Gibt es Wölfe im Wald?« Überrascht antwortet der Starost unwirsch: »Wölfe? Es hat Wölfe gegeben. Jetzt gibt es bei uns keine Wölfe mehr. Ihr habt sie vertrieben mit eurem Krieg. Die Wölfe sind nach Sibirien ausgerissen. Früher knackte der Wald von Wölfen, und niemand hätte gewagt, im Winter allein diesen Weg zu gehen.« Maxims Entgegnung, die Wölfe »könnten längst zurück sein«, verdrängt der Starost: »Sie sollen bleiben, wo sie sind. [...] In Sibirien.« (146)

Der zweite Erzählabschnitt aktualisiert die virtuelle Gefahr zum bedrohlichen Augenblick: Julia und Nikolaj, die Kinder des Starosts, haben Wolfsspuren im Wald gesehen, die Beschwichtigung des Vaters klingt nicht überzeugend: »Eine Kaninchenspur habt ihr gesehen« (149).

Der dritte Abschnitt steigert die Bedrohung: Die heimelige Szene im Haus des Starosts wird jäh gestört, als Maxim aus dem Fenster schaut und in einem kurzen Augenblick einen Wolf auf dem verschneiten Hügel sieht. In der Ausdrucksform des Understatements, das Gefühle unterdrückt, drängt die Erzähldramaturgie zur Peripetie: »Und die Kinder sind unterwegs!‹ [...] ›Ein Wolf kommt nie allein« (150). In dieser Augenblickssituation koinzidieren des Starosts Eingeständnis seiner Wehrlosigkeit (»In der Stadt haben sie mir keine [Patronen] gegeben«) und das spontane Hilfsangebot Maxims, der unter Einsatz seines Lebens die Kinder vor den Wölfen schützen will: »Dann nehmen wir eine Axt, ein Beil, eine Sense oder Stöcke.« (150)

Der Staccato-Rhythmus der Sätze und die dinghafte Sprache der Figuren werden im vierten Erzählabschnitt von einem kleinen Erzähltableau abgelöst, der Stilwechsel ermöglicht eine Vorausdeutung. Nach der Beschreibung des gespenstisch wirkenden Zuges der Wolfsrudel verlässt der Erzähler im Augenblick der höchsten Gefahr für einen Moment seine distanzierte Beobachterrolle und zieht einen auf den Schlusssatz vorausdeutenden Vergleich: »So zogen Heere in die Städte der Feinde ein, durch die Mauer des Schweigens, der Verachtung, des Hasses.« (152) Der Starost ahnt zumindest, dass die Gefahr nur vorübergehend gebannt ist, dass Bedrohung und Angst jetzt virulent bleiben werden: »Die Wölfe kommen zurück. Sie wittern den Frieden.‹« (152)

Dieser für die Kurzgeschichten-Gattung exemplarische, offene und assoziative Schluss, der letzte »schwebende Augenblick« (Bender), allegorisiert mit den Wölfen die geschichtliche Erfahrung, dass die ›Wolfsnatur‹ des Menschen eine permanente Gefahr für den sozialen und politischen Frieden ist.[9] Trotz dieser tendenziell pessimistischen Vision, die die Weltgeschichte seit der ersten Publikation der Kurzgeschichte im Jahr 1954 als eine realistische Einschätzung bestätigt hat, pointiert der Text mit dem solidarischen Verhalten der ehemaligen Kriegsgegner aber auch eine konkrete Utopie: die Versöhnung als Fundament des Friedens und der Bewahrung der Humanität. In diesem Reflexionskontext ist das märchenhafte Wunderbare dieser Paradoxie plausibel: Die aus Sibirien zurückkehrenden hungrigen Wölfe wittern die Beute neben ihrer Fährte nicht.

In seinem »Brief nach Rußland« *Die geheime Freiheit* hat Hans Bender die autobiographische Basis seiner Ge-

9 Vgl. Werner Zimmermann, *Deutsche Prosadichtungen der Gegenwart*, Teil III, Düsseldorf 1960, S. 202–214. – Vgl. Hans Bender, »An eine Schulklasse«, in: H. B., *Worte, Bilder, Menschen*, München 1969, S. 406–411, hier S. 410.

schichte *Die Wölfe kommen zurück* bestätigt und eine Interpretation der zwei Schlusssätze formuliert:

> Ich war Soldat und [...] Gefangener. Auf den Schlacht-feldern von Roslawl, Sewastopol, Mag, Bauske. Als Gefangener vier Jahre und sechs Monate in einem der zwei Lager der kleinen Stadt Borowitschi, östlich der Waldai-höhen. Kein anderer Abschnitt meines Lebens war für mich, als Mensch und als Autor, so wichtig wie diese Zeit. Mein Roman »Wunschkost« und einige meiner Geschichten sind Umsetzungen jener Erlebnisse. [...] Meine erfolgreichste Geschichte, die von den Wölfen, endet in einer Situation, die viele anrührt: Bewacher und Gefangener stehen nebeneinander, um zehn Kinder auf dem Heimweg von der Schule vor dem Rudel der Wölfe zu schützen. Wölfe, die für alle Gefahren stehen, die einen neuen Krieg anzeigen. [...] Symbole lassen sich so und so auslegen. Das ist sicher eine Schwäche der Geschichte. Ich habe sie nach meiner Rückkehr geschrieben, und vor den Gefahren in Ost und West warnen wollen.[10]

Der vom Autor selbstkritisch erkannten Schwäche steht eine Stärke des Textes gegenüber: Die scheinbar änigmatische Pointe des Kurzgeschichtenschlusses verweigert eindimensional ausgelegte Didaxen und ermöglicht plurale Interpretationen.

---

10 Hans Bender, »Die geheime Freiheit«, in H. B., *Worte, Bilder, Menschen*, München 1969, S. 390–397, hier S. 395.

Literaturhinweise

Hans Bender: Die Wölfe kommen zurück. In: Akzente 1 (1954)
    H. 3. S. 198–203.
– Die Wölfe kommen zurück. In: H. B.: Mit dem Postschiff.
    24 Geschichten. München: Hanser, 1962. S. 163–169. [Veränderte Fassung.]
– Die Wölfe kommen zurück. In: Klassische deutsche Kurzgeschichten. Hrsg. von Werner Bellmann. Stuttgart: Reclam, 2003.
    S. 145–152. – Diesem Druck liegt die Ausgabe von 1962 zugrunde.

Kilchenmann, Ruth J.: Die Kurzgeschichte. Formen und Entwicklung. Stuttgart 1967.
Neis, Edgar: Lehrpraktische Analysen. Folge 9 für Haupt- und
    Realschulen. Stuttgart 1974.
Nentwig, Paul: Hans Bender: *Die Wölfe kommen zurück.* In:
    P. N.: Die moderne Kurzgeschichte im Unterricht. Braunschweig ³1971. S. 53–65.
Pfeifer, Martin: Interpretationen moderner Kurzgeschichten. Hollfeld o. J.
Schachtsiek-Freitag, Norbert: Hans Bender. In: Kritisches Lexikon
    zur deutschsprachigen Gegenwartsliteratur (KLG). Hrsg. von
    Heinz Ludwig Arnold. (60. Nachlfg.) München 1998.
Thiemermann, Franz-Josef: Hans Bender: Die Wölfe kommen zurück. In: F.-J. T.: Kurzgeschichten im Deutschunterricht. Bochum ⁸1971. S. 147–162.

Paul Schallück: *Pro Ahn sechzig Pfennige*

Von Werner Jung

Nicht in die Literaturgeschichte eingehen, jedenfalls nicht in den Kanon der (west-)deutschen Literatur, wird, so ist zu vermuten, Paul Schallück. »Sein literarischer Stern ist verblichen«, stellt z. B. einer der beiden Herausgeber, Walter Gödden, eines ebenso schönen wie informativen Bandes über den Warendorfer Schriftsteller eingangs fest – und, steht zu befürchten, woran auch Göddens Band nichts ändern wird: »Ein unbeugsamer, unbestechlicher Moralist, der es mit seinem gesellschaftspolitischen Engagement radikal ernst meinte und der eben deshalb auch gefürchtet war.«[1] Genau hier liegt dann auch das Problem.

»In Stil und Art der Behandlung seiner Themen«, notiert ein anderer Beiträger des Sammelbandes über Schallücks Erzählungen und resümiert darin eigentlich nur, was bereits in Nachrufen 1976 von Literaturwissenschaftlern und Kritikern, von Heinrich Vormweg, Siegfried Lenz oder Hans Schwab-Felisch, zu lesen war, »bleibt er aber doch eindeutig ein Vertreter der 50er-Jahre. Sein Koordinatensystem ist die Trümmerlandschaft der unmittelbaren Nachkriegsjahre, in der eine Neubestimmung und -orientierung gesucht und benötigt wurde.«[2]

Früh schon zählte Paul Schallück zu den ständigen Mitgliedern der Gruppe 47. In Erzählungen, Kurzgeschichten

---

1 Walter Gödden, »Vorsätze, Thesen, Fragen«, in: *Wenn man aufhören könnte zu lügen. Der Schriftsteller Paul Schallück (1922–1976)*, hrsg. im Auftrag der Literaturkommission für Westfalen von W. G. und Jochen Grywatsch, Bielefeld 2002, S. 11 u. 15.

2 Jochen Grywatsch, »Zeugnisse der Verwundbarkeit«, in: Gödden/Grywatsch (Anm. 1) S. 145. – Vgl. Werner Jung: »Erinnerungsarbeit. Der Schriftsteller Paul Schallück«, in: Bernd Kortländer (Hrsg.), *Literaturpreise. Literaturpolitik und Literatur am Beispiel der Region Rheinland/Westfalen*, Stuttgart/Weimar 1998, S. 155–174.

und Romanen thematisierte er, ähnlich wie viele andere
maßgebliche Literaten von Heinrich Böll über Wolfdietrich Schnurre bis zu Martin Walser, die Erfahrungen des
Faschismus, von Krieg und dem fatalen Weiterwirken bestimmter Denkhaltungen und Verhaltensmuster in der neu-
en Nachkriegsgesellschaft. Es handelt sich damit zweifels-
ohne um politische Bücher, um Zeit- und Gesellschaftsge-
schichten, die aus einem tiefen moralischen Impuls heraus
entstanden sind und zugleich auch ebenso moralisch wie
aufklärerisch haben wirken wollen. Das erklärt nicht zuletzt ihre Bedeutung für das erste Jahrzehnt der Republik
wie ihr späteres (beinahe gänzliches) Verschwinden.

Paul Schallück muss als vergessener Erinnerungsarbei-
ter gesehen werden, dessen literarische Produktion ganz
im Zeichen der Aufgabe steht, die Heinrich Böll den
Nachkriegsautoren abgefordert hat: nämlich Bilder des
Erinnerns zu evozieren. »Wir schrieben also«, notiert Böll
in seinem *Bekenntnis zur Trümmerliteratur* von 1952,
»vom Krieg, von der Heimkehr und dem, was wir im
Krieg gesehen hatten und bei der Heimkehr vorfanden:
von Trümmern [...].« An anderer Stelle heißt es:

> Es ist unsere Aufgabe, daran zu erinnern, daß der
> Mensch nicht nur existiert, um verwaltet zu werden –
> und daß die Zerstörungen in unserer Welt nicht nur äu-
> ßerer Art sind und nicht so geringfügiger Natur, daß man
> sich anmaßen kann, sie in wenigen Jahren zu heilen.[3]

Mit jedem einzelnen seiner Texte liefert Schallück Belege
für diese Böll'sche Formulierung. Sein eigenes Credo, das
Fundament für die Böll'sche und insgesamt die Poetologie
der frühen Gruppe 47 war, hat Schallück in dem knappen
Essay *Daran glaube ich* von 1959 dargelegt. Hier redet er

---

3 Heinrich Böll, »Bekenntnisse zur Trümmerliteratur« (1952), zitiert nach:
 H. B., *Zur Verteidigung der Waschküchen. Schriften und Reden 1952–1959*,
 München 1985, S. 27 und 31.

einer Subjektivität und einem Individualismus das Wort, die, in gesunder Skepsis allen Ideologien gegenüber, als kritischer Stachel im Fleisch der Weltanschauungen ausgemacht werden. Gesunder Menschenverstand und das Bekenntnis zur sokratischen Weisheit (Ich weiß, dass ich nichts weiß) schützen den Moralisten zusätzlich vor den Gefahren und Gefährdungen des Heidegger'schen ›Man‹, des Geredes und Geschreibes.[4]

Schallücks literarisches Œuvre im engeren Sinne ist schmal: fünf Romane, etliche Erzählungen und Hörspiele, Essays und Aufsätze. Daneben existiert jedoch ein kaum übersehbares journalistisches Werk.[5] Der überwiegende Teil der Erzähltexte ist in den frühen 50er-Jahren entstanden: die Romane *Wenn man aufhören könnte zu lügen* (1951), *Ankunft null Uhr zwölf* (1953), *Die unsichtbare Pforte* (1954) und die Erzählung *Weiße Fahnen im April* (1955). 1959 erscheint der wichtigste Roman *Engelbert Reineke*, ein oft besprochener Text, der auch vielfach übersetzt worden ist; in den 60er-Jahren wird mit dem Erzählband *Lakrizza und andere Erzählungen* (1966) die Taschenbuchreihe »Signal-Bücherei« im Baden-Badener Signal-Verlag eröffnet, und 1967 veröffentlicht Schallück den humoristischen, von der Kritik verrissenen Roman *Don Quichotte in Köln*. An größeren Arbeiten wird danach nur noch 1974 ein Gedichtband verlegt, postum die Erzählung *Dein Bier und mein Bier* sowie eine darauf bezogene Briefauswahl.

Die Kurzgeschichte *Pro Ahn sechzig Pfennige*, die nicht nur in der *Lakrizza*-Sammlung, sondern auch an anderen prominenten Stellen gedruckt worden ist,[6] liegt ganz auf

4 Vgl. Paul Schallück, *Zum Beispiel. Essays*, Frankfurt a. M. 1962, S. 172 f.
5 Zur Bibliographie Paul Schallücks vgl. Gödden/Grywatsch (Anm. 1) S. 403–413.
6 *Pro Ahn sechzig Pfennige* auch in: *Aus unserer Zeit. Sieben Erzähler*, hrsg. von Reinhold Siegrist, Karlsruhe 1965, S. 18–23; *Deutsche Erzählungen aus drei Jahrzehnten. Deutschsprachige Prosa seit 1945*, hrsg. von Martin Gregor-Dellin, Tübingen/Basel 1975, S. 43–47.

der ästhetisch-poetologischen Linie von Schallücks Arbeiten und seinem Lebensthema zugleich: der Beschäftigung mit Faschismus, Krieg und dem Weiterwirken unseliger Muster und Haltungen, die das »1000jährige Reich« fortsetzen. In diesem Fall kommt jedoch noch eine humoristisch-satirische Note, ein – mit Maßen – komischer Ton hinzu, den Schallück sehr zum Missfallen vieler zeitgenössischer Rezensenten vor allem im Don-Quichotte-Roman fortgesponnen hat. Denn die Rollen werden getauscht, wobei in der Kurzgeschichte der Erzähler, der doch als Jugendlicher einem dekorierten Nazi durch die Fälschung der Einträge ins Kirchenbuch die angestrebte Parteikarriere behindern wollte, von der Realgeschichte eingeholt und überholt wird. Durch diese (nicht wieder rückgängig gemachte) Fälschung – bestärkt noch durch entsprechende Gesten jenes »reizend blonden Mädchens« (160) an der Seite des »braunen Gastes« (159) – verschafft der Erzähler dem Nazi letzten Endes den nötigen ›Persilschein‹, der es diesem erlaubt, nach dem Krieg unaufhaltsam Karriere zu machen – wie der Leser vermuten darf, als Landtagsabgeordneter irgendeiner Partei.

Dabei wird der Erzähler mehrfach düpiert: zum einen, weil er selbst begangenes Unrecht – das Fälschen der Kirchenbücher, unabhängig von seinen Absichten und Motiven – nicht mehr korrigieren kann und späterhin den eigentlich Belasteten ›entlastet‹; zum anderen, weil er just zum Zeitpunkt des Auftritts des Gauleiters, der ihn seinerseits zur neuerlichen Fälschung des Buches, also im Grunde genommen nur zur Korrektur und Rückgängigmachung der ersten Eintragung auffordert, auf die Avancen der anwesenden Sekretärin hereinfällt – mit dem Ergebnis, dass (was der Erzähler zunächst noch als ›klug‹ und geradezu ›weitsichtig‹ an diesem Mädchen schätzt, weil er sich rühmt, durch sie nicht weich geworden zu sein »vor der bejammernswerten und ehrlich verzweifelten Gestalt« [160] jenes Herrn Klaaps) ein vermutlich noch ärgerer Parteigenosse auf dem Rücken von Herrn Klaaps nun Karriere macht. Dies ist der Bräutigam der Sekretärin, worauf der Plot der Satire zielt. Die ›schönen Augen‹ haben sich wieder einmal mit Macht in Alltag und Politik eingemischt und den Erzähler um seinen jugendlichen Verstand gebracht: »›Gut so, gut. Vielen Dank. Stellvertreter des stellvertretenden Gauleiters soll nämlich mein Bräutigam werden. Vielen Dank, lieber Junge‹« (160), lässt Schallück die Sekretärin dem verdutzten Erzähler noch zuflüstern.

Schallücks knappe Geschichte, die so oder so in vielfältigsten Varianten in dieser Republik-West vorgekommen sein dürfte, wirkt vor allem durch die Aussparungen, das Nicht-Gesagte, das jedoch bei den Lesern wieder einen Subtext evoziert, in dem sich die Bilder von einer sich im Aufbau befindlichen Gesellschaft ohne Experimente jedweder Art (in Politik, Kunst oder Alltagskultur) verdichten. Es handelt sich um jene von Alexander und Margarete Mitscherlich so treffend charakterisierte Gesellschaft, die unfähig ist zu trauern, weil sie mit Macht und einer gewissen zwingenden politökonomischen Notwendigkeit das jüngst zurückliegende Unheil verdrängt, um – in den Worten eines *enfant terrible* wie Max Bense – dem »Nivellement« auf breitester Front den Platz einzuräumen. Geht es doch nicht zuletzt auch darum, wieder zum verlässlichen Bündnispartner in der europäischen Staatengemeinschaft aufzusteigen sowie die deutsche Wiederbewaffnung voranzutreiben.

Insofern illustriert die kleine Geschichte auch Schallücks Essay *Von deutscher Vergeßlichkeit*, der einerseits die Warnung vor dem eigentümlichen deutschen Vergessen und Verdrängen ausspricht, weil dadurch leichtfertig die Vergangenheit gefälscht und verschönert werde, um andererseits dann den Prediger in der Wüste zu spielen:

Vielleicht müssen wir erst den Taumel der materiellen Befriedigung überstehen, bevor wir hellsichtig und hellhörig werden und das Notwendige tun können. Vielleicht. Es ist nicht mehr viel Zeit, das ist wahr. Es ist schon sehr spät. Die Vergeßlichkeit greift um sich, legt sich wie ein Nebel lähmend auf das Land. Aber ich hoffe trotzdem, und ich werde mir diese Hoffnung so leicht nicht verderben lassen.[7]

Schallück erzählt seine Geschichte, seine Satire, kurz, knapp und pointiert; man merkt ihm die Nähe zum verehrten Böll an, als dessen kleinerer Bruder er sich selbst verstanden hat. Er mag dabei gewiss als Publikum nicht zuletzt besonders junge Menschen im Visier gehabt haben, denn seine Poetik zielt darauf, die Leserschaft existentiell zu berühren, sie mitempfinden zu lassen. Den zeitgleich sich artikulierenden, dem Mimesis-Postulat offen die Stirn bietenden Avantgardismus der Konkreten Poesie (etwa in der Bense-Schule oder bei Heißenbüttel), aber auch den sich abzeichnenden Absurdismus eines Hildesheimer oder andere Formexperimente hält Schallücks Realismus auf größtmögliche Distanz.

Der (älter) gewordene Erzähler in Schallücks Kurzgeschichte bleibt vermutlich derselbe unangepasste »Nonkonformist«, also Außenseiter, wie z. B. auch jener Berthold Klaff aus Martin Walsers Romanerstling *Ehen in Philippsburg* (1957), der an einer Stelle in seinem Tagebuch hellsichtig über die bundesdeutsche Kultur und Gesellschaft der 50er-Jahre notiert:

Jetzt ist es wieder wie im Krieg. Zwei Welthälften geben täglich viel Geld aus, mir zu beweisen, daß ich nicht tauge. Ein Feigling ist man nicht bloß, weil man keinen Mut hat, sondern weil man nicht mitmacht! Mitmachen

7 Schallück (Anm. 4) S. 16.

muß man! Entscheiden muß man sich! Und eben dazu bin ich unfähig. Ich will überleben, nichts weiter. Arm, von mir aus. Elend, von mir aus. Aber atmen. Wozu? Das weiß ich nicht. Aber atmen.[8]

Hierin – und zugleich in der kritischen Distanz zum Status quo dieser Republik – kann man durchaus auch wieder die Position Paul Schallücks erkennen, der sich selbst verschiedentlich als »Nestbeschmutzer« bezeichnet hat – »Bekenntnisse eines Nestbeschmutzers« ist dann auch noch der Titel einer 1977 postum herausgegebenen Sammlung von Erzählungen des an den Spätfolgen seiner Kriegsverletzung zu früh verstorbenen Schriftstellers.

Literaturhinweise

Paul Schallück: Pro Ahn sechzig Pfennig. In: Frankfurter Allgemeine Zeitung. Nr. 211. 11. September 1954. Beilage: Bilder und Zeiten.
– Pro Ahn sechzig Pfennige. In: P. Sch.: Lakrizza und andere Erzählungen. Baden-Baden: Signal-Verlag Hans Frevert, 1966. S. 36–44. [Veränderte Fassung.]
– Pro Ahn sechzig Pfennige. In: Klassische deutsche Kurzgeschichten. Hrsg. von Werner Bellmann. Stuttgart: Reclam, 2003. S. 153–161. – Dieser Druck basiert auf der Ausgabe von 1966.

Gödden, Walter / Grywatsch, Jochen (Hrsg.): »Wenn man aufhören könnte zu lügen«. Der Schriftsteller Paul Schallück (1922–1976). Bielefeld 2002.
Jung, Werner: Erinnerungsarbeit. Der Schriftsteller Paul Schallück. In: Bernd Kortländer (Hrsg.): Literaturpreise. Literaturpolitik und Literatur am Beispiel der Region Rheinland/Westfalen. Stuttgart/Weimar 1998. S. 155–174.

8 Martin Walser, *Ehen in Philippsburg* (1957), Frankfurt a. M. 1985, S. 299.

Lenz, Siegfried: Laudatio. In: Paul Schallück: Ansprachen und Dokumente zur Verleihung des Kulturpreises der Stadt Dortmund Nelly-Sachs-Preis am 9. Dezember 1973. Dortmund 1973. S. 13–22.

Viebahn, Fred: Paul Schallück. In: Kritisches Lexikon zur deutschsprachigen Gegenwartsliteratur (KLG). Hrsg. von Heinz Ludwig Arnold. (10. Nachlfg.) München 1982.

Gerd Gaiser: *Der Mensch, den ich erlegt hatte*

Von Peter Bekes

»Alles aber steuert der Blitz«, dieses Fragment Heraklits, das Gerd Gaiser seinem 1956 veröffentlichten Erzählband *Einmal und oft* als Motto vorangestellt hat, bietet einen Deutungsschlüssel für das gesamte literarische Werk des schwäbischen Autors, das vor allem in den 50er-Jahren von der Literaturkritik hoch geschätzt wurde.[1] In vielen Episoden seiner Erzählungen und Romane wird die Machtlosigkeit des Menschen deutlich; er unterliegt, so glaubt der Autor, naturwüchsigen, schicksalhaften Zusammenhängen, die er nicht durchschaut und begreift. Einem novellistischen Kompositionsprinzip folgend, wendet sich in seinen Geschichten das Geschehen plötzlich und unerwartet. Das Vernünftige erweist sich als unvernünftig, der Zufall dementiert Plan und Absicht, Recht und Ordnung werden fragwürdig. In Gaisers Erzählung *Der Mensch, den ich erlegt hatte*, dem wohl bedeutendsten Text des Erzählbandes *Einmal und oft*, wird solches Wirklichkeits- und Menschenbild in besonderer Weise poetisch verdichtet.

Geschildert wird in der Erzählung ein schicksalhaftes Ereignis aus dem Leben eines Dorfpolizisten, das ihn in seinem moralischen Selbstverständnis stark verunsichert: Drei jugendliche Autodiebe – einer von ihnen hat bei einer Kontrolle einen Wachtmeister erschossen – werden nach dramatischer Verfolgung durch ein Polizeikommando gestellt. Sie fliehen in ein nahe gelegenes Waldstück. Als sie dort entdeckt werden, setzen sie sich zur Wehr. Einer von ihnen wird bei dem Schusswechsel von dem

---

1 Vgl. Peter Bekes, »Gerd Gaiser«, in: *Kritisches Lexikon zur deutschsprachigen Gegenwartsliteratur*, hrsg. von Heinz Ludwig Arnold, 23. Nachlfg., München 1986, S. 2.

Dorfpolizisten getroffen. Er stirbt, nachdem er diesem im Todeskampf aus seinem Leben erzählt hat.

Der Vorfall wird aus der Perspektive des Dorfpolizisten erzählt. Diese Perspektive bindet die narrative Darstellung des Geschehens an den begrenzten Erlebnishorizont dieser Figur zurück, verleiht ihr so Lebendigkeit, Gegenwärtigkeit und atmosphärische Dichte. Diese werden dadurch intensiviert, dass der Erzähler sich an einen anonym bleibenden Zuhörer wendet, der innerhalb des Textes – darin gleicht er dem Leser – die Rolle des reflektierten Beobachters zu spielen hat. Am Ende werden Zuhörer und Leser identisch. Der Letztere wird indirekt aufgerufen, sich selbst ein Urteil über den Vorfall, über das Verhalten des Erzählers und seinen Rechtfertigungsversuch zu bilden.

Unmissverständlich konstatiert der Titel die Tötung eines Menschen. Diese Tat liegt in der Vergangenheit, sie ist, deshalb die Wahl des Plusquamperfekts, in der Vergangenheit vollendet, d. h. endgültig und unwiderruflich. Zudem scheint sie dem zielgerichteten Wollen des Täters entsprungen zu sein, der – die Jagdmetaphorik signalisiert es – einen Menschen wie ein Tier zur Strecke gebracht hat. Dennoch, die prätendierte Selbstsicherheit, die im Titel zum Ausdruck kommt, provoziert und irritiert den Leser. Der Titel bleibt schillernd und mehrdeutig: Das Subjekt der Tat, das Erzähler-Ich, ist hier zwar noch in einem grammatischen Sinne Subjekt, doch nur noch im Rahmen der Funktionalität des Relativsatzes. Bestimmt wird es merkwürdigerweise vom Objekt der Jagd, das als Nominativ in exponierter Weise im unvollständigen Hauptsatz auch die Subjektposition einnimmt: dem Menschen. Diese Ambivalenz von Täter und Opfer, Jäger und Gejagtem gibt der Erzählung ihre Spannung. Sie wird dadurch verstärkt, dass der Titelsatz im Text zweimal – feststellend und anklagend zugleich – wiederholt wird.

Schon mit dem ersten Satz des Ich-Erzählers wird der Leser in das Spannungsfeld der Geschichte gezogen. Er wird Zeuge eines Reflexions- und Erzählprozesses, der, unterbrochen durch mehrere Rückblenden, am Ende offen bleibt. Der Erzählduktus entfaltet sich in einer zeitlich durch Symmetrie geprägten Staffelstruktur, die stufenweise aus der Erzählergegenwart zu den Ereignissen in der Vergangenheit führt, ihren entferntesten Punkt, zugleich aber auch ihre Achse in der Erzählung vom Wachtmeister Jakubek besitzt und über eine weitere Vergegenwärtigung des Geschehens in die Gegenwart des Erzählers zurückkehrt, also auf unterschiedlichen zeitlichen Ebenen das Geschehen schildert und reflektiert.

Die Geschichte setzt unvermittelt mit einem inneren Monolog ein. Dieser Monolog kreist um ein Ereignis, das weit zurückliegt, im Bewusstsein des Erzählers hingegen von quälender Gegenwärtigkeit ist. So realisiert sich hier der Prozess des Erzählens als Erinnerungs- und Kommunikationsprozess. Gleichwohl lässt dieser Prozess zunächst Konkretion und Prägnanz vermissen, lässt er den Leser doch über die Person des Erzählers und das Geschehen im Unklaren: »Es hätte mir nichts auszumachen brauchen. Warum auch, es war ja eine dienstliche Handlung gewesen, und wenn nicht ich, so hätte es jemand anders zu Ende gebracht.« (162) Der Rechtfertigungsversuch des Erzählers ist halbherzig und umständlich, als Person lässt er sich nur indirekt ein; zunächst ist er sprachlich nur im Objektbezug gegenwärtig, Funktionär einer dienstlichen Handlung, die ihn als Person von jeder moralischen Verantwortung freisprechen soll. Der Erzähler steht unter dem Zwang des »Es«, d. h. einer Erfahrung, die er noch nicht verarbeitet, geschweige denn bewältigt hat. Auch zeugt die Verwendung des Konjunktivs gegen ihn: »Er hätte auch mich treffen können, anstatt ich ihn.« (162) Was hier noch unausgesprochen bleibt, verlangt nach Ausdruck und Aussprache.

Die vorausgegangenen Ereignisse werden dem Leser im Folgenden in Form eines Erzählberichtes mitgeteilt. So wie das reflektierende Ich fast unmerklich in die Rolle des erlebenden Ich schlüpft, verändern sich auch Modus und Tempus. Die kasuistisch anmutende Reflexionskette, die dem Leser zu Beginn eine Innensicht der Erzählerrolle ermöglichte, wird im zweiten Abschnitt an eine akute Situation rückgebunden, die vom erlebenden Ich sinnlich-konkret wahrgenommen wird: »Ich sah ihn an, wie er da lag in seiner Hose, die das Blut dunkel färbte, und hörte ihm zu, wie er redete.« (162) Das Plusquamperfekt weicht letztlich dem Präteritum, und in dem Maße, wie die Geschichte und das unpersönliche »Es« des Textbeginns dem Leser fassbarer werden, gewinnt auch die Rolle des Ich-Erzählers personale Konturen. Das vertraut wirkende Gespräch zwischen ihm und dem jungen Autodieb scheint das Unerhörte des vorherigen Geschehens und den Finalcharakter der Situation zu überdecken. Nichts an den hilflosen Höflichkeitsfloskeln des Jugendlichen deutet darauf hin, dass hier kurz zuvor ein Kampf auf Leben und Tod stattgefunden hat. Wie ist dieser Widerspruch zu erklären?

Mit der Vergegenwärtigung des Vergangenen verändert sich der Erzähl- und Sprachstil der Geschichte. Dieser ist jetzt sachlicher, nüchterner und scheint planvoller vorzugehen. Im Zentrum des Erlebnisberichtes steht ein Ich, das zunächst protokollartig seine dienstlichen Tätigkeiten vergegenwärtigt: »Ich bekam die Meldung durchs Rathaus, als ich von einem Kontrollgang zurückkam, und zugleich gaben sie mir an, wo ich zu der Bereitschaft vom Kreis stoßen solle, die schon unterwegs sei.« (163) Das zeugt von einem Bewusstsein, das sich pflichtbewusst über die dienstliche Handlung zu definieren weiß. Dem korrespondieren Dienstbeflissenheit und Einsatzwille (»ich fuhr, was ich konnte«; 163). Sie treiben ihn an und lösen bei ihm Jagdfieber aus: »Wenn sie dort hinauf sind, dachte ich mir, gibt das ein schweres Jagen.« (163)

Das Tempo und die Dramatik der sich anschließenden Verfolgungsjagd spiegeln sich in der Sprachgestaltung der

Erzählung, vor allem in ihrem parataktischen Satzbau wider. Staccatohaft und in atemloser Hektik werden die Hauptsätze aneinander gereiht. Durch die hartnäckig wiederholte »Und«-Verbindung wird der Leser mitgerissen, wird gleichsam zum Miterlebenden der Verfolgungsjagd. Das gelingt durch den Wechsel des Personalpronomens (»wir«), das der Erzählperspektive Profil und Richtung gibt. Doch so unvermittelt, wie die Erzählperspektive in das »Wir« hinüberglitt, verändert sie sich auch wieder. Erneut kristallisiert sich das Erzähler-Ich aus der Gruppe heraus, sodass es zur entscheidenden Konfrontation zwischen ihm und den Flüchtenden kommt. In dieser Situation ist es allein auf sich gestellt; für das, was es jetzt tut, ist es allein verantwortlich. Die Dramatik des Geschehens wird hier fast durch zeitdeckendes Erzählen unterstützt. Gleichwohl bricht der Erzähler genau an dieser Stelle ab und kappt abrupt den Spannungsbogen. Er greift zurück, um im Augenblick höchster Spannung die Vorgeschichte der Handlung und mit ihr eine neue Person einzuführen: »Und da, wie ich schnell an einem Baum Deckung nehme und mir sage, daß ich ruhig Luft holen will, und nichts im Auge habe als den Stapel Reisig vor mir, fällt mir bei alledem der Wachtmeister Jakubek wieder ein.« (165) Diese erzählerische Reminiszenz hat im Hinblick auf die Dramaturgie der Geschichte retardierenden Charakter.

Die Geschichte von Jakubek, der in Ausübung seines Dienstes von einem der jugendlichen Täter ermordet wurde, ist zentraler Fokus für die gesamte Erzählung. In ihr sind wesentliche Erfahrungswerte und Motive angelegt, die das weitere Verhalten des Protagonisten prägen und später wohl auch rechtfertigen sollen. In der Jakubek-Geschichte, die von Gaiser in ihrer Motivik deutlich gesellschafts- und zivilisationskritisch akzentuiert wird, ist das Verhältnis von Täter und Opfer, Tun und Lassen eindringlich entwickelt und problematisiert. Die Geschichte spielt vor dem Hintergrund einer Dorfgemeinschaft, deren Leben von Dumpfheit und Gleichgültigkeit geprägt ist: In ihr sind die Grenzen zwischen Gut und Böse, Freiheit und Determination verwischt. So bleibt die Tat des Kindes, das den Wachtmeister mit einer »Büchse« in die Kniekehlen »schießt« (166), ohne Folgen. Dieses lacht genauso über den bösen Scherz wie die Erwachsenen über den befremdlichen Wachtmeister, der sich bei ihnen über den Streich beklagt. Aus ähnlicher moralischer und sozialer Indifferenz wird blutiger Ernst in der Situation, in der Jakubek von dem »Kerl«, dessen Papiere er überprüft, getroffen wird: »davon mußte Jakubek sterben, und dagegen war die Schmalzbüchse doch nur ein Spaß gewesen« (166). Der blinde »Mutwille«, der im gewalttätigen Verhalten des Kindes und in der sinnlosen Ermordung des Wachtmeisters zum Ausdruck kommt, zeigt sich auch im weiteren Geschehen.

Nach dieser Rückblende nimmt der Protagonist den Faden seiner Erzählung wieder auf. Reagiert der Erzähler in der Konfrontationsszene zunächst noch überlegt und umsichtig, so gerät er während des Schusswechsels in einen Rauschzustand, der in ihm die Lust zu töten weckt: »Das Knallen ging hin und her, ich schoß in gleichmäßigen Abständen, stieß einen neuen Ladestreifen hinein und schoß noch einmal gegen die eine Stelle, bis ich einen Laut hörte, und von da an besann ich mich nicht mehr; es war die Lust, die Lust, fertigzumachen, bis die letzte Hülse herausfiel« (168). Erst als er sieht, dass er einen der Jugendlichen schwer verwundet hat, wird ihm die Tragweite seines Tuns bewusst. Aber »dann«, so heißt es weiter, »war auf einmal das Helle in der Luft fort, das den Kopf heizte, und das Blut auf dem Reisig sah böse aus« (168). Der äußere Eindruck annonciert hier nicht nur die Schwere der Verletzung, sondern ist auch moralisch konnotiert. Das Blut eines Menschen ist vergossen worden und – die biblischen Reminiszenzen sind unverkennbar – verlangt nach Sühne. Die Frage des Erzählers, ob der Verletzte zuvor den Wachtmeister Jakubek umgebracht habe, ist schon Reflex seines schlechten Gewissens. Und auch das folgende Gespräch mit dem Verwundeten, das durch Anteilnahme an dessen Schicksal gekennzeichnet ist, zeigt Züge eines zunehmenden Schuldbewusstseins. Er erfährt etwas über die persönlichen Lebensumstände des Jugendlichen, über seine Herkunft und seine Lebensweise. In den unsicheren Lebensverhältnissen, den diffusen Motiven und Lebensvorstellungen des anderen offenbart sich ihm die Zerbrechlichkeit menschlicher Lebensplanung. Ihm wird bewusst, welchen schicksalhaften Einflüssen sie unterworfen ist und wie schmal der Grat zwischen Recht und Unrecht ist, auf dem auch er sich im Leben bewegt: »Einer will was, die Flamme schlägt in ihm aus, irgendwo hinaus will das, Geld oder Lust, immer einen Schuß mehr als nötig, einen Schuß zuviel; und so geht es zu Ende; einer muß zufügen, einer erleiden.« (171) Der Jugendliche hat ebenso wie er selbst über das Ziel hinaus geschossen, indem er einer unbestimmten Leidenschaft, einem plötzlichen Begehren nachgegeben hat. Deshalb fühlt das Erzähler-Ich sich ihm plötzlich verbunden. Aus dem Täter ist für ihn ein Opfer, aus dem Verbrecher, den er gejagt und gestellt hat, ein unscheinbarer Mensch, ein »Häufchen Mensch« (171) geworden, das Mitleid und Zuwendung verdient.

Zum Schluss mündet der Erzählbericht wieder in einen Rechtfertigungsmonolog, der mit dem Selbstgespräch zu Beginn eine Kreisstruktur bildet. Der Tod des Jugendlichen wirft den Erzähler auf sich selbst zurück: »Ernst gab aber keine Antwort mehr [...] und kümmerte sich um mich gar nicht und wollte nicht, daß ich etwas mit ihm zu tun hätte. So war es auch, ich hatte ja nichts mit ihm zu tun.« (172) Noch einmal reklamiert der Erzähler – wie zu Beginn – seine dienstlichen Verpflichtungen als Entschuldigungsgrund, noch einmal betont er die Zwangsläufigkeit des Geschehens. Doch je mehr er sich bemüht, sein Gewissen zu beruhigen, sich nicht als autonome Person, son-

dern in der austauschbaren Funktionalität der Rolle zu
begreifen, desto nachdrücklicher meldet sich seine innere
Stimme zu Wort. Die konjunktivischen Wendungen verweisen auch hier unerbittlich auf die Irreversibilität des
Vergangenen.

Das Ende der Geschichte bleibt offen. Faktum ist, dass
der Ich-Erzähler mit einer Dimension von Wirklichkeit
konfrontiert wurde, die sein inneres Ordnungssystem erschüttert hat. Es wird deutlich, dass der tief sitzende moralische Stachel nicht so leicht entfernt werden kann.
Auch wenn er sich im juristischen Sinne nichts hat zu-
schulden kommen lassen, bleibt das Wissen um die persönliche Schuld für das, was er getan hat und nicht mehr
rückgängig zu machen ist: »Ein anderer hätte es auch tun
müssen; aber ein anderer, merkwürdig, wäre eben ein anderer gewesen; so leicht geht der Tausch nicht; das sitzt,
wenn Sie es haben sein müssen, das nimmt Ihnen keiner
ab.« (172) Persönliche Entscheidungen und Handlungen
sind nicht durch Tauschgeschäfte zu neutralisieren. So
verkehren sich am Ende in fatalistischer Weise die Verhältnisse: Der jugendliche Täter wird in der Not seines Ster-
bens zum Opfer; der Kläger, der Vertreter der Obrigkeit,
zum Angeklagten, der den moralischen Ansprüchen und
existenziellen Konsequenzen, die sich aus seiner Tat ergeben, kaum gewachsen erscheint. Die Frage nach der persönlichen Verantwortung und Schuld wird hier zwar gestellt, doch zugleich im Sinne eines Schicksalszusammen-
hanges auch neutralisiert. »Ich vermute«, so äußerte sich
Gaiser in einem Werkstattgespräch mit Horst Bienek,
»daß es immer unmöglicher wird, mitzuspielen und dabei
ohne Schuld zu bleiben.«[2] Der Fatalismus, der diesem Gedanken innewohnt – er macht aus Opfern immer auch
Täter und aus Tätern Opfer –, hat die literarische Kritik
in den 60er-Jahren zu entschiedenem Widerspruch gereizt

2 Horst Bienek, *Werkstattgespräche mit Schriftstellern*, München 1962, S. 267.

(Marcel Reich-Ranicki, Walter Jens). Gaiser indes denkt ihn konsequent zu Ende: »Wer trifft«, so heißt es schon zu Beginn des Textes, »hat Vorteile, wer aber getroffen wird, behält leicht das letzte Wort« (162). Das letzte Wort hat hier der Tod; er bricht – eindeutig und unwiderruflich – den endlosen Zirkel von Argumenten und Gegenargumenten auf.

Literaturhinweise

Gerd Gaiser: Der Mensch, den ich erlegt hatte. In: Frankfurter Allgemeine Zeitung. Nr. 262. 10. November 1954.
– Der Mensch, den ich erlegt hatte. In: G. G.: Einmal und oft. Erzählungen. München: Carl Hanser, 1956. S. 104–112.
– Der Mensch, den ich erlegt hatte. In: G. G.: Mittagsgesicht. Erzählungen. Mit einem Nachwort von Albrecht Goes. Ostfildern: Schwabenverlag, 1983. S. 153–162.
– Der Mensch, den ich erlegt hatte. In: Klassische deutsche Kurzgeschichten. Hrsg. von Werner Bellmann. Stuttgart: Reclam, 2003. S. 162–172. – Diesem Druck liegt die Ausgabe von 1983 zugrunde.

Bekes, Peter: Gerd Gaiser. In: Kritisches Lexikon zur deutschsprachigen Gegenwartsliteratur (KLG). Hrsg. von Heinz Ludwig Arnold. (23. Nachlfg.) München 1986.
Reich-Ranicki, Marcel: Der Fall Gerd Gaiser. In: M. R.-R.: Deutsche Literatur in West und Ost. München 1993. S. 52–76.
Thiemermann, Franz-Josef: Gerd Gaiser: Der Mensch, den ich erlegt hatte. In: F.-J. T.: Kurzgeschichten im Deutschunterricht. Bochum [8]1971. S. 21–39.

Heinz Piontek: *Erde unter dem Schnee*

Von Claudia Aßmann

»Immer die Bilder. Ein Zwang, das Sichtbare zu finden, Namen zu finden, die Gestalten sind und Dinge. Immer die *Zeit* vor Augen in vergänglichen Figuren.« Dieser Abschnitt aus der Prosaskizze *Vor Augen*[1], die Heinz Pionteks erstem Erzählungsband seinen Namen gab, pointiert in wenigen Worten Motivkomplexe, die das umfangreiche lyrische, erzählerische und essayistische Werk des aus Oberschlesien gebürtigen Autors prägen. Piontek arbeitet mit poetisch-bildhaften Beschreibungen, Reflexionen und Erinnerungen, die sich immer wieder auf seine grundlegende Frage nach dem »eigenen Ort in der Zeit«[2] beziehen.

So ist auch in den fünfzehn Erzählungen der 1955 erschienenen Sammlung *Vor Augen* die Flüchtigkeit der Zeit und die Bedeutung von Vergangenem für Piontek spürbar. Sie zeigen Menschen in alltäglichen Situationen, in denen durch eine schicksalhafte Begegnung oder andere Wendepunkte ein Erkenntnisprozess initiiert wird, der das Leben der Figuren verändert.[3] Die in dem genannten Erzählungsband enthaltene Kurzgeschichte *Erde unter dem Schnee* (1954) hat ebenfalls eine solche Alltagsbegebenheit

1 Zitiert nach: Heinz Piontek, *Werke in sechs Bänden*, Bd. 3: *Feuer im Wind. Die Erzählungen. Die Hörspiele. Eine Komödie*, München 1985, S. 90–97, hier S. 95.

2 Eberhard Horst, »Hinter ausgestrichenen Wörtern lauere ich. Zur Lyrik und Prosadichtung Heinz Pionteks«, in: *Literatur in Bayern* 5 (1986) S. 2–10, hier S. 6.

3 In seinem poetologischen Essay *Graphik in Prosa*, der 1959 in der Zeitschrift *Merkur* sowie in dem Sammelband *Buchstab – Zauberstab* erschien, konstatiert Piontek für die Handlungsstruktur der deutschen Kurzgeschichte: »Im Allgemeinen des Existierens fixiert [der Erzähler] das Bedeutsame. Daher interessieren ihn vor allem solche Lagen, in denen der Mensch Farbe bekennen muß, wo ihm Zusammenhänge aufgehen oder sein

zum Thema. Sie handelt von dem Heimatvertriebenen
Wittek, der seit seiner Flucht aus den deutschen Ostgebieten im Winter 1944/45 mit Frau und Sohn in der Nähe
eines ungenannt bleibenden, vermutlich süddeutschen
Dorfes[4] auf einem Bauernhof zur Untermiete lebt. Die
Geschichte spielt Anfang der 1950er-Jahre. Witteks Hoffnung, jemals in die Heimat zurückzukehren, ist mit jedem
Jahr geringer geworden. In seiner Lebenssituation spiegeln sich die letztlich vergeblichen Erwartungen von Millionen Ostvertriebenen in der jungen Bundesrepublik, die
ein ähnliches Schicksal erlitten.

Erde unter dem Schnee hat eine – formal durch Ab-
schnittswechsel angezeigte – dreigliedrige Struktur, die
sich aus fünf verschiedenen Momentaufnahmen aus Witteks Leben zusammensetzt.[5] Inhaltlich motiviert ist dieser
Aufbau dadurch, dass Einleitungs- und Schlusssequenz,
deren Wirkung auf Witteks Innenperspektive beruhen, einen Binnenteil umschließen, der vermittels eines erzählerischen Kontrastverfahrens Problembereiche des sozialen
Umfeldes umreißt.

Ziel des ersten Situationsausschnittes ist es, Wittek als
zentralen Bezugspunkt des narrativen Geschehens einzuführen und das Hauptthema der Kurzgeschichte vorzube-

---

Bewußtsein wichtige Erweiterungen erfährt. [...] Hier handelt es sich um
ein plötzliches Innewerden von Wahrheit, das auf Entschiedenheit im Leben drängt.« Zitiert nach: Heinz Piontek, *Werke in sechs Bänden*, Bd. 5:
Schönheit: Partisanin. Schriften zur Literatur. Zu Person und Werk, München 1983, S. 34–48, hier S. 40 f.

4 Namen wie »Windhuber« (174) und »Wiedmayer« (176) sowie der Verweis
auf schneebedeckte Bergspitzen lassen diesen Schluss zu.

5 Folgt man der von Walter Höllerer geprägten Terminologie (»Kabinen des
Erzählens«), besteht die vorliegende Kurzgeschichte aus »locker aufeinan-
derfolgenden Augenblicksbildern«, welche im Zusammenspiel von inhaltlicher Verknüpfung und Kontrastbildung der Gesamtwirkung der dargestellten Situation ausmachen. Vgl. Walter Höllerer, »Die kurze Form der
Prosa«, in: *Akzente* 9 (1962) S. 226–245, hier S. 233 und 241. – Vgl. auch
Manfred Durzak, *Die deutsche Kurzgeschichte der Gegenwart. Autorenporträts – Werkstattgespräche – Interpretationen*, Stuttgart ²1983, S. 226 f.

reiten. »Wittek trat aus dem Haus. Es war Sonntag.« (173) Sparsam wird in der ersten beschreibenden Sequenz die Gegenwartssituation der Geschichte konstatiert. Nach der Charakterisierung seiner äußerlichen Erscheinung und dem Verweis auf eine gewisse Zerstreutheit bei täglichen Handgriffen – Wittek ist »nicht bei der Sache« (173) – öffnet sich das Geschehen bald für die Innensicht des Mannes. »Schön ist es hier, sagen sie, nun, vielleicht ist es schön, [...] aber wenn ich daran denke, war es schöner in Wischonitz.« (173f.) Die Reflexionen und das eingeblendete Erinnerungsbild deuten die eigentliche Problemkonstellation der Geschichte an, die Sequenz bleibt jedoch ganz Witteks subjektiver Sicht verhaftet: Da die genannten (Orts-)Namen für den Leser nicht mit Bedeutung gefüllt werden, bewahren sie ihren fremdartigen Klang. Durch diese Technik der Aussparung bleibt ein seltsamer Schwebezustand gewahrt, der den inneren Zustand des Mannes charakterisiert. Reflektiert wird dieser überdies von seiner auf lange Entbehrung hindeutenden Physiognomie: »In den Gruben seines Gesichts standen scharfe Schatten; die Lippen waren gesprungen. [...] Wittek drehte sich langsam um. Er fror.« (174)

Die von leiser, gedämpfter Stimmung geprägte Szene auf dem Hof wird jäh von dem dialogisch gestalteten Mittelteil abgelöst, der eine harte Zäsur sowohl bezüglich des Schauplatzes als auch der anwesenden Figuren und der Dynamik des Sprachgeschehens vollzieht. Er umfasst zwei Augenblicksbilder – eine Familienszene in Witteks Küche sowie einen Besuch beim Hofbesitzer –, welche auf Kontrastwirkung angelegt sind und die bereits angedeutete Problematik konkretisieren.

Das erste Bild erhellt in einem Disput zwischen Witteks Frau und Sohn den Grund für seine Rastlosigkeit. Wittek benötigt Geld, um seinem Sohn ein Motorrad und somit eine bessere Anbindung an dessen weit entfernte Arbeitsstelle zu ermöglichen. Dies zwingt ihn jedoch, die Stute zu verkaufen, mit der die Familie sieben Jahre zuvor aus ihrem Heimatdorf Wischonitz geflohen ist – ihr einziger Besitz und letztes Verbindungsglied zur alten Heimat. Die in sich bereits hochemotionale Thematik – die Kontrastierung von Natur und Technik im Bild der Ablösung des für gegenwärtige lebenspraktische Bedürfnisse obsolet gewordenen Pferdes durch ein modernes Fortbewegungsmittel – wird erzähltechnisch zugespitzt durch die abfällig-taktlosen Reaktionen des halbwüchsigen Sohnes: »Wischonitz! Fang bloß nicht davon an. Ist doch kalter Kaffee, euer Wischonitz!« (175) Der Sohn, »ein stämmiger Bursche mit dünnen Haaren und starken Wülsten über den Augen« (174), wird der schmächtigen, zaghaften Vaterfigur unmittelbar gegenübergestellt; die eindeutig negativen Charakterisierungen wie »lümmelte breitbeinig«, »spie«, »zerquetschte« (174) kontrastieren mit Witteks Fragilität und seinem schmerzlichen Gefühl der Heimatlosigkeit. Hier zeigt sich der Generationenkonflikt in der Gebundenheit der Eltern an eine vergangene Zeit, an einen der gegenwärtigen Situation zuwiderlaufenden Heimatbegriff, der dem Sohn geradezu rückständig erscheint, die Sympathie des Lesers jedoch unmittelbar bindet.

Ähnlich kontrastreich verfährt Piontek in der sich unmittelbar anschließenden Szene in der Stube des Hofbesitzers. Hier wird in der Gegenüberstellung Witteks mit dem einheimischen Bauern der ungerechte Verlauf von Lebenswegen pointiert. Wittek – ein »fünfzigjähriger Bauer, der kein Bauer mehr war« (174) – hat nur den Wunsch, seinem Beruf wieder nachgehen zu können. Demgegenüber ist der feiste, reiche Gutsherr, dem die Feldarbeit nicht »schmeckte«, der aber »jagte und trank mit Vergnügen« (176), als extreme Kontrastfigur sowohl in sozialer und wirtschaftlicher als auch in charakterlicher Hinsicht angelegt.[6]

---

6 Paul Nentwig hat auf die Asymmetrie in der Anredesituation hingewiesen, in der Wittek den Hofbesitzer siezt, von diesem jedoch geduzt wird. Vgl. P. N., *Die moderne Kurzgeschichte im Unterricht. Interpretationen und*

178   *Claudia Aßmann*

Nach dieser Szene, die durch die herablassenden Worte
des Hofbesitzers disharmonisch ausklingt, greift der brei-
ter angelegte Schlussteil die Erzählstruktur des Anfangs
wieder auf. Die Stimmung ist von Ruhe, tröstlicher Wärme und einer gewissen Zeitlosigkeit gekennzeichnet: »Als
Wittek die Stalltür aufstieß, schwappte ihm warme Finsternis entgegen.« (177)[7] Wittek hat die Entscheidung getroffen, vor der er jahrelang zurückschreckte. Er holt seine Stute, Symbol der Hoffnung auf Rückkehr, um sie zu
ihrem neuen Besitzer zu führen.

Die kurze Abschiedsszene auf dem Hof markiert einen
Übergang von der realen in eine Erinnerungswelt, die sich
in der Figur der Magd manifestiert. Bemerkenswert ist,
dass sie nur dieses eine Mal in Erscheinung tritt: »Neben
ihnen stand eine verwachsene Magd im Schnee. Sie hatte
schön geschnittene Augen. ›So ein Jammer ist auf der
Welt‹, sagte sie; der Atemhauch flog über ihr Gesicht.«
(177 f.) Die Figur der Magd bleibt seltsam unergründbar.
Während ihre verwachsene Gestalt auf das märchenhafte
Motiv der uralten weisen Frau deutet, lassen die schön ge-
schnittenen Augen an ein junges Mädchen denken. Zusammen mit dem dunkel bleibenden Sinn ihrer Worte und
dem feinen Atemhauch schafft diese Synthese eine Atmosphäre, die wie Witteks Erinnerung an Wischonitz einer
vergangenen Welt anzugehören scheint.

Witteks Wanderung mit der Stute wird zur Schlüssel-
szene. In zunehmend sich verdichtenden Erinnerungsse-
quenzen, die den zeitlich und räumlich linearen Ablauf

---

methodische Hinweise, Braunschweig ³1971, S. 48 f. – Vor allem in diesem
Detail deuten sich die ablehnende Haltung vieler Einheimischer und die
Integrationsschwierigkeiten an, mit denen Ostflüchtlinge in ihrer neuen
Umgebung konfrontiert wurden.

7 Die entsprechende Textstelle der in der Sammlung *Vor Augen* veröffentlichten Fassung lautet: »Als Wittek die Stalltür aufstieß, schwappte vor
seinen Augen eine goldene Finsternis. Die Wärme war angenehm.« Sie
unterstreicht den Kontrast zwischen den mit Wärme und Dunkelheit konnotierten Reminiszenzen an die Heimat und der winterlich-kalten Realität.

der Geschichte überwinden, wird Witteks Innensicht gestaltet. Indem er unhörbar mit dem Pferd Zwiesprache hält, vergegenwärtigt er die Vergangenheit des Tieres sowie die eisige Nacht, in der die Familie zur Flucht aufbrach.

Seine Erinnerungsbilder gehen über in einen traumhaften Zustand – Konzentrationspunkt ist dabei der Ort *Wischonitz*, der leitmotivartig den gesamten Text durchzieht. Indem Witteks Unterbewusstsein bis zu den Anfängen menschlicher Besiedlung vordringt, in »das Dunkel der Zeit, das unersättliche Dunkel, das nicht aufzuhalten war und in dem jedes Gedenken erlosch« (179), durchbricht es den Bereich der realen Erinnerung. Wischonitz erscheint nicht mehr nur als geliebter, unerreichbar gewordener Ort, sondern erhält durch Witteks traumartigen Wachzustand eine symbolhafte Bedeutung, in der die Konzepte von Heimat, Zeit und Überlieferung verschmelzen. In einem Bogen führt Piontek den Bewusstseinsstrom der Zentralfigur zurück zum Flüchtlingstreck, der »ein Ende machte mit dem, das Zeit und Ort war in einem und für das es nur einen einzigen Namen gab« (179), bis in die Gegenwart mit ihren Alltagsanforderungen und der Einsicht, dass die alte Heimat unwiederbringlich verloren ist.

Diese abschließende Geste, die Vergangenheit wieder lebendig zu machen, ist der letzte Schritt, den Wittek benötigt, um auch innerlich mit seinem Wunschtraum abzuschließen. Zwar wird er an Wischonitz »wohl immer« denken (178), doch erkennt er an dieser Stelle, dass er beginnen muss, in der neuen Welt zu leben. Mit einem Teil des Geldes will Wittek daher »einen Streifen Feld, einen halben Morgen« (180) kaufen, »eine Breite strahlenden Schnees schräg am Hang« (181). Das hoffnungsvolle Schlussbild, das den Titel aufgreift, richtet sich auf eine mögliche Aneignung der als kalt und unpersönlich empfundenen Gegenwart: »Erde wollte er finden unter dem

Schnee.« (181) Wittek will die neue Wirklichkeit endlich annehmen, seine Persönlichkeit und Energie fruchtbar machen.

Piontek behandelt in dieser Kurzgeschichte eine Thematik, die das Bewusstsein der deutschen Bevölkerung in den ersten Nachkriegsjahrzehnten in besonderer Weise bestimmte und bis heute ihre Aktualität nicht verloren hat.[8] Dennoch ist *Erde unter dem Schnee* kein intentional politischer Text. Vor einem nur angedeuteten historisch-authentischen Kontext werden Gefühlswelt und Entscheidungsprozess eines einzelnen Menschen dargestellt, die Geschichte erhält jedoch eine allgemeingültigere Dimension. Sie handelt von den Bindungen des Menschen an seine Vergangenheit, aber auch von der Fähigkeit, sich von nicht realisierbaren Wunschträumen zu lösen und in einer veränderten Lebenssituation Fuß zu fassen, und das heißt: Verantwortung zu übernehmen für sein individuelles (Un-)Glück.

Literaturhinweise

Heinz Piontek: Erde unter dem Schnee. In: horizont 1 (1955) S. 1–6.
- Erde unter dem Schnee. In: H. P.: Vor Augen. Proben und Versuche. Esslingen: Bechtle, 1955. S. 48–58.
- Erde unter dem Schnee. In: H. P.: Werke in sechs Bänden. Bd. 3: Feuer im Wind. Die Erzählungen. Die Hörspiele. Eine Komödie. München: Schneekluth, 1985. S. 9–15.
- Erde unter dem Schnee. In: Klassische deutsche Kurzgeschichten. Hrsg. von Werner Bellmann. Stuttgart: Reclam, 2003. S. 173–181. – Dieser Druck basiert auf der Ausgabe von 1985.

8 Erst jüngst rückte durch das Erscheinen von Günter Grass' Novelle *Im Krebsgang* (2002) die Problematik der Heimatvertriebenen aus den deutschen Ostgebieten wieder verstärkt in die öffentliche Diskussion.

Deeken, Annette: Heinz Piontek. In: Kritisches Lexikon zur deutschsprachigen Gegenwartsliteratur (KLG). Hrsg. von Heinz Ludwig Arnold. (24. Nachlfg.) München 1986.

Durzak, Manfred: Die deutsche Kurzgeschichte der Gegenwart. Autorenporträts – Werkstattgespräche – Interpretationen. Stuttgart ²1983.

Hollender, Martin: Vorwort. In: M. H.: Bibliographie Heinz Piontek. Bielefeld 2000. S. 9–27.

Horst, Eberhard: Hinter ausgestrichenen Wörtern lauere ich: Zur Lyrik und Prosadichtung Heinz Pionteks. In: Literatur in Bayern 5 (1986) S. 2–10.

Nentwig, Paul: Heinz Pointek: *Erde unter dem Schnee.* In: P. N.: Die moderne Kurzgeschichte im Unterricht. Braunschweig ³1971. S. 40–53.

Martin Walser: *Templones Ende*

Von Andreas Meier

Ein älterer Herr namens Templone, der vor dem Krieg
»sein Vermögen durch Grundstücksspekulationen erworben« (182) hat, lebt mit seiner Tochter Klara, einem »stille[n] zarte[n] Fräulein von achtunddreißig Jahren« (186),
in einem ruhigen Villenviertel, geborgen hinter den Mauern eines nicht unbeträchtlichen Besitzes. Ihre bürgerliche
Behaglichkeit ausstrahlenden Lebensrituale drohen jedoch aus dem Gleis zu laufen, als nach dem Krieg Templone mit zunehmender Beunruhigung eine schleichende
Veränderung des exklusiven Lebensumfelds feststellen
muss. Gegen seinen Rat verkaufen zahlreiche »Altansässige« (183) ihren Besitz, und den unerbittlichen Gesetzen
des anonymen Marktes folgend zieht das reiche Angebot
den Wertverfall der Immobilien nach sich. Templone
fühlt sich von den neu hinzugezogenen Nachbarn, die auf
ihn den Eindruck einer uniformen Menge machen, bedroht und organisiert die Eindämmung dieser neuen
»Aussätzige[n]« (186) mit nahezu militärischer Strategie.
Doch seine Riege alter Herren, »schlappbäuchig« (192),
mit »versabberte[n] Westen und fleckige[n] Hosen« (192),
vermag nur noch eine morbide Blüte gesellschaftlicher
Aktivität zu inszenieren, deren ohnehin labiles Fundament durch unsachgemäßen Gebrauch alkoholischer Getränke ins Wanken gerät. Schließlich verliert er gar seine
Tochter in einem »späten erotischen Frühling« (194) an
Professor Priamus, ein zerknittertes Männchen, das an einer *»Geschichte der Vandalenzüge«* (192) arbeitet. Nur
noch mit Hilfe von Geräuschschallplatten vermag Templone mehr sich selbst als »die neuen Nachbarn jenseits
der Gartenmauern« (192) über den Verfall seiner Vitalität
zu täuschen. Sein Schicksal erfüllt sich, als er von einem

schweren Folianten in seiner Bibliothek getroffen im Staub seiner Teppiche erstickt. ·

Bis hierhin liest sich die Erzählung *Templones Ende*, für die Martin Walser 1955 auf der Berliner Tagung der Gruppe 47 mit einem der nur zehnmal von ihr vergebenen Preise ausgezeichnet wurde, wie eine Groteske auf das senile Scheitern eines »zartgebaute[n] Finanzier[s]« (193), grotesk durch eine auf Entfremdung[1] basierende Hamartia, die zum Scheitern an den Gesetzen des von ihm selbst propagierten ökonomischen Konkurrenzsystems führt. Und in der Tat überwiegen unter den Interpretationen dieses Textes Lesarten, welche die Kollision des Individuums mit ökonomisch bedingten sozialen Strukturen in den Vordergrund rücken, die gar betonen, seine Figuren seien »erkennbar an das kapitalistische System gebunden, in dem die Konkurrenz und die anonyme Macht der großen Konzerne die Menschen ihren wirklichen Lebensmöglichkeiten entfremden.«[2] Doch verleiht Walser der Erzählung eine hierzu merkwürdig kontrastierende Pointe. Erzählerisch konsequent verlässt er in dem kurzen wie angehängt wirkenden Schlussabsatz nach dem Tod Templones den bislang ausschließlich auf diesen abzielenden Handlungsraum und erweitert damit zugleich das durch die Grenzen der Gartenmauern limitierte Wissen des Lesers. Denn keineswegs dringt – nachdem Templones Widerstand mit seinem Leben erloschen ist – die von ihm als bedrohlich empfundene Außenwelt gewaltsam in seinen Besitz ein. Sein Leichnam wird vom Gasmann aufgefunden, und die hinzugezogenen Nachbarn

---

1 Dass hiermit ein weit über die Erzählung auf das spätere Werk ausstrahlendes Motiv anklingt, unterstrich 1963 schon Marcel Reich-Ranicki, vgl. »Der wackere Provokateur«, in: M. R.-R., *Deutsche Literatur in West und Ost. Prosa seit 1945*, München 1963, S. 200–215.
2 *Die Gruppe 47. Ein kritischer Grundriß*, hrsg. von Heinz Ludwig Arnold, 2., gründl. überarb. Aufl., München 1987 (edition text + kritik, Sonderbd.), S. 101.

sorgten für die Beerdigung des alten Herrn, der zwischen ihnen gelebt hatte, unverständlich wie ein Stein. Aber sie trugen es ihm nicht nach, daß er nie gegrüßt hatte, wenn man ihm begegnet war. (198)

Dieser Perspektivwechsel, mit dem das gesellschaftliche Umfeld seine Bedrohlichkeit und somit Templone seine potentielle Rolle als Opfer sozialer Zustände verliert, lässt die einseitige Betonung gesellschaftskritischer Akzente in Walsers Frühwerk, die die Reaktionen auf sein Werk bis in die 1980er-Jahre dominierte, fraglich erscheinen.[3] Gegen sie hatte sich auch schon der Autor in seiner Dankrede bei der Verleihung des Hermann-Hesse-Preises 1957 für seinen Roman *Ehen in Philippsburg* verwahrt.[4] Hingegen scheinen tragikomische Züge der Kommunikationsverweigerung auf, wird der Blick auf die satirisch inszenierte »Störung«[5] im Beziehungsgeflecht zwischen Gemeinschaft und Einzelnem gelenkt, der dort die Zerbrechlichkeit seiner Existenz erkennen muss, wo der unaufhaltsame Zeitablauf des Lebens Veränderungen bedingt.

Templones Ende erschien 1955 in Walsers erster Buchpublikation, einem Band mit Erzählungen, *Ein Flugzeug über dem Haus und andere Geschichten*. Sein Tübinger Kommilitone Siegfried Unseld, mit dem Walser seit 1953 auf den Tagungen der Gruppe 47 erschienen war, hatte die

---

3 Vgl. *Die Gruppe 47* (Anm. 2) S. 101; zusammenfassend hierzu: Andreas Meier, »Krieg im Feuilleton? Inszenierung und Repräsentanz der öffentlichen Debatten um Martin Walser und Günter Grass«, in: *Literatur und Journalismus. Theorie, Kontexte, Fallstudien*, hrsg. von Bernd Blöbaum und Stefan Neuhaus, Opladen 2003, S. 317–338.

4 Martin Walser, »Der Schriftsteller und die kritische Distanz. Ansprache zur Verleihung des Hermann-Hesse-Preises«, in: M. W., *Werke in zwölf Bänden*, hrsg. von Helmuth Kiesel unter Mitw. von Frank Barsch, Frankfurt a. M. 1997, Bd. XI, S. 7–9.

5 Eine »Störung« diagnostiziert Walser auch in seiner Dissertation als Ausgangspunkt eines jeden bei Kafka erzählten »Vorgangs«, vgl. die zuletzt um den Aufsatz »Kafkas Stil und Streben« erweiterte Fassung in: Walser, *Werke* (Anm. 4) Bd. XII, S. 7–145.

Sammlung an Peter Suhrkamp vermittelt. Man riet Walser jedoch nicht nur, drei der ursprünglich zwölf Erzählungen aus dem Band zu entfernen, sondern warnte zugleich vor einem zu geringen Abstand zum spürbaren Leitbild seiner frühen Erzählungen, zu Franz Kafka.

> Der von Ihnen vorgeschlagene Titel für das Bändchen *Beschreibung meiner Lage* kommt unseres Erachtens nicht in Betracht. Der unbefangene Leser wird diesen Titel auf den Autor beziehen. Wesentlicher ist, daß es ein ausgesprochener Kafka Titel ist. [...] Dann sind wir der Ansicht, Sie sollten sich mit den Titeln der einzelnen Geschichten noch befassen. Beschreibung meiner Lage, Die Geschichte eines Pförtners und Die Geschichte eines älteren Herrn verdecken nur schlecht die Herkunft von Kafka.[6]

Walser entsprach den Wünschen. Er betitelte die Sammlung nach der den Band eröffnenden Erzählung *Ein Flugzeug über dem Haus.* Auch änderte er wunschgemäß die Titel einiger Erzählungen etwa von *Beschreibung meiner Lage* in *Gefahrenvoller Aufenthalt, Die Geschichte eines Pförtners* in *Die Klagen über meine Methoden häufen sich* und *Die Geschichte eines älteren Herrn* in *Templones Ende.* Indirekt tilgte Walser mit dem Hinweis auf die erzählerische Form zugleich die damit verbundene Hervorhebung des parabelhaften Charakters dieser Geschichten. Die Umbenennung in *Templones Ende* lenkte nun die Aufmerksamkeit des Lesers auf den Figurennamen und dessen etymologische Konnotationen. Wie Stowassers Standardlexikon belehrt, überlagerte schon im lateinischen ›templum‹ die religiöse Bedeutung des Begriffs seine ursprüngliche Verwandtschaft mit dem griechischen τέμενος, wenngleich diese Bezeichnung für ein ›abgegrenztes Gut‹

---

6 Peter Suhrkamp, *Briefe an die Autoren*, Frankfurt a. M. 1964, S. 123.

bzw. einen ›abgegrenzten Beobachtungsraum‹ in der Bezeichung des eigentlichen Kultortes noch mitschwingt.[7] Jedoch benennt Walser dessen Bewohner nicht sprachgeschichtlich nahe liegend mit ›templiero‹, sondern formt mittels des pejorativen italienischen Suffixes ›one‹ einen Neologismus, der den Protagonisten bereits als grotesk überzeichneten Sonderling charakterisiert.

Der so überarbeitete Band fand eine insgesamt freundliche Aufnahme, Suhrkamps Bedenken jedoch wurden trotz der Änderungen durch die unmittelbare Rezeption bestätigt.[8] Schlagwörter vom »Kafka-Epigonen«[9], vom »Kafka-Schüler«[10] und »der Nachfolge Kafkas«[11] dominierten die Überschriften der Tageskritiken wie die Aufnahme des Buches bis in die Gegenwart, wobei als Indiz der Abhängigkeit stets die Kollision des Individuums mit ihm anonym entgegenstehenden Mächten angeführt wurde.

In der Tat reicht Walsers Interesse an Kafka bis in seine Tübinger Studienzeit zurück, die er 1952 mit einer von Friedrich Beissner betreuten und durch dessen Kafka-Studien[12] wohl auch angeregten Dissertation *Versuch über die epische Dichtung Franz Kafkas* abschloss. In ihr wie in seinem Essay *Kafka und kein Ende* formuliert Walser sei-

---

7 Vgl. *Der kleine Stowasser. Lateinisch-deutsches Wörterbuch*, bearb. von Michael Petschnig, München 1971, S. 488.

8 Zu den in der unmittelbaren Aufnahme des Bandes hervorgehobenen Kafka-Bezügen vgl. u. a. Erhard Schütz, »Von Kafka zu Kristlein, zu Martin Walsers früher Prosa«, in: *Martin Walser*, hrsg. von Klaus Siblewski, Frankfurt a. M. 1981, S. 59–73; Andreas Meier, »›Kafka und kein Ende‹? Martin Walsers Weg zum ironischen Realisten«, in: *Philologische Grüße. Jürgen Born zum 65. Geburtstag*, hrsg. von Ulrich Ernst und Dietrich Weber, Wuppertal 1992, S. 55–95.

9 Paul Noack, »Ein Kafka-Epigone«, in: *Frankfurter Allgemeine Zeitung*, 23. März 1956.

10 Hans-Egon Holthusen, »Ein Kafka-Schüler kämpft sich frei«, in: *Über Martin Walser*, hrsg. von Thomas Beckermann, Frankfurt a. M. 1970, S. 9–11; zuerst in: *Süddeutsche Zeitung*, 31. Dezember 1955.

11 Wolf Jobst Siedler, »In der Nachfolge Kafkas«, in: *Der Tagesspiegel*, 22. April 1956.

12 Vgl. u. a. Friedrich Beissner, *Der Erzähler Franz Kafka*, Stuttgart 1952.

ne Einwände gegen die weltanschaulich spekulativen Deutungen einer tendenziösen Kafka-Renaissance:

> Man hätte den Lesern vielleicht sagen müssen, daß sie bei Kafka keine Romane im üblichen Sinne erwarten dürften, keine Entwicklungen von Charakteren, keine fügsamen Handlungen; es gebe dafür aber Variationen einer einzigen Thematik. Diese Variationen müßten nie ein Ende haben.[13]

Walsers Dissertation gab zudem mit der These von der »Funktionalität der Figuren als ihre[r] Charakteristik«[14] nicht nur der Kafka-Forschung wichtige Impulse.[15] Zusammen mit seinem Befund zweier sich gegenseitig aufhebender opponierender Ordnungen in Kafkas Prosa ergab sich zugleich ein theoretischer Katalysator für die eigene erzählerische Stilfindung.

> Aus der Geschaffenheit der Kafkaschen Figuren resultiert weiterhin ihr radikaler Mangel an Entwicklungsmöglichkeit. Sie treten in das Getriebe der Ordnungen durch ihre Funktion ein, fertig, bis in die feinsten Bewegungen determiniert. Sie können sich lediglich verändern, wenn sich ihre Funktion ändert. Es fehlt damit der ganzen Kafkaschen Welt jede Möglichkeit der Entwicklung. An ihre Stelle tritt das Spiel der Ordnungen gegeneinander. Dieser Mangel an Entwicklungsmöglichkeiten ist die [...] Voraussetzung für die Notwendigkeit der Wiederholung (natürlich als Variation).[16]

13 Martin Walser, »Kafka und kein Ende«, in: *Die Literatur* 1 (1952), 1. April 1952; nicht in Walser, *Werke* (Anm. 4); hier zit. nach: *Dichter und Richter. Die Gruppe 47 und die deutsche Nachkriegsliteratur.* Ausstellung der Akademie der Künste, 28. Oktober bis 7. Dezember 1988, Berlin 1988, S. 219.
14 Walser, *Werke* (Anm. 4) Bd. XII, S. 50
15 Vgl. *Kafka-Handbuch*, Bd. 2: *Das Werk und seine Wirkung*, hrsg. von Hartmut Binder, Stuttgart 1979.
16 Walser, *Werke* (Anm. 4) Bd. XII, S. 95.

Analog könnte auch das konfliktträchtige Verhältnis der Walser'schen Figuren zur sie umgebenden Erzählwelt, die »Grundstruktur der Niederlage« in seinen Erzählungen wie in seinen Romanen als Variation dieser für Kafka konstatierten Erzählhaltung, eben des »Kafka-Modell[s]«[17], bezeichnet werden, zumal sich auch motivische Bezüge zu dessen Erzählungen finden. So mag man durchaus Parallelen etwa zwischen der (im Unterschied zu Kafka allerdings freiwillig eingenommenen) Außenseiterposition in *Gefahrenvoller Aufenthalt* und Kafkas *Verwandlung*[18] oder dessen *Bau*[19] sehen. Auch hat man als erzählerischen Prätext für das »umfassende Mißtrauen, in das Templone gerät«[20], auf dessen Erzählung *Der Nachbar*[21] verwiesen. Weitaus nachhaltiger jedoch prägte die analytische Beschäftigung mit Kafka Walsers frühe Erzählform, prägte der zentrale Konflikt entwicklungsunfähiger Figuren mit einer opponierenden, erzählimmanent nicht verstehbaren und als fremd empfundenen Ordnung seinen literarischen Beginn. Vor allem den Erzählband *Ein Flugzeug über dem Haus* durchzieht dieser abstrakte Plot einer ›Störung‹ in vielfältigen thematischen Variationen: als expressionistisch aufgeladener, pubertärer Geschlechterkampf in der Titelerzählung, als Parabel auf die intellektuelle Handlungsunfähigkeit (*Die letzte Matinee*),[22]

17 Klaus Pezold, *Martin Walser, seine schriftstellerische Entwicklung*, Berlin 1971, S. 45.

18 Vgl. Karlheinz Fingerhut, »Drei erwachsene Söhne Kafkas, zur produktiven Kafka-Rezeption bei Martin Walser, Peter Weiss und Peter Handke«, in: *Wirkendes Wort* 30 (1980) S. 384–403.

19 Kafkas 1931 postum veröffentlichte Erzählung *Der Bau* erschien kurz vor der Publikation von *Ein Flugzeug über dem Haus* erneut in: Franz Kafka, *Beschreibung eines Kampfes, Novellen, Skizzen, Aphorismen aus dem Nachlaß*, hrsg. von Max Brod, Frankfurt a. M. 1954, S. 173–219.

20 *Martin Walser*, 3. Aufl., Neufassung, hrsg. von Matthias Richter, München 2000 (text + kritik, H. 41/42), S. 101.

21 Der Titel stammt von Max Brod; Kafkas Erzählung wurde wie *Der Bau* erst postum veröffentlicht und erschien 1954 in Brods Sammelband (Anm. 19) S. 131–133.

22 Vgl. hierzu auch Frank Barsch, *Ansichten einer Figur. Die Darstellung der Intellektuellen in Martin Walsers Prosa*, Heidelberg 2000, S. 101 ff.

als Problem der Bindungskrise moderner Ehen (*Ich suchte eine Frau*, *Der Umzug*), als Parodie auf die soziale Ohnmacht der Kunst (*Was wären wir ohne Belmonte*), als böse Farce auf eine inhumane Kulturpolitik (*Die Rückkehr eines Sammlers*).

Doch weicht Walser in *Templones Ende* und *Die Rückkehr eines Sammlers*, Texten, in denen »ältere Sonderlinge« agieren, von der Form des »Erzählen[s] durch den Helden, das Walser in seiner Dissertation als wesentliches Kennzeichen der Epik Kafkas herausgearbeitet hatte«[23], ab. So macht der Perspektivwechsel des Schlussabsatzes aus Templone nun einen spezifisch Walser'schen Anti-Helden, indem er dessen Opferrolle als Unfähigkeit decouvriert, den wandelnden Anforderungen der Zeit zu begegnen. Auch führt die Kollision einer individuellen Ordnung mit der sie umfassenden Struktur nicht immer wie in *Templones Ende* zu negativen Ergebnissen für die Perspektivfigur. In *Der Umzug* vermag der Ich-Erzähler sich durchaus den lebensbedrohenden Verlockungen einer im Materialismus erstarrenden Gesellschaft zu entziehen. Eine ähnlich pointierte und wie in *Templones Ende* überraschende Schlusswendung nimmt die Titelgeschichte *Ein Flugzeug über dem Haus* – hier ausgelöst durch den »Koloß aus Stahl«, der über Haus und Garten donnert. Allerdings überwiegen in dem Band jene erzählerischen Varianten, die eine erwartete finale Wendung verweigern. Auch deuten thematische Akzente etwa in der kulturpolitischen Satire *Rückkehr eines Sammlers* oder in der Farce auf das Scheitern des Künstlers in einer konkurrenzorientierten Dienstleistungsgesellschaft *Was wären wir ohne Belmonte* mit ihrem gesellschaftskritischen Potential durchaus auf eine Überführung des Kafka'schen Musters in einen eigenen literarischen Ton. Schon Holthusen muss 1956 einräumen, dass vor allem in der Titelgeschichte alle »Kafka-Klischees [...] zu den Akten

23 Pezold (Anm. 17) S. 44.

gelegt«[24] seien. In diesem Sinne illustriert vor allem der Schlussabsatz von *Templones Ende* die sich von Kafka entfernende Perspektivierung, indem Templones Verhalten in psychologische wie soziale Erklärungszusammenhänge gestellt wird.[25] Eine ähnliche Figurenkonstellation begegnet auch in Walsers 1956 gesendetem Hörspiel *Der kleine Krieg*, in welchem ein alter Ladenbesitzer wie Templone offensichtlich nicht imstande ist, »sich an die neue Nachkriegssituation, an die um ihn stattfindenden Veränderungen, zu gewöhnen, und diese zu akzeptieren«[26].

Auch markiert jener Perspektivwechsel eine »wissende Souveränität« im »Spiel mit den Elementen Kafkascher Erzählkunst«[27], dessen tiefere Wurzeln im Kontext einer verspäteten Rezeption der Literatur der Klassischen Moderne liegen, in deren literarischem Ambiente Walser mit der tendenziellen Aufgabe der Handlung und Relativierung der Erzählposition innerhalb der modernen Narration vertraut wurde.[28] Wie sehr trotz der mitunter seitens der jungen Autoren gegen die Klassische Moderne vorgebrachten Einwände diese als Orientierungsgröße gesucht wurde, dokumentiert neben Walsers Essays *Kafka und kein Ende* sein Aufsatz *Leseerfahrungen mit Marcel Proust*[29] (1958).

24 Holthusen (Anm. 10) S. 11; vgl. Thomas Beckermann, »Zum Prosawerk Martin Walsers«, in: *Martin Walser*, hrsg. von Heinz Ludwig Arnold, München 1974 (text + kritik, H. 41/42), S. 55 – 85 oder Gabriele Schweikert, »›… weil das Selbstbewußtsein nie geschieht‹. Martin Walsers frühe Prosa und ihre Beziehung zu Kafka«, in: *Martin Walser*, ebd., S. 31–37.

25 Vgl. Pezold (Anm. 17) S. 46.

26 Gerald Fetz, *Martin Walser*, Stuttgart 1997, S. 22 f.

27 Schweikert (Anm. 24) S. 35.

28 Vgl. zu den Einflüssen Prousts und Faulkners auf die frühen Werke Walsers Andreas Meier, »Zwischen ›Kahlschlag‹ und Weltliteratur. Martin Walser und die Literaturästhetik der Nachkriegsjahre«, in: *Erzählte Welt – Welt des Erzählens. Festschrift für Dietrich Weber*, hrsg. von Rüdiger Zymner, Köln 2000, S. 121–136.

29 Martin Walser, »Leseerfahrungen mit Marcel Proust«, in: M. W., *Erfahrungen und Leseerfahrungen*, Frankfurt a. M. 1965, S. 124–142; zuerst unter dem Titel: »Literatur der Genauigkeit«, in: *Frankfurter Hefte* 13 (1958) H. 6, S. 414–426.

Jenseits der »Stilübungen eines Anfängers«[30] illustriert *Templones Ende* Walsers spezifisch literarischen Weg der Stilfindung und kann in dieser Hinsicht gleich mehrfach als Schlüsseltext gelesen werden. Walser gewinnt einerseits auf der Basis des in der Kafka-Dissertation theoretisch Erarbeiteten die Möglichkeit der Überwindung Kafkas durch einen Perspektivwechsel. Damit ist andererseits zugleich eine gewisse Denunziation der Figur verbunden, deren Kommunikationsverweigerung als Resultat eines dramatischen Wirklichkeitsverlusts bloßgestellt wird. Gerade diese für Walsers Werk charakteristische Figurentypik dient zudem als wichtiger Orientierungspunkt bei seiner Positionierung innerhalb der Moderne, fixiert sie literaturgeschichtlich doch den Punkt, an dem die retrospektive Aneignung der Klassischen Moderne in eine stilistisch wie thematisch eigenständige Produktivität umschlägt.

Literaturhinweise

Martin Walser: Templones Ende. In: M. W.: Ein Flugzeug über dem Haus und andere Geschichten. Frankfurt a. M.: Suhrkamp, 1955. S. 86–103.
– Templones Ende. In: M. W.: Werke in zwölf Bänden. Hrsg. von Helmuth Kiesel unter Mitw. von Frank Barsch. Bd. 8: Prosa. Frankfurt a. M.: Suhrkamp, 1997. S. 70–82.
– Templones Ende. In: Klassische deutsche Kurzgeschichten. Hrsg. von Werner Bellmann. Stuttgart: Reclam 2003. S. 182–198. – Dieser Druck basiert auf der Ausgabe von 1997.

Arnold, Heinz Ludwig (Hrsg.): Martin Walser. München 1974. (text + kritik. 41/42.)
– (Hrsg.): Die Gruppe 47. Ein kritischer Grundriß. München 1987. (edition text + kritik. Sonderbd.)

30 Reich-Ranicki, »Der wackere Provokateur« (Anm. 1) S. 15.

Barsch, Frank: Ansichten einer Figur. Die Darstellung der Intellektuellen in Martin Walsers Prosa. Heidelberg 2000.

Beckermann, Thomas (Hrsg.): Über Martin Walser. Frankfurt a. M. 1970.

Doane, Heike: Gesellschaftskritik in Martin Walsers Romanen. Diss. McGill University. Montreal 1971.

Fetz, Gerald: Martin Walser. Stuttgart 1997.

Lorenz, Matthias N.: Martin Walser in Kritik und Forschung. Eine Bibliographie. Bielefeld 2002.

Richter, Matthias (Hrsg.): Martin Walser. 3. Aufl. Neufassung. München 2000. (text + kritik. 41/42.)

Siblewski, Klaus (Hrsg.): Martin Walser. Frankfurt a. M. 1981.

Waine, Anthony: Martin Walser. München 1981.

Arno Schmidt: *Nachbarin, Tod und Solidus*

Von Bernd Rauschenbach

Zwischen 1955 und 1959 schrieb Arno Schmidt etwa dreißig Kurzgeschichten, die für Zeitungsfeuilletons bestimmt
waren. Sie richteten sich an ein breiteres Publikum als an
das, welches Schmidt sonst mit seinen experimentellen
Texten zu erreichen hoffen konnte – und sie waren dem-
entsprechend einfacher gebaut.

In einer Zeit persönlichen Geldmangels waren Zei-
tungsveröffentlichungen für Schmidt dringend benötigte
Einnahmequellen, auch wenn er häufig darüber klagte,
dass er bei all diesen »Brotarbeiten« nicht zu seinen eigentlichen Arbeiten komme.[1] Poetologisch freilich vertei-
digte er seinen Rückgriff auf eine vor-experimentelle
Schreibweise bereits 1955 in seinem »Werkstattbericht«
BERECHNUNGEN I, in dem er konstatiert: »Unsere bisher gebräuchlichsten Prosaformen entstammen sämtlich
spätestens dem 18. Jahrhundert [...]. Kennzeichnend für
sie alle ist, daß sie ausnahmslos als Nachbildung soziologi-
scher Gepflogenheiten entwickelt wurden. Der Erzähler
im lauschenden Hörerkreis war das Vorbild für Roman
und Novelle. [...] Ich hebe ausdrücklich hervor, daß diese
Formen keineswegs etwa ›überholt‹ oder ›veraltet‹ sind!«[2]

Gut die Hälfte der Schmidt'schen Kurzgeschichten gehört der Form nach zum Typ »Erzähler im lauschenden
Hörerkreis«, wobei der »Hörerkreis« – wie im hier inter-
essierenden *Nachbarin, Tod und Solidus* – sich bisweilen
auf eine Person beschränken kann, meist aber aus mehre-

---

1 Zum Beispiel in *Die Wüste Deutschland*. – Zitate aus Schmidts Werken im
  Folgenden nach der von der Arno Schmidt Stiftung herausgegebenen *Bargfelder Ausgabe der Werke Arno Schmidts*, Zürich: Haffmans Verlag, 1986 ff.
  (mit römisch numerierter Werkgruppe und Bandnummer); hier III,3, S. 449.
2 *Bargfelder Ausgabe* (Anm. 1) III,3, S. 163.

ren Personen besteht. Der Aufbau all dieser Geschichten ist gleich: eingebettet in eine Rahmenhandlung wird eine Binnenerzählung mitgeteilt.

Die spärliche Sekundärliteratur zu Schmidts kleineren Erzählungen hat die Geschichten dieses Typs bislang nicht als Textgruppe untersucht. Man würde wohl erkennen, dass diese Texte eine Versuchsreihe bilden, die die Wechselwirkungen zwischen Erzählsituation, Erzähler, Erzählung und Zuhörer untersucht bzw. ausprobiert. Auffällig jedenfalls ist, dass bis zum Ende dieser Reihe (*Trommler beim Zaren*, vom August 1959) alle Romane und längeren Erzählungen Arno Schmidts monologisch angelegt sind: Der Ich-Erzähler produziert seinen zwischen Tagebuch und innerem Monolog oszillierenden Text ohne Rücksicht auf etwaige Zuhörer oder Mitleser. Ein halbes Jahr nach *Trommler beim Zaren* jedoch beginnt Schmidt mit der Niederschrift seines Romans *KAFF auch Mare Crisium*, der zur Hälfte aus einer Geschichte besteht, die der Ich-Erzähler seiner Zuhörerin vorträgt – gewissermaßen der krönende Abschluss der Versuchsreihe.[3]

Dass Schmidt in den fraglichen Kurzgeschichten der Mechanismus des Erzählens interessierte und weniger das Erzählte selbst, belegt der Umstand, dass die Binnenerzählungen dieser Geschichten nicht von Schmidt erfunden, sondern leicht modifiziert aus Texten des 18. und 19. Jahrhunderts übernommen worden sind – jedenfalls hat die Forschung bereits eine ganze Reihe solcher Übernahmen aufdecken können.[4]

---

3 Wiederum ein halbes Jahr später, im August 1960, beginnt Schmidt die neue Versuchsreihe der »ländlichen Erzählungen« (*Bargfelder Ausgabe*, Anm. 1, I,3). Der erste Text dieser Reihe (*Windmühlen*) ist in seiner Erzählstruktur noch genauso der alten Reihe verhaftet, wie *Trommler beim Zaren* mit seinem ersten Einsatz psychoanalytischer Technik die neue ankündigt.

4 Siehe die editorische Nachbemerkung zu: Arno Schmidt, *Stürenburg und andere Geschichten*, Zürich 1990, S. 101 f. – Zu Schmidts Verhältnis zum Plagiat s. *Die Meisterdiebe* (*Bargfelder Ausgabe*, Anm. 1, II,1, S. 333–357).

Die Quelle der »in Fiume, 1860« (201) spielenden Binnenerzählung von *Nachbarin, Tod und Solidus* ist bislang unbekannt, die Wahrscheinlichkeit der Existenz einer solchen ist jedoch hoch, da die in der Binnenerzählung vorkommenden Ortsnamen, Personen und Handlungen innerhalb des sonst ziemlich begrenzten und bisweilen repetetiven Erzählkosmos des frühen Schmidt singulär sind. Autobiographisch kann die Begegnung der beiden Sammler auch nicht gelesen werden: Unter Schmidts Vorfahren finden sich weder Ärzte noch Einwohner Fiumes. – Natürlich wirkt sich die Unkenntnis der Quelle negativ auf den Versuch einer Interpretation aus, könnte doch ein Blick auf die Veränderungen, die Schmidt an der Vorlage vorgenommen haben wird, zeigen, welche Wechselwirkungen zwischen Erzählsituation und Erzähltem Schmidt hergestellt hat. Aber auch so bietet die Kurzgeschichte genug Material – wobei zu berücksichtigen wäre, dass diese kleine, binnen eines Tages[5] verfasste Geschichte eben auch eine Brotarbeit ist, der man nicht zu viel Bedeutung aufladen sollte.

Die Geschichte beginnt undeutlich: »Blaßgrünes Gesicht, mit schwarzer Mundschleife locker zugebunden – so sah es wenigstens bei Mondlicht aus«. (199) »Es«? Auch mit der Einführung der Nachbarin drei Zeilen später wird der Bezug nicht eindeutig, und selbst der Name »Ingebartels« (199), den die Uhr angeblich spricht, kann nicht grammatikalisch bestimmt auf die Frau am Fenster bezogen werden. Die Syntax ist den schlechten Sichtverhältnissen der Morgendämmerung angepasst.

Der zeitgenössische Leser wird möglicherweise gewusst haben, was uns später der Autor in einem Aufsatz von 1958[6] verrät: dass Inge Bartels eine Nachrichtensprecherin im Rundfunk der DDR war – die Nennung ihres Namens ist

---

5 Tagebuch der Ehefrau Alice Schmidt vom 26. Januar 1956 (im Besitz der Arno Schmidt Stiftung, Bargfeld).

6 Arno Schmidt, *Hände weg vom Lexikon* (*Bargfelder Ausgabe*, Anm. 1, III,3, S. 410).

also ein erster Hinweis in Richtung Osten, dem bald deutlichere folgen. Morgenwolken im Osten werden genannt (199), ein »Ostbahnhof« (200) und ein Zug, der »in Richtung Aschaffenburg« (200) fährt – das, vom vermutlichen Erzählschauplatz Darmstadt[7] aus gesehen, östlich liegt.

Das Werk Arno Schmidts ist durchzogen von der Auseinandersetzung mit der Teilung Deutschlands, Europas und der Welt in West und Ost. Dass selbst in dieser Kurzgeschichte die heute harmlos scheinende Betonung des Ostens politisch unterfüttert ist, erhellt der oben genannte Aufsatz, in dem Schmidt bekennt, er höre die von Inge Bartels gesprochenen DDR-Nachrichten zur Austarierung der West-Nachrichten. Der Ich-Erzähler und seine Nachbarin nehmen sich denn auch etwas fremd aus vor der Kulisse des westdeutschen Wiederaufbaus. Während andere mit einem »unsichtbare[n] Motorrad« oder einem »schwarze[n] Auto« (199) Teil am Wirtschaftswunder haben,[8] lehnen die beiden aufgrund ihrer Erfahrung von »zweimal Krieg [...], plus Flüchtling, plus Inflation« (200) skeptisch-beobachtend in ihren Fenstern und warten »weiter auf den Tod« (202).

In der Binnenerzählung wird die Ausrichtung nach Osten fortgeführt: Der Schmuggler besitzt nach einer »Orientreise« (201) Münzen aus dem byzantinischen Kaiserreich – also aus Ostrom. Eine dieser Münzen ist das Gelenkstück[9] zwischen Rahmenhandlung und Binnenerzählung: der »So-

---

7 Eine vom Text nicht gedeckte Annahme; bei der ersten Buchveröffentlichung (s. Literaturhinweise) jedoch wurde der Text den Geschichten *Aus der Inselstraße* zugeschlagen, der Darmstädter Straße, in der Schmidt am Tag der Niederschrift von *Nachbarin, Tod und Solidus* seit drei Monaten wohnte: »Ich war zwar erst neu eingezogen [...]« (199).

8 Am Tag der Niederschrift von *Nachbarin, Tod und Solidus* hatte Schmidts Bekannter, der Maler Eberhard Schlotter (geb. 1921), stolz seinen neuen schwarzen (sic!) VW vorgeführt (Tagebuch Alice Schmidt, s. Anm. 5).

9 Frank Legl hat in der m. W. bislang einzigen Einzeluntersuchung zu *Nachbarin, Tod und Solidus* (F. L., »Der Kaiser ohne Schlaf«, in: *Zettelkasten 7*, Frankfurt a. M. 1989) eine Fülle von Einzelverknüpfungen zwi-

Schmidt: Nachbarin, Tod und Solidus 197

lidus Kaiser Justinians« (200). Ihn holt der Ich-Erzähler
»als Beleg« (200). Wofür? Die Beantwortung der Frage
bleibt wieder im unklaren Dämmerlicht des Mondes.

Mit der Geschichte Byzanz' und speziell der Regie-
rungszeit Justinians hat sich Schmidt intensiv beschäftigt –
sein 1954 geschriebener Kurzroman *Kosmas*[10] spielt in jenen Jahren in Thrakien. Er wusste[11], dass das Oströmische
Reich unter Justinian zahlreiche Kriege führte (etwa zur
Rückeroberung des nördlichen Balkans – an dessen nörd-
lichem Rand Fiume liegt), dass die Zeit infolge der Völ-
kerwanderung und einer tyrannischen Politik des Kaisers
voller Flüchtlinge[12] war, dass die spätantike »Leitwäh-
rung« Solidus unter Justinian ein Sechstel ihres Wertes
verlor:[13] »Krieg [...], plus Flüchtling, plus Inflation« (200).
Glaubt man dem Geschichtsschreiber Prokopius, so befiel
Justinian »wie sonst nur ein vom Himmel verhängtes Unheil das ganze Menschengeschlecht [...]. Sie wünschten
nur noch, daß ihr Zustand, und sei es durch den jammer-
vollsten Tod, ein Ende finden möge«[14] – »und warteten
weiter auf den Tod« (202), schließt Schmidts Geschichte.

Mit dem Tod freilich nahm in Byzanz die Unterdrückung noch kein Ende: Ungläubigen untersagte Justinian,
ihren Besitz an ihre Kinder oder andere Verwandte zu
vererben.[15] Sicher wäre auch der Großvater des Ich-Er-

schen Rahmen und Binnenerzählung vorgeführt, die in ihren bisweilen etwas weit hergeholten Ableitungen aus Numismatik und Mythologie nicht
immer überzeugen können. Dass die »Artemis=Münze« (202) über die
Mondgöttin Artemis mit dem Mond der Rahmenhandlung korrespondiert, ist aber ebenso richtig beobachtet wie die Präfiguration der Schlaflo-
sigkeit des Ich-Erzählers in dem bekannten geringen Schlafbedürfnis Kaiser Justinians.

10 *Bargfelder Ausgabe* (Anm. 1) I,1, S. 439–502.
11 U. a. aus: Prokop, *Anekdota*, München 1961 (s. z. B. *Bargfelder Ausgabe*,
   Anm. 1, I,1, S. 448).
12 Ebd., S. 105.
13 Ebd., S. 211.
14 Ebd., S. 57.
15 Ebd., S. 99.

zählers unter dieses Verdikt gefallen, glaubt dieser doch nicht einmal an das Gericht Gottes (202). »›Und von diesem Großvater haben Sie das Goldstück geerbt?‹. Nicht geerbt; zur Konfirmation.« (202) Merkwürdig unökonomisch erscheint diese nach der Präsentation des Solidus bereits zweite Erwähnung der Konfirmation (201), zumal angesichts eines ungläubigen Großvaters und eines zumindest nicht an das ewige Leben glaubenden Enkels (200). Wenn man bei »Konfirmation« allerdings nicht an den protestantischen Brauch denkt, vielmehr (im spätantiken Kontext nahe liegend) die in dem Wort steckende lateinische Vokabel mit »Bestätigung« übersetzt, fällt plötzlich auch Licht auf den Bezug des immer noch in der Dämmerung liegenden Wortes »Beleg«: Der Solidus mit seinem geschichtlichen Hintergrund dient dem Ich-Erzähler als Beleg und doppelte Bestätigung für seine pessimistische Weltsicht mit Krieg, Unterdrückung und Verlust als immer wiederkehrenden Konstanten menschlichen Lebens.

Literaturhinweise

Arno Schmidt: Nachbarin, Tod und Solidus. In: Die Andere Zeitung (Hamburg). Nr. 7. 16. Februar 1956.
– Nachbarin, Tod und Solidus. In: A. Sch.: Trommler beim Zaren. Karlsruhe: Stahlberg, 1966. S. 25–28.
– Nachbarin, Tod und Solidus. In: A. Sch.: Bargfelder Ausgabe. Werkgruppe I: Romane, Erzählungen, Gedichte, Juvenilia. Studienausgabe. Bd. 4. Zürich: Haffmans, 1988. S. 51–53.
– Nachbarin, Tod und Solidus. In: Klassische deutsche Kurzgeschichten. Hrsg. von Werner Bellmann. Stuttgart: Reclam, 2003. S. 199–202. – Diesem Druck liegt die Ausgabe von 1988 zugrunde.

Legl, Frank: Der Kaiser ohne Schlaf. In: Zettelkasten 7. Frankfurt a. M. 1989. S. 62–97.

Alfred Andersch: *Mit dem Chef nach Chenonceaux*

Von Volker Wehdeking

Alfred Andersch schrieb diese Erzählung in seiner vielleicht kreativsten und für weitere wichtige Weichenstellungen, die Beruf, Werk und Wohnort betrafen, wohl entscheidendsten, späteren Lebensphase. Er beendete die Arbeit an der Zeitschrift *Texte und Zeichen*, begann sich von der Stuttgarter Hörfunkarbeit zu lösen und fand im Tessin, im kleinen Bergdorf Berzona bei Locarno, seinen neuen und letzten Wohnsitz. Er erreichte mit *Sansibar* seinen endgültigen schriftstellerischen Durchbruch im Jahre 1957, in dem er auch begann, am Venedig-Roman *Die Rote* zu schreiben.[1] Die Erzählung von der Reise dreier Männer von Paris an die Loire ist nach 1955 entstanden und war Mitte 1957 fertig.[2] Andersch war im Juli 1957 in Berzona hocherfreut, neben den schönen Vorausexemplaren von *Sansibar oder der letzte Grund* (vom Walter Verlag) auch die Bestätigung seitens der *Süddeutschen Zeitung* zu erhalten, dass seine Loire-Erzählung bei einem Erzählwettbewerb unter 1600 Einsendungen den zweiten Preis und damit redaktionelle Anerkennung seitens der führenden überregionalen Zeitung seiner Geburtsstadt erhalten hatte:

Er hatte sie nach einer Eß-, Schlösser-, und Kathedralen-Fahrt mit [dem Leiter des Luchterhand-Verlags, d. V.] Reifferscheidt und Verlagshersteller Honig ge-

---

1 Vgl. Stephan Reinhardt, *Alfred Andersch. Eine Biographie*, Zürich 1990, Kap. 15, bes. S. 288–291.
2 Datierung und Grunddisposition aller im ersten Andersch-Erzählband, *Geister und Leute*, Zürich 1958 aufgenommenen Texte nach: Volker Wehdeking, *Alfred Andersch*, Stuttgart 1983, Kap. 2, S. 36–41 und Kap. 4, S. 66–88.

schrieben und dabei seinen Verleger von ›Texte und Zeichen‹ ironisch als vitalen, genuß-freudigen ›Deutschen-Wunder-Mann‹ porträtiert, der gewohnt ist, sich alles zu kaufen, natürlich auch Kultur, Zeitschriften und nicht zuletzt Autoren.[3]

Die Handlung ist rasch erzählt: An einem späten und kalten Oktobertag fahren Herr Schmitz, ein dicklicher Krefelder Seidenfabrikant und Repräsentant des deutschen Wirtschaftswunders, sein Chauffeur Jeschke, »hager und schwärzlich« (203), und Dr. Honig, der für Werbegraphik und Kunstfragen zuständige leitende Mitarbeiter »seines ›Führungsstabs‹« (206), auf eine Schlösser- und Kathedralentour an die Loire. Nach einem Mittagessen in Paris, das sie, vom Erzähler wie in einem Logbuch präzis notiert – über die »Porte d'Orléans« – nach Süden verlassen, geht es zur Kathedrale nach Chartres, man übernachtet in einem Hotel in Tours. Die Kathedrale dort besichtigen Schmitz und Honig (während der Chauffeur jeweils draußen wartet) am nächsten Vormittag, dann die Loire-Schlösser im Schnellverfahren, sodass Honig am zweiten Abend im Hotel in Bourges »erbittert« über dieses touristische ›Abhaken‹ von Sehenswürdigkeiten summiert, man habe »seit gestern abend zwei Kathedralen und elf Schlösser ›gemacht‹«(213).

In der Herbstkühle hat sich der anfällige Ästhet überanstrengt und erkältet, sein Vorgesetzter Schmitz kümmert sich abends im Hotel in Bourges fürsorglich um ihn und unterhält sich lange mit ihm über Jacques Cœur, den Schatzmeister von Karl VII., »den die heilige Johanna auf den Thron gesetzt hat« (214). Der unermüdliche Schmitz hatte das Cœur-Grabmal noch am Abend besucht. Mit Reflexionen über dies Gespräch endet die Erzählung am nächsten Vormittag. Schmitz' »Traum von funkelnden

3 Reinhardt (Anm. 1) S. 289.

Fabriken und funkelnden Schlössern«, deren »vergammelten« Zustand und Mangel an Pflege und Erneuerung er immer wieder beklagt, kontrastiert mit dem des »Doktors«, der die »Patina« der Geschichte aus romantischer Sehgewohnheit bevorzugt, und bestimmt beider Besichtigung der Kathedrale von Bourges. Konsequent fällt der Abschiedsblick des Unternehmers auf das »verstaubte Grabmahl von Jacques Cœur«, mit dem er sich identifiziert, und Honig gelangt zur düsteren Erkenntnis, dass die »Dreikommazwo-Liter-BMW«-Limousine des Fabrikanten mit dem vom Chauffeur »prachtvoll« gewienerten schwarzen Lack samt »zitronenfarbenem Leder« der Innenausstattung nun im Abfahren an einen »Sarg« gemahnt (217). Auch Schmitz, den Honig vorschnell als nur dem Kapitalismus des Wirtschaftswunders verpflichteten Unternehmer einschätzt, liebt die französischen Schlösser und Kathedralen. Seine Kritik am »vergammelten« Zustand der Prunkbauten von Adel und Klerus, aber auch der die Gesamtgesellschaft verbindenden, volkstümlichen Kathedralen war nur eine versteckte Liebeserklärung: er bewundere die Bauwerke sehr wohl, aber »man darf nicht allzusehr loben, was man liebt« (216). Schmitz, ein schwerleibiger »Kapitalist und Deutscher-Wunder-Mann, ein Kunstseidenfabrikant und krefelder Krokodil« (216), überrascht den Kunstliebhaber mit seiner Melancholie (»etwas Lastendes, Trauriges«) angesichts des in Jeanne d'Arc verkörperten, nun verlorenen und nicht nur patriotischen, sondern revolutionären Elans: »›Zeigen Sie mir eine heilige Johanna‹, sagte er, ›und ich finanziere sie‹« (215). Honig erkennt nun Schmitz' Liebe zu einem mit dem Stichwort ›Versailles‹ eingangs der Schlösser-Tour aufgerufenen, einst bekämpften Nachbarland im neuen, deutsch-französischen Kooperations- und Kerneuropa-Gefühl. Diesem Gefühl verdankt sich ja auch mit den Stahlexporten und nach Korea das Wirtschaftswunder, ein

Traum von funkelnden Fabriken und funkelnden Schlössern [...], eine Phantasmagorie aus glänzenden deutschen Fabriken und nagelneuen französischen Kathedralen, eine Tapisserie, in der Gegenwart und Geschichte aus strahlenden Kunstseidenfäden ineinander gewoben waren, glänzend und für alle Ewigkeit gemacht: Krefeld und Versailles.
Aber es gab keine heilige Johanna mehr. Nirgends ließ sich auch nur der kleinste Fetzen eines Mythos entdecken, den Herr Schmitz hätte finanzieren können. (216)

Thomas Manns Ironie-Verfahren – keine Jeanne d'Arc in Sicht

Ihrer Struktur nach könnte man diese Erzählung auch als eine Kurzgeschichte mit »Lebensabschnitts«-Charakter nach dem Modell der »Slice-of-Life«-Geschichten Faulkners, Sherwood Andersons und Ernest Hemingways eingruppieren, wenn die Reiseerzählung nicht doch mehr als eine Alltagsepisode wäre. Tatsächlich ist sie das Psychogramm der zwei Bildungsreisenden, Schmitz und Honig, herausgearbeitet in Konfrontation mit berühmten und herausgehobenen Touristenzielen Frankreichs, Schlössern, Kathedralen und Hotels, noch dazu im späten Oktober fern der normalen Reisesaison.[4]

Zudem geht es nicht nur um ein sehr treffend und mit präzisen, sensiblen Nuancen evoziertes Psychogramm zweier Antagonisten, sondern soziokulturelle und politische Implikate, die sich in der Struktur einer auf die oben summierte Schlusspointe angelegten Short Story verdichten.

---

4 Statt gipfelnder Tektonik weist dies Stück Kurzprosa eher die Struktur einer ›Hängebrücke‹ auf.

Der Autor hatte zur Schreibzeit nicht nur für die Herausgabe der ästhetisch avancierten Zeitschrift *Texte und Zeichen* (1955–57) einen anerkennenden Brief im Todesjahr Thomas Manns (vom 23. März 1955) über sein vor allem Mann gewidmetes Heft eins (»Mit den Augen des Westens. Thomas Mann als Politiker«) erhalten und eng mit dem hier porträtierten Luchterhand-Verleger Reifferscheidt zusammengearbeitet; für Lavinia Mazzucchetti hatte er in der italienischen Ausgabe seiner Sammlung der *Politischen Dokumente Thomas Manns* (1950 gedruckt in zwei Exemplaren, *Thomas Mann. Scritti storici e politici,* Milano 1957) ein neues Vorwort beigesteuert: er sah Thomas Manns politisches Vermächtnis in der Nähe von F. D. Roosevelts ›One-World‹-Vision. Dem stand die deutsche Entwicklung der aus der Sicht der Gruppe 47 als ›Restauration‹ und Erstarrung empfundenen Adenauer-Jahre entgegen.[5] Nato-Gründung, Atombewaffnung und Bundeswehr, KP-Verbot und die sowjetische Erstickung des Ungarn-Aufstands (die das östliche Tauwetter nach Stalins Tod brutal beendete), gefolgt von den Berlin-Krisen, die schließlich zum Mauerbau führten, schienen zwar die politischen Hoffnungen Thomas Manns und Roosevelts ›One-World‹-Utopie abzulösen. Der Widerstand der Ästhetik blieb für Andersch in den nächsten Jahren aber die einzig gangbare Alternative durch den Rückzug aufs konzentrierte, intensive Erzählen in der Nähe von Jean-Paul Sartres Konzept eines sekundären Handelns durch Enthüllen. Der mit dem Themenkomplex der verlorenen Visionen einer Jeanne d'Arc verbundene Erzählschluss von *Mit dem Chef nach Chenonceaux* implizierte, dass

---

5 Es schien Andersch, dass die politisch so frustrierende Erstarrung der Bundesrepublik, nach der übergangenen Stalin-Note 1952 und der emphatischen Westbindung und Remilitarisierung an der Nahtstelle der neuen ›zwei Welten‹, eine Chance auf den sozialen Humanismus der ›Jungen Generation‹ verbaute. Sie verhinderte eine Verbindung der Jeunes Allemands an der Seite der französischen Resistance und einen Brückenschlag nach Osteuropa, also auch die Wiedervereinigung.

Andersch 1956/57 einen ›strategischen Rückzug‹ aus der deutschen Politik und seinen Herausgeber-Aufgaben mit dem Fortzug ins Tessin vornahm und mit dem Erzählen eine neue »Zeit der Hoffnung 1956« verband, wie auch aus Nachlassnotizen hervorgeht.[6]

Die Beschäftigung mit Thomas Mann, dessen Werkentwicklung Andersch sehr gut kannte, und auf den er sich, etwa gegenüber Hans Werner Richter, bewundernd bezog,[7] führte den Autor zur Wahl eines Bezugstextes aus der Décadence-Literatur der Jahrhundertwende, in dem er die solcherart soziokulturell wahrgenommene Erstarrung ironisch gespiegelt sah: in Thomas Manns Novelle *Tristan* (1903). Dort trifft in einem Sanatorium »Einfried« (Wagners Villa Wahnfried assoziierend) ein esoterisch-lebensfremder Schriftsteller namens Spinell, dem Wagner-Kult und der Décadence ergeben, auf eine an Lungentuberkulose sterbende Kaufmannsgattin aus Bremer hanseatischer Tradition, Gabriele Klöterjahn. Sie wird immer schwächer, nachdem sie in einer schwierigen, zehn Monate zurückliegenden Geburt einen kräftigen, gesunden Sohn zur Welt gebracht hatte. Dieser Sohn erinnert den allem Vitalismus abholden Spinell am Ende unangenehm an ihren Gatten, einen Großkaufmann von kräftiger Statur, »mittelgroß, breit, stark und kurzbeinig«.

Die zarte Schöne, blass und todesträchtig mit dem dekadenten Signum eines »kleinen, seltsamen« und »blaßblauen« Äderchens (S. 165)[8] auf der Stirn und Wagners *Tristan und Isolde* trotz ärztlichem Verbot solcher Anstrengung auf dem Klavier für Spinell spielend, entgleitet

6 Wehdeking (Anm. 2) S. 66–76.

7 Vgl. Hans Werner Richter, *Im Etablissement der Schmetterlinge*, München 1986, S. 28–44. – Volker Wehdeking, »›Ich repräsentiere nichts‹ – Alfred Andersch und Thomas Mann«, in: V. W. (Hrsg.), *Interpretationen zu Alfred Andersch*, Stuttgart 1983, S. 143–160.

8 Thomas Mann, »Tristan«, in: Th. M., *Die Erzählungen*, Bd. 1, Frankfurt a. M.: Fischer Taschenbuch, 1984. Im Folgenden mit Seitenzahlen im Text zitiert.

schließlich dem Leben in einer »sanften und stillen Glut«. Die Konfrontation zwischen dem fest im Leben stehenden, aber der Krankheit seiner Frau hilflos-fürsorglich gegenüberstehenden Klöterjahn und dem Schriftsteller führt zu einem polarisierenden, ironischen Schlusstableau. Während die Gattin stirbt, überanstrengt auch durch die Musikexzesse mit Spinell, ergreift dieser ihrem »bewundernswert lebhaften« Kind Anton gegenüber (»üppig [...], pausbäckig, prächtig und wohlgeraten«, S. 197), »innerlich« die Flucht im Garten. Andere Patienten gaben Spinell den Spitznamen »der verweste Säugling« (S. 168). Natürlich ist dies eine gelungene Variante mehr in der Bürger-Künstler-Konfrontation Thomas Manns.

Alfred Andersch gestaltet seine Erzählung mit deutlichen intertextuellen Verweisungen auf das Vorbild. Ist in *Tristan* von der Gattin des Großkaufmanns, immer aus Sicht Spinells, als der »Gattin Klöterjahn« die Rede (statt von Gabriele), so heißt es zur Abwesenheit der Frau des Fabrikanten auf der Loire-Reise, unter Anspielung auf parallel dargestellte Sinnenfreude bei beiden Männern, dass Frau Schmitz, »eine Gattin«, lieber bei ihrem »falschen Chippendale« (207) bliebe. Andersch versucht hier zwei problematische Figuren aus Wirtschaftswunderland – den Krefelder Fabrikanten als sehr wohlhabenden, vermeintlichen Spießer und oberflächlichen Touristen und dagegen den kunstsinnigen Werbegraphiker von schwächlicher Konstitution als Philosophen »über Schönheit und Verwitterung, über Ästhetik und Geschichte« (205) – nach Thomas Manns Erzählverfahren und sogar durchgängigem Lieblingsthema (Bürger vs. Künstler) in vielfältiger Ironie zu kontrastieren. Damit es nicht sogleich ins Auge fällt, versucht er zugleich Klischees durch feine Widersprüche in der Zeichnung des Habitus zu meiden, etwa in den geschlechtlichen Neigungen Schmitz', die er im Unbestimmten lässt (bis er sie in *Die Rote*, etwa beim ehemaligen Gestapofolterer Kramer, zu Kolportagewirkungen

des ›Bösen‹ nützt). Hier befindet er sich ebenfalls auf
Manns Spuren. Schmitz gestaltet er als den nur scheinbar
neureichen, eigentlich aus einer Familie von gebildeten
Gourmets (der Vater besaß Weinlagen an der Mosel) stammenden und mit einem »unbestimmten Air des Alleinseins«, später zunehmender Melancholie und lastender
Traurigkeit ausgestatteten Kenner aller Wirtschaftsfakten
und Produktionsprozesse.

Sein künstlerischer Abteilungsleiter für Werbung tut
sich beim forcierten *Sightseeing* Leid, weil er sich Zeit für
ästhetische Einfühlung nehmen will und Patina der Geschichte sieht, wo sein Chef alles »vergammelt« findet.
Andersch war selbst in den frühen 40er-Jahren Werbetexter und -leiter bei Mouson in Frankfurt a. M. Der Erzählstandort ist nach einer kurzen Exposition personal bei
Dr. Honig angesiedelt, in dessen Gedanken der Autor in
erlebter Rede die Leser Einblick nehmen lässt. Deshalb
kann man, ungeachtet der Rollenprosa und Thomas
Mann'scher Metathesen, von einer Sympathielenkung zugunsten des Kunstkenners ausgehen, der selbstironisch
anmerkt, die Kollegen hätten ihn »Kunst-Honig« getauft.
Deutlich distanzieren muss die Leser auch, dass Schmitz
»keine Freunde« hat, aber »Gesellschaft« braucht, die er
alle als »Koofmichs« betrachtet, auch wenn er dies nicht
zugibt: »man hatte Domestiken, einen fürs Auto, dachte
der Doktor, einen für die Kunst, und man erzog sie sich
zum Widerspruch [...]. [...] An der Kathedrale von Chartres hatte Herr Schmitz nichts auszusetzen.« (206 f.) Auch
wenn am Ende der Erzählung die Ironie, die meist Honig
aufbringt, in einer überraschenden ›Vermenschlichung‹
Schmitz' im Leiden an mangelnden Visionen für die Innovation deutsch-französischer, eigentlich europäischer Perspektiven zu einer differenzierteren Sicht auf den Chef-
und Unternehmertypus führt, bleibt doch die Schlusspointe einer Erstarrung:

Glühend und tief das Ensemble der Glasfenster von Bourges – Herr Schmitz sah es nicht. Sein Blick hing am verstaubten Grabmal des Jacques Cœur. Als sie die Kathedrale verließen, wartete bereits die Limousine, in deren schwarzem Lack man sich spiegeln konnte, ein mit schwach zitronenfarbenem Leder ausgeschlagener Sarg. Jeschke hatte ihn prachtvoll gewienert. (216f.)

Thomas Manns *Tod in Venedig* (1912) ist hier mit Aschenbachs Blick auf die sargähnliche Gondel der berühmte intertextuelle Referenzpunkt im ›Vorlauf auf den Tod‹ des Schriftstellers. Andersch meint eher die deutschen und europäischen Perspektiven, wenn er die politischen Embleme der Adenauer-Zeit mit Kathedrale und ›schwarzer‹ Politik auf eine Ebene mit der Suche nach finanzierbaren Visionen bringt. Auch wenn Schmitz fast brechtisch anmutende Fragen nach Franz I. und seinem »das Land ausplündernd[en]« Finanzausschuss für Chambord stellt, die deutsche Mark in ihrer wiedererstarkten Kaufkraft und die eben doch an die »Koofmichs« appellierende Robustheit und Tüchtigkeit des ›Boche‹ mit einem Blick kontrastiert, der sich dem ›Führungsstab‹ und den leitmotivisch erwähnten Livreen und Kellner-Fräcken entziehen will: Honig durchschaut die »Symbiose« zwischen Schmitz und Jeschke als die »Verbindung von Regenpfeifer und Krokodil« und er ist es, der bei allem Abklappern von Sehenswürdigkeiten die leitmotivischen Kontraste der schwarzen Kathedralen – jene von Bourges, »zauberhaft in ihrem Verfall« und »groß in ihrer Elefantenmüdigkeit« – und lehmgelben Flüsse Loire und Cher sensibel notiert; hinter »vergammelt« erkennt er »gamla« als den skandinavischen Wortstamm für »alt«, und will den alten Schlössern ihre ›Müdigkeit‹ der Historie eingeschrieben lassen: gegen den Kult des ›Machens‹ setzt er das kreative Sehen. Chateaubriand zitierend, sieht er das mächtige Jagdschloss Cham-

bord und seine Dächer leicht werden, es »gleicht einer
Frau, deren Haare vom Wind in die Höhe geweht werden« (212).

Desengagement und Restauration

Von Franz Schonauer wird berichtet, den Satz »Zeige mir
eine heilige Johanna [...] und ich finanziere sie« habe der
Luchterhand-Verleger Reifferscheidt tatsächlich so auf ihrer gemeinsamen Loire-Tour gesagt. Der Lektor Benseler
und Klaus Roehler waren sich nicht einig, ob der Verleger, als am 31. August 1957 die Erzählung in der *Süddeutschen Zeitung* erschien, eher entgeistert, verärgert oder
amüsiert war.[9] Andersch nahm letztlich lieber die etwas
esoterische Perspektive seines Dr. Honig ein, bevor er
auch die Kultur und die von ihm redigierte Zeitschrift und
ihre Autoren als käuflich erachten ließ. Auch sein inter-
textuell heraufbeschworenes Vorbild, Thomas Mann,
kannte die Problematik dieser Ambiguität, als er im Blick
auf seine »entschieden [...] komische Figur« Spinell eine
einseitige Fehllektüre verhindern wollte:

> [...] was nicht besagt, daß der Autor ihn durchaus als ver-
> ächtlich hinstellen will. Er ist ein Ästhet, der im Zusam-
> menstoß mit einem Mann der praktischen Realität eine
> klägliche Rolle spielt, aber gegen den ordinären Klöter-
> jahn vertritt er mit seinem skurrilen Schönheitssinn doch
> schließlich das höhere Prinzip. [...] Ich züchtigte mich
> selbst in dieser Gestalt, man merke dies wohl.[10]

Die auffällige Wandlung im Motiv der Jeanne d'Arc in
Anderschs Erzählungen, von *Ein Auftrag für Lord Glouster* (Oktober 1951) bis *Chenonceaux* sechs Jahre später,

9 Reinhardt (Anm. 1) Kap. 15, S. 289 und 674, Anm. 27.
10 Zitiert nach: Hans Rudolf Vaget, *Thomas Mann – Kommentar zu sämtli-
   chen Erzählungen*, München 1984, S. 85 f.

hat mit Anderschs Weg von Sartres Dezisionismus (*Deutsche Literatur in der Entscheidung*, 1948) zu Adornos Widerstand der Ästhetik zu tun, wie er ihn in seinem Essay *Die Blindheit des Kunstwerks* (1955) als Geschiedenheit der Kunst von der gesellschaftlichen Welt am Beispiel der ›Abstrakten Kunst‹ vor der Gruppe 47 postulierte: »nicht Kunst ohne Inhalt, sondern Kunst des Aufstands gegen den zur Ideologie degradierten Inhalt in der Weise des Sich-Entziehens«.[11] Auch als Artist erfülle der abstrakte Künstler seine gesellschaftskritische Funktion. Sartres Engagement galt noch in der *Glouster*-Erzählung aus Anachronismus um ein Wiederauftreten der Jungfrau von Orleans an der Frankfurter Hauptwache während des Korea-Kriegs. Drei Geschichtskonstellationen sind hier ineinander verschränkt worden: die Befreiungskriege Frankreichs unter Karl VII. mithilfe der Jeanne d'Arc gegen die englischen Invasoren, die jakobinisch-europäische Vision der Jungfrau als »Freiheit« im Gemälde Eugène Delacroix' *Die Freiheit führt das Volk an* (1830) der Julirevolution und das Problem der deutschen Teilung, gespiegelt im Korea-Konflikt. Die Jungfrau von Orleans erscheint Nicolas Glouster als Vorbote einer neuen Volksbewegung von unten, einer Revolution, die von den Besatzungsmächten nicht vorgesehen ist.

Ab· Mitte der 50er-Jahre galt es nun, solche frühen Nachkriegshoffnungen endgültig zu begraben. Die deutsche Teilung schien besiegelt, mit Europa ging es kaum voran, neues Ferment war nicht in Sicht, und der sich abzeichnende Wahlsieg Adenauers (mit 50,2 % am 15. September 1957) unter dem Motto· »Keine Experimente« veranlasste Andersch, im August aus Berzona an den Freund

---

11 Alfred Andersch, *Die Blindheit des Kunstwerks. Literarische Essays und Aufsätze*, Zürich 1979, S. 45. – Vgl. auch Irene Heidelberger-Leonard, »Zur Dramaturgie einer Abwesenheit – Alfred Andersch und die Gruppe 47«, in: Stephan Braese (Hrsg.), *Bestandsaufnahme. Studien zur Gruppe 47*, Berlin 1999, S. 87–101, hier S. 99 ff.

Wolfgang Weyrauch zu schreiben, man werde nun bald
einen sich als Demokratie gebärdenden »Faschismus« erleben.[12] Der Gruppe 47 blieb das Motto »All you need is
literature« (Gabriele Wohmann, 1967): »Krefeld und Versailles. [...] es gab keine heilige Johanna mehr. Nirgends
ließ sich auch nur der kleinste Fetzen eines Mythos entdecken [...]« (216).[13] Wenn Andersch 1957 auf einen Text des
kurz zuvor verstorbenen, bewunderten Thomas Mann aus
der Zeit der Décadence zurückgriff, so ist dies im begin-
nenden ›Widerstand der Ästhetik‹ auch als ein Abschied
vom neuerlich eher artistisch wahrgenommenen Vorbild
des Nobelpreisträgers und (besonders in den USA in der
Kriegsgefangenschaft intensiv gelesenen) Emigranten zu
verstehen.

Literaturhinweise

Alfred Andersch: Mit dem Chef nach Chenonceaux. In: Süddeut-
sche Zeitung. Nr. 209. 31. August / 1. September 1957.
– Mit dem Chef nach Chenonceaux. In: A. A.: Geister und Leute.
Zehn Geschichten. Olten/Freiburg: Walter, 1958. S. 127–145.
– Mit dem Chef nach Chenonceaux. In: A. A · Gesammelte Er-
zählungen. Zürich: Diogenes Verlag, 1990. S. 73–84.
– Mit dem Chef nach Chenonceaux. In: Klassische deutsche
Kurzgeschichten. Hrsg. von Werner Bellmann. Stuttgart: Re-
clam, 2003. S. 203–217. – Diesem Druck liegt die Ausgabe von
1990 zugrunde.

Drewitz, Ingeborg: Gefangen in Freiheit – oder »die Arbeit des
Verschmelzens der verschiedenen Zeit-Ebenen in eine einzige

---

12 Brief vom 20. August 1957; zitiert nach: Reinhardt (Anm. 1) S. 289 und
    675, Anm. 29.
13 Vgl. zu dieser Deutung die Interpretation von »Ein Auftrag für Lord
    Glouster« in: Wehdeking (Anm. 2) S. 36–41.

Zeit«. Zu Alfred Anderschs späteren Erzählungen. In: Zu Alfred Andersch. Hrsg. von Volker Wehdeking. Stuttgart 1983. S. 88–96.

Durzak, Manfred: Alfred Andersch. Seismographisches Erzählen – Poe/Hemingway. In: M. D.: Die deutsche Kurzgeschichte der Gegenwart. Stuttgart 1980. S. 136–145.

Grimm, Gunter E.: Nichts als die Wahrheit. Zu Alfred Anderschs Realismus-Konzept. In: Literatur für Leser (1994) H. 3. S. 108–118.

Huber, Martin: Vom Erzählen erzählen und in Geschichten verstrickt. Zu Alfred Anderschs Erzählungen. In: Alfred Andersch. Perspektiven zu Leben und Werk. Kolloquium zum 80. Geburtstag des Autors. Hrsg. von Irene Heidelberger-Leonard, Volker Wehdeking. Opladen 1994. S. 88–97.

Littler, Margaret: Alfred Andersch (1914–1980) and the Reception of French Thought in the Federal Republic of Germany. London/Lewinston 1991.

Quack, Josef: Zum Prosaverständnis Alfred Anderschs. In: J. Q.: Die fragwürdige Identifikation. Würzburg 1991. S. 74–88.

Wehdeking, Volker: Andersch: »Heimatfront« und »Vollkommene Reue«. In: V. W. / Günter Blamberger: Erzählliteratur der frühen Nachkriegszeit (1945–1952). München 1990. S. 79–84.

– Der strategische Rückzug (1956–1960). In: V. W.: Alfred Andersch. Stuttgart 1983. S. 66–76.

Heinrich Böll: *Der Wegwerfer*

Von Erhard Friedrichsmeyer

Bölls sozialkritische Ader hat ihm weltweite Bewunderung eingebracht wie auch Feinde gemacht. Zählt man zu den Ersteren, so scheint gerechtfertigt, ja selbstverständlich, dass er den Staat, in dem er lebte, auf Mängel befragte, da dieser 1957, im Erscheinungsjahr des *Wegwerfers*, erst acht Jahre alt war. Es war ein Staat, der sich nicht etwa in erster Linie aus eigenen Kräften und Traditionen gebildet hatte, sondern den die USA als Hauptsiegermacht des Zweiten Weltkriegs aus der Taufe gehoben und dem sie ihre Verfassung gleichsam vorgeschrieben hatten. Der demokratische Kapitalismus amerikanischer Prägung war zudem keineswegs die einzige, theoretisch zur Wahl stehende Staatsform. Es gab z. B. den sozialistischen Demokratismus der skandinavischen Länder.

Das Genre Satire, dem man den *Wegwerfer* zurechnet, ist natürliches Forum für Sozialkritik. Besonders dann, wenn sie vom Autor erfolgreich gehandhabt wird, wie in diesem glänzenden Text Bölls, kann sie in ihrer Wirkung den aktuellen Anlass ihrer Entstehung lange überdauern. Böll interessieren hier nicht etwa Randphänomene seiner Gesellschaft, wie in manchen anderen seiner Satiren der 50er-Jahre, sondern Wesen und Kern des demokratischen Kapitalismus, und zwar als innerer Widerspruch. Demokratie zielt auf Gleichwertigkeit der Individuen ab, während der Kapitalismus, der sich vor allem auf die freie Entfaltung des Individuums besonders im Besitzerwerb richtet, damit die Ungleichheit des Besitzes einschließt. Böll gehörte zu denen, die an der sozialen Gerechtigkeit eines Systems zweifelten, das Besitzstreben idealisiert und dieses durch permanente Steigerung des Konsums und der Produktion von Verbrauchsgütern zu befriedigen sucht.

Er glaubte nicht, dass auf diesem Wege soziale Ungleichheit überwunden werden konnte, und befürchtete, dass Reichtum, der auf Verbrauchssteigerung basiert, auf lange Sicht unhaltbar und gefährlich ist.

Bölls Wegwerfer-Figur verkörpert den als widersprüchlich verstandenen Kern seiner Gesellschaft. Er beginnt beruflich im Verwaltungsdienst, als Diener seines Staates, ist bestrebt unscheinbar zu wirken, zeigt »soziales Mitgefühl«, wenn er in der Straßenbahn »älteren Arbeiterinnen« (219) seinen Sitzplatz abtritt, und will wirken wie jemand, der »tief in den Grundsätzen der Demokratie wurzelt« (220). Aber sehr bald regen sich in ihm individualistische Bestrebungen, er wird außergewöhnlich und sieht sich in der Größenordnung eines »General[s]« (221) und sogar eines »verkannte[n] Genie[s]« (218). In der Tat leistet er nichts Geringeres als die Neuerfindung einer Grundformel des Kapitalismus. Nach seiner erfolglosen Zeit im Verwaltungsdienst wird er Angestellter einer Versicherungsgesellschaft, für die er eingehende Reklamepost abfängt und wegwirft. Dies geschieht nach den Gesetzen einer aufwendig berechneten und unter Einsatz aller seiner Fähigkeiten und Energien entwickelten »Wegwerf«-Formel. Durch Vernichtung (Verbrauch) von Produkten glaubt er einen Wert (Reichtum) zu schaffen, denn sein Tun, wenn es universell praktiziert würde, ließe »Energien« frei werden, die »ausreichen würden, das Antlitz der Erde zu verändern« (228). Was in seiner Formel für Reichtum steht, ist allerdings das idealistische Ansinnen des Weltverbesserers, der verkennt, dass Verbrauch im kapitalistischen System ein Vakuum erzeugt, das zwangsläufig Produktion von Waren nach sich zieht, welche wiederum die Energien schluckt, die er freizusetzen hofft. So erliegt der Wegwerfer einer Selbsttäuschung. Sein Wegwerfen befreit die Menschheit nicht, sondern bestätigt in Wahrheit die kapitalistische Grundformel. Aus diesem Grund findet sich unerwartet eine innere Wahrheit in seinen Allüren, anhand derer er seinen Tribut an den Kapitalismus entrichtet.

Er gilt nämlich gern als »wohlhabend« (229), geht in gepflegte Restaurants, wo er sich »das beste Menü aussucht« (229), und gibt den Anschein, sich Börsenkurse zu notieren, wenn er bei Tisch seine Formeln berechnet. Eigentlich passt all dies nicht zu seinem Demokratismus der unauffälligen Durchschnittlichkeit, der ebenfalls sein Verhalten charakterisiert. Die Widersprüchlichkeit in seinem Leben macht ihn unglücklich; sie ist ihm lieb, wirkt aber auch wie eine Art Totenstarre: »Das Air der Rechtschaffenheit umgibt mich, wie der gläserne Sarg Schneewittchen umgab.« (220)

Da er seine Wegwerfformel zu höchster Effizienz bringen will – er errechnet »ein Konzentrat von 1 : 300« (227), denn er will Schulen für Wegwerfer gründen und die Absolventen wo immer möglich stationieren, wie z. B. in »Postämter[n]« und »Druckereien« (227) –, so erhält das Wort »Vernichtung« (221), das er sehr widerwillig als Bezeichnung seines Tuns bekennt, eine geradezu apokalyptische Bedeutung. Ein derart gesteigerter Verbrauch von Produkten – ich »vernichte [...] rücksichtslos die Erzeugnisse ehrbarer Papierfabriken, würdiger Druckereien [...] Lackpapier, Glanzpapier, Kupfertiefdruck« (226) – verweist zwangsläufig auf die Erschöpfung der Rohstoffe. Darin zeigt sich die letzte Wahrheit und Moral der Wegwerfformel, der sich der Wegwerfer allerdings verschließt, indem er Moral und Ökonomie streng zu trennen sucht. »[...] ich möchte mich grundsätzlich der Moral enthalten. Meine Spekulationsebene ist die reine Ökonomie.« (231) Was er nicht zu Ende denken will, sucht ihn allerdings im Schlaf heim: dann »verfolgen mich meine Formeln, rollen ganze Welten nutzlosen Papiers über mich hin; manche Formeln explodieren wie Dynamit« (231).

Man kann dem Wegwerfer zugute halten, dass er sein Tun als Vernichten bekennt, aber er ist deshalb durchaus kein Held. Als solcher würde er seine Formel durchschauen und etwa eine Bewahrungsformel entwickeln. Deren Ziel hätte zu sein: mehr Bewahren von menschlicher Substanz und Rohstoffen, weniger Konsum und Verzettelung menschlicher Energie an die Produktion von – unnützen – Verbrauchsgütern. Auf den einfachsten Nenner gebracht wäre der Kern der Bewahrungsformel: weniger Kapitalismus, mehr Demokratie. Damit wäre der Widerspruch im System zwar nicht aufgehoben, jedoch gemildert und humaner. Eigentlich ließe sich eine derartige Erfindung (sie wäre im Sinne der Ideen E. F. Schumachers, die er in *Small is Beautiful. Economics as if People Mattered* entwickelt) vom Wegwerfer erwarten. Als Kind schon hatte der einen »Hang zur Ökonomie« (223), der sich darin äußerte, dass er die attraktivsten Broschüren aus dem Papierkorb seines Vaters fischte, weil »da [...] etwas entworfen, aufgesetzt, gedruckt [...] in einen Umschlag gesteckt, frankiert worden [...] mit dem Schweiß des Zeichners, des Schreibers, des Druckers, des frankierenden Lehrlings befrachtet« (223) worden war. Als Zwölfjähriger war er Besitzer einer stattlichen Sammlung von Reisebroschüren, Prospekten, Katalogen, die ihm jedoch keinen finanziellen Wert darstellen, sondern seine Phantasie anregen. »Dalmatien war mir so vertraut wie die Fjorde Norwegens, Schottland so nahe wie Zakopane, die böhmischen Wälder beruhigten mich, wie die Wogen des Atlantik mich beunruhigten« (224). Hier zeichnet sich ein Bewahren ab, das so gut wie nichts mit Verbrauch zu tun hat, sondern eine Bereicherung des Gemütes und Geistes bedeutet. Als Siebzehnjähriger stößt der Wegwerfer in einem Anfall »plötzlicher Lustlosigkeit« (224) seinen Schatz ab – für den lächerlichen Altpapierwert von sieben Mark und sechzig Pfennig – und beginnt mit den Berechnungen seiner Wegwerftheorie. Als er diese seiner Behörde anbietet, wird er »des Nihilismus verdächtigt, für geisteskrank erklärt und entlassen« (225). Er geht vier Jahre mit seiner Erfindung hausieren. In dieser Zeit stuft man ihn behördlich als »asozial« (226) ein. Endlich »leuchtet« der Versicherungsgesellschaft Ubia das »Einleuchtende [seiner] Überlegungen« (226) ein und sie gibt ihm Arbeit. Ihre Überlegungen, so darf man mutmaßen, sind dabei grundverschieden von denen der Behörde. Diese stuft den Wegwerfer als geistesgestört ein, weil er einen amtlichen Ablauf unterbricht, dem zufolge Reklamepost ihrer Bestimmung zugeführt werden muss; nichts deutet darauf hin, dass die Behörde das wahre Ausmaß der Formel erkennt. Das gilt auch für die Ubia, allerdings mit dem Unterschied, dass diese das Tun des Wegwerfers nicht als systemischen Kurzschluss, sondern als einen die Rentabilität steigernden Faktor wertet, der die Angestellten davon abhält, Zeit zum Lesen der Reklame zu vergeuden. Als Angestellter bei der Ubia ist für den Wegwerfer die Zeit des seligen Schwelgens in der Theorie vorüber. Seine Wegwerfpraxis lehrt ihn, dass er Produkte und Rohstoffe vernichtet. Aus seinen Träumen ist abzulesen, dass er zu ahnen beginnt, wie gefährlich seine Formel ist. Kein Wunder, dass er zu nervenstärkenden Mitteln greifen muss und als Held, der die Welt verbessern will, abdankt. Im Grunde kann er nicht mehr an sich und seine Formel glauben. Dazu kommt, dass er intellektuell versagt, indem er, wie schon gesagt, nicht zu einer konkreten Bewahrungsformel vordringt.

Wenn Böll seinen Helden satirisch verzeichnet, indem er ihn als Versager hinstellt, so geht er ebenso hart mit der ihn umgebenden Gesellschaft ins Gericht. Sie versagt, indem sie Verbrauch mit Reichtum gleichsetzt, ungeachtet des Kurzschlusses, der mit der Rohstofferschöpfung eintreten muss. Was diese Gesellschaft humanitär verbindet, ist die Illusion des Reichtums für alle. Sie frönt einem Verbraucherkollektivismus, für den, so würden wir heute sagen, die Kreditkarte der Personalausweis ist.

Wenn der Wegwerfer seine Formel nicht zur Bewahrungsformel ausweitet, so unterlässt der Satiriker es nicht, uns diese in einem Gegenmodell anzudeuten. Seine Pausen verbringt der Wegwerfer mit der Frau des Pförtners. Die beiden reden intensiv über alltägliche Dinge, z. B. die Erziehung der Kinder, deren schulische Erfolge, über Gartenbau und Kaninchenzucht. Von Konsum ist keine Rede. Wenn Produkte erwähnt werden, sind es z. B. selbst gezogene Tomaten und Melonen. Es ist typisch für Bölls Werk, angemessenes Leben im Rahmen einer Kleine-Leute-Idylle anzudeuten. Das Selbstgenügsame an dieser Idylle verdichtet sich zur Idee des Bewahrens. Die Pförtnersfrau lässt sich vom Wegwerfer die schönsten Broschüren geben, die sie sammelt, wie der Wegwerfer als Kind sammelt, nämlich ohne kommerzielle Absichten.

Am Verbraucherkollektiv hingegen findet der Satiriker nichts Positives. So überzeichnet er es, indem er es mit Militarismus und mit unüberwundener Nazivergangenheit verknüpft. Es gibt Straßenbahnhaltestellen an der Roon- und der Schlieffen-Straße. Roon war Generalstäbler während der Gründerzeit, Schlieffen der Urheber der deutschen Angriffsstrategie, die im Ersten Weltkrieg an der Westfront umgesetzt wurde. Wenn nach diesen Militärs noch Straßen benannt sind, verwundert es nicht, dass der kleine Mann in einer kriegerisch anmutenden Aufmachung daherkommt. Um konform zu wirken, trägt der Wegwerfer einen uniformgrauen Anzug, den eine Zeitung vervollständigt, die zu einer »leichten Keule zusammengerollt« ist (219). Maliziöser und subtiler noch ist die Verquickung der Nazis mit den USA. Der Wegwerfer belehrt gelegentlich bei der Straßenbahnfahrt zur Arbeit seine unwissenden Zeitgenossen: »ich korrigiere die gröbsten politischen und geschichtlichen Irrtümer (etwa indem ich die Mitfahrenden darüber aufkläre, daß zwischen SA und USA ein gewisser Unterschied bestehe)« (219). Glaubt hier, so muss sich der Leser fragen, der Wegwerfer oder glauben die Mitfahrenden an einen ›gewissen‹, absoluten, oder gar keinen Unterschied? Bölls in ihrer biederen Un-

verfrorenheit komisch wirkende Zusammenstellung von
SA und USA ist nicht etwa absurd, da man den sozialen Darwinismus als verbindende Idee heranziehen kann:
Beide Ideologien, Nazismus wie auch Kapitalismus, befürworten oder glorifizieren den Stärkeren.

Eine der traditionellen Beobachtungen zur Satire, nämlich dass der Satiriker den Menschen einen Spiegel vorhalte, wird von Böll in diesem Text wortwörtlich und raffiniert verwendet. Der Wegwerfer betrachtet sein Gesicht in
der Straßenbahnscheibe, um seine Gesichtszüge auf perfekte Konformität hin zu arrangieren, wenn »ein überholender Lastwagen dem Fenster [...] für einen Augenblick
Hintergrund gibt« (220). Der Lastwagen ist Bild im Bild,
ist »Hintergrund«, d. h., er steht für die Verbraucherkultur sowie deren Funktion und Wesen. Er bewegt Produkte, die ihn wie auch im übertragenen Sinne die Menschen
be-»lasten«; das gilt vornehmlich für den Wegwerfer, denn
gäbe es kein Zuviel an Kapitalismus, so wäre er wohl ein
glücklicher Sammler geblieben. Ob der heutige Leser sich
für das damit einhergehende Leben erwärmen könnte,
steht auf einem anderen Blatt. Was sich aus dem Text filtrieren lässt – Anhaltspunkt ist die Pförtnersfrau-Idylle –,
wäre eine Art Schrebergärtnerexistenz, ein nicht gerade
auf- und anregendes Dasein, das aber ein Gegenmodell zu
der von Böll kritisierten Gesellschaft böte.

Bölls auf das Einführungsstadium des Konsum-Kapitalismus im Nachkriegsdeutschland gemünzte Satire hat inzwischen an Brisanz noch gewonnen. Man spricht von
Konsumterror, globalisiert die Idee des permanent gesteigerten Verbrauchs, selbst die Reklamepost hat auch als Internet-Spam-Mail rapide zugenommen. Aber man darf
auch sagen, dass die Idee des Bewahrens ebenfalls an Boden gewonnen hat. Allerdings gilt das für Europa wesentlich mehr als für die USA. Besonders im Energiebereich
ist Amerika zu einem geradezu monströsen ›Wegwerfer‹
geworden. So zeigt Bölls Text das aller großen Satire eige-

ne Stehvermögen durch seine anhaltende Aktualität. Wenn Böll diese Geschichte für seine beste hielt,[1] so kann man ihm insofern beipflichten, als auf gleich engem Raum zumindest in der deutschen Literatur sich keine gleichermaßen überzeugende Systemsatire findet.

Zusätzliche, textuelle Verweise eröffnen sich, wenn der *Wegwerfer* auf seine Genrecharakteristiken als Satire befragt wird.[2] Die Wegwerfer-Figur findet ihr klassisches Vorbild in Swifts Satire *The Mechanical Operation of the Human Spirit*. Die verkehrte Welt, die den Satiriker herausfordert, bedingt dort wie hier ein Leben, das sich als Mechanik und Automatik äußert. Der Wegwerfer ist Roboter und Monomane, sein Leben ein zwanghaftes Einerlei. Alles ist exakt berechnet und verwaltet.[3] »Meine ganze Freizeit gehörte umständlichen Rechnereien. Stoppuhr, Bleistift, Rechenschieber, Millimeterpapier blieben die Requisiten meines Wahns« (225). Die Wände seiner Wohnung sind mit »graphischen Darstellungen, mit erregten Kurven bedeckt [...] zwischen Abszisse und Ordinate fange ich die Linien eines Fiebers ein, das immer höher steigt« (230). Weiterhin liebt der Wegwerfer Auflistungen und Reihungen, die Menschen und Dinge quasi zu Inventar machen: »Drucker, Setzer, Zeichner, Schriftsteller, die sich als Werbetexter betätigen, Graphiker, Einlegerinnen, Packerinnen, Lehrlinge« (226). Seine Arbeit stumpft ihn ab, ist »ohne die geringste Sentimentalität« (226). Sogar seinen Bericht über die idyllischen Pausen, die er mit der Pförtnersfrau verbringt, rasselt er ab wie ein schrottreifes Uhrwerk:

Ist Alfred inzwischen im Rechnen etwas besser geworden? Hat Gertrud die Lücken im Rechtschreiben ausfül-

---

1 Klaus Jeziorkowski, *Rhythmus und Figur*, Bad Homburg v. d. H. 1968, S. 41.
2 Vgl. Erhard Friedrichsmeyer, *Die satirische Kurzprosa Heinrich Bölls*, Chapel Hill 1981.
3 Jeziorkowski (Anm. 1) S. 17–83.

len können? Alfred hat sich im Rechnen nicht gebessert, während Gertrud die Lücken im Rechtschreiben ausfüllen konnte. Sind die Tomaten ordentlich reif geworden, die Kaninchen fett, und ist das Experiment mit den Melonen geglückt? Die Tomaten sind nicht ordentlich reif geworden, die Kaninchen aber fett, während das Experiment mit den Melonen noch unentschieden steht. (223)

Offensichtlich will Böll als Sozialkritiker, dass der Leser die Mechanik und Automatik, die sich für den Wegwerfer aus den Konsumzwängen unseres Systems ergeben, als die seines eigenen Lebens erkennt. Inwieweit es möglich ist, sich diesen zu entziehen, ist nach wie vor eine der brennenden Fragen für diejenigen, die die Albträume des Wegwerfers fürchten.

Literaturhinweise

Heinrich Böll: Bekenntnisse eines »Wegwerfers«. In: Frankfurter Allgemeine Zeitung. Nr. 298. 24. Dezember 1957. Beilage.
– Der Wegwerfer. In: H. B.: Doktor Murkes gesammeltes Schweigen und andere Satiren. Köln/Berlin: Kiepenheuer & Witsch, 1958. S. 137–158.
– Der Wegwerfer. In: H. B.: Erzählungen. Hrsg. von Viktor Böll und Karl Heiner Busse. Köln: Kiepenheuer & Witsch, 1994. S. 683–693.
– Der Wegwerfer. In: Klassische deutsche Kurzgeschichten. Hrsg. von Werner Bellmann. Stuttgart 2003. S. 218–231. – Dieser Druck basiert auf der Ausgabe von 1994.

Friedrichsmeyer, Erhard: Die satirische Kurzprosa Heinrich Bölls. Chapel Hill 1981.
Jeziorkowski, Klaus: Rhythmus und Figur. Zur Technik der epischen Konstruktion in Heinrich Bölls *Der Wegwerfer* und *Billard um halb zehn*. Bad Homburg v. d. H. [u. a.] 1968.
Schumacher, E. F.: Small is Beautiful. Economics as if People Mattered. New York 1973.

Siegfried Lenz: *Ein Freund der Regierung*

Von Hans Wagener

Siegfried Lenz' Kurzgeschichte *Ein Freund der Regierung* (1959) ist Teil seiner Erzählsammlung *Das Feuerschiff* (1960), die außer der Titelnovelle neun Kurzgeschichten aus den Jahren 1957 bis 1960 umfasst. Eine Reihe dieser Geschichten signalisieren Lenz' Abschied von seinem früheren Vorbild Ernest Hemingway, andere sind zeitkritische Satiren, z. B. auf Verkaufs- und Werbepraktiken damaliger Firmen. *Ein Freund der Regierung* gehört jedoch zu den parabelhaften Werken des Autors, in denen er sich mit der Diktatur und ihren Vorgehensweisen auseinandersetzt, mit dem »Konflikt zwischen den Ansprüchen einer Diktatur und dem Widerstand des einzelnen Bürgers«[1].

Das Verhalten von Menschen in einer – nicht näher bezeichneten – Diktatur hat Lenz in einer Reihe anderer Werke ebenfalls behandelt, z. B. in der Erzählung *Der Sohn des Diktators* (1960), die ebenfalls in der Sammlung *Das Feuerschiff* enthalten ist,[2] in den Dramen (bzw. Hörspiel) *Zeit der Schuldigen* (1962) und *Das Gesicht* (1964) sowie in der Erzählung *Die Schmerzen sind zumutbar* (1966) in der Sammlung *Einstein überquert die Elbe bei Hamburg* (1975). Mit den Vorgehensweisen einer Diktatur, sei es einer braunen oder roten, war das Publikum von 1959 hinlänglich vertraut. Es wusste von ihrem propagandistischen Bemühen, die Welt von ihrer Fortschrittlichkeit und Humanität zu überzeugen und die Brutalität ihrer Methoden im Innern zu vertuschen.

1 Wilhelm Johannes Schwarz, *Der Erzähler Siegfried Lenz*. Mit einem Beitrag »Das szenische Werk« von Hans-Jürgen Greif, Bern/München 1974, S. 43.
2 Ebd., S. 336–348.

Genau darum geht es auch hier: Der Ich-Erzähler reist
mit einer Journalistengruppe durch eine Diktatur, damit
die Regierung zeigen kann, »wie viele Freunde die Regierung hatte« (232). In einem Musterdorf wird ihnen ein
Mann namens Bela Bonzo vorgeführt, der auf ihre Fragen
hin tatsächlich immer wieder betont, er sei ein »Freund
der Regierung« (237 u. ö.). Als er beim Abschied dem Erzähler die Hand drückt, hinterlässt er darin eine Papierkugel, in der der Erzähler nach der Rückkehr im Hotel einen
»menschliche[n], angesplitterte[n] Zahn« findet: »[...] und
ich wußte, wem er gehört hatte«[3] (240).

Bei *Ein Freund der Regierung* handelt es sich um eine
bittere politische Satire.[4] Schon der Titel ist ironisch. Er
fordert zum fragenden Widerspruch heraus. Der kundige
Leser wird ihn sofort mit jemandem in Verbindung bringen, der eben *kein* Freund der Regierung ist.[5] Diese durch
den Titel vorgezeichnete Ironie wird dann im Laufe der
Geschichte mehrfach bestätigt. Durch die Ironie im Titel
wird der Leser von Beginn an angehalten, beim Lesen der
Geschichte selbst auf Anzeichen eines Widerspruchs zwischen phrasenhaft wiederholtem Bekenntnis und tatsächli-
chem Sachverhalt zu achten. Trotzdem hebt sich Lenz
»den endgültigen Widerruf [...] bis auf den letzten Satz
auf, der dann auch wie eine eingebaute Zeitbombe das
ganze Lügengebäude zusammenfallen läßt«[6].

Es ist charakteristisch für Lenz' Werke aus den 50er-

---

3 Siegfried Lenz, *Ein Freund der Regierung*, in: S. L., *Erzählungen 2.
  1956–1962*, Hamburg 1997 (*Werkausgabe in Einzelbänden*, Bd. 14),
  S. 137–146.
4 Vgl. Schwarz (Anm. 1) S. 43.
5 Vgl. Brian Murdoch / Malcolm Read, *Siegfried Lenz*, London 1978, S. 120:
  »The title is ironic, and this kind of irony is perhaps now too commonplace: the reader of any post-war German story will expect this to be con-
  nected with someone who is *not* a friend of the government, and one sus-
  pects that Lenz knows this, preempting superficial suspense (as in *Stadtgespräch*) in favor of developmental interest.«
6 Schwarz (Anm. 1) S. 43.

und 60er-Jahren, dass er keine konkrete Ortsangabe, weder in dem Drama *Zeit der Schuldlosen* (1962) noch in dem Roman *Stadtgespräch* (1963) gibt. Selbst in einem Roman wie *Der Mann im Strom* (1958) legt er nicht einfach ›Hamburg‹ explizit fest, obwohl die Stadt leicht zu identifizieren ist. Der parabelhafte Charakter seiner Werke, die Übertragbarkeit der Aussage wird auf diese Weise erleichtert. Das dürfte auch der Grund für das Fehlen einer konkreten Ortsangabe in *Ein Freund der Regierung* sein: Lenz will es dem Leser ermöglichen, seine Aussage der Geschichte eben nicht auf eine spezifische, sondern auf *alle* Diktaturen zu beziehen.[7] Die Personennamen scheinen jedoch zumindest auf ein osteuropäisches Land hinzudeuten: Der Beamte der Regierung, der die Journalisten als Reiseführer begleitet, heißt Garek, hat also einen tschechischen bzw. slowakischen Namen, der »Freund der Regierung« heißt Bela Bonzo, was auf Ungarn hinzudeuten scheint. Die Landschaft, durch die der Bus fährt, ist allerdings nicht die ungarische Puszta, sondern karstiges Land mit »braunen Hängen« (232), Schluchten und »heißen Ebenen« (233), von denen Kalkstaub durch die Fenster dringt, »totes Land« (233), was eher an Jugoslawien, Griechenland oder die Türkei erinnert.

Es ist ein trostloses, ödes Land. Die Hauptstadt hat zwar eine Oper, Parks und eine Mustersiedlung, aber der Eindruck der Trostlosigkeit und des brüchigen Untergrunds wird auch hier schon dadurch angedeutet, dass eine Mustersiedlung auf einem »kalkigen Hügel« (232) liegt. Kalk und sein Staub, d. h. sein Verfallsprodukt, bestimmen auch das Land, durch das der Bus anschließend

---

7 Franz-Josef Thiemermann schreibt deshalb, die Regierung in der Erzählung habe »als Prototyp totalitärer Regime schlechthin zu gelten«. F.-J. T., »Die Zerstörung der Sprache und die Wahrheit der Zeichen. Siegfried Lenz: Ein Freund der Regierung«, in: F.-J. T., *Kurzgeschichten im Deutschunterricht. Texte – Interpretationen – Methodische Hinweise*, Bochum ⁸1971, S. 178–191, hier S. 188.

fährt: Verfall kennzeichnet das Dorf, das der Bus gegen Mittag durchquert:

> [...] die Fenster waren mit Kistenholz vernagelt, die schäbigen Zäune aus trockenem Astwerk löcherig, vom Wind der Ebene auseinandergedrückt. Auf den flachen Dächern hing keine Wäsche zum Trocknen. Der Brunnen war abgedeckt; kein Hundegebell verfolgte uns, und nirgendwo erschien ein Gesicht. (233)

Offensichtlich ist das Dorf verlassen, und der offizielle Reiseleiter möchte es so schnell wie möglich hinter sich lassen, denn der Bus »fuhr mit unverminderter Geschwindigkeit vorbei, eine graue Fahne von Kalkstaub hinter sich herziehend, grau wie eine Fahne der Resignation« (233). Anschließend geht die Fahrt durch hügeliges, rostrotes Land, das von großen Steinen bedeckt ist, zwischen denen allerdings »farblose Büsche wuchsen« (234) – auch hier also wieder die Betonung des Eindrucks der Farblosigkeit und damit Trostlosigkeit, eben wie sich auch das Leben unter einer Diktatur durch Farblosigkeit, Normierung auszeichnet. Dann ist das Ziel erreicht. Wieder dominiert Kalk den Gesamteindruck. Der Bus hält vor einer »sauber gekalkten Hütte. Der Kalk blendete so stark, daß beim Aussteigen die Augen schmerzten.« (234) Sauberkeit und Ordnung scheinen diese neue Umgebung zu bestimmen, aber in diesem Fall blendet der weiße Kalk die Besucher – so wie sie sich auch von den Worten des Bewohners der Hütte, Bela Bonzo, des »Freundes der Regierung«, zunächst blenden lassen.

Die versuchte Täuschung der Journalisten macht Lenz bereits in der Beschreibung Bela Bonzos deutlich: Er hat ein altes Gesicht, das »staubgrau« (234) ist, also mit denselben Attributen der Trostlosigkeit, mit denen das Land belegt wird. Die Tatsache, dass seine Oberlippe geschwollen ist, wird vom Erzähler nicht kommentiert. Dass Bonzo »gerade bei einer Hausarbeit überrascht worden war, [...] sauber gekämmt« (235), erscheint im Nachhinein als beschönigende Verharmlosung, denn offensichtlich ist er geschlagen worden. Wenn Lenz weiter berichtet: »[...] die verkrusteten Blutspuren an seinem alten, mageren Hals zeugten von einer heftigen und sorgfältigen Rasur« (235), so will dies im Rückblick ebenfalls als in der Geschichte konnotiert ironische Fehlinterpretation der Besucher erscheinen, denn auch dies deutet eher auf seine Misshandlung. Weiter heißt es: »Er trug ein frisches Baumwollhemd, Baumwollhosen, die zu kurz waren und kaum bis zu den Knöcheln reichten; seine Füße steckten in neuen, gelblichen Rohlederstiefeln, wie Rekruten sie bei der Ausbildung tragen.« (235) Die Kleidung ist offensichtlich neu. Es ist wenig glaubhaft, dass Bonzo angeblich »gerade bei einer Hausarbeit« war (234). Die Kleidung passt ihm obendrein nicht, und die neuen Stiefel stammen ebenso offensichtlich aus dem Rekrutendepot, sind ihm also von den Soldaten gegeben worden, damit er damit auf die Besucher einen guten Eindruck machen kann.

Dass Bonzo geschlagen und dadurch verwundet worden ist, wird symbolisch durch die »fast faustgroße[n] Früchte« (235) verdeutlicht, die eine alte Frau den Besuchern anschließend in der Hütte anbietet, denn sie hatten »ein saftiges Fleisch, das rötlich schimmerte« (235) – wie Blut –, sodass der Erzähler am Anfang das Gefühl hat, »in eine frische Wunde zu beißen« (235). Im Nachhinein wird deutlich werden, dass Bonzo seine frischen Wunden durch Fausthiebe empfangen hat, um ihn zum »gefügige[n] Sprachrohr der Regierung« zu machen.[8]

Draußen stehen barfüßige Kinder, die sich nicht rühren und auch nicht miteinander sprechen. Die Tatsache, dass sie barfüßig sind, reflektiert nicht unbedingt die Armut des Landes, sondern ist in südlichen Ländern nicht außer-

8 Ebd.

gewöhnlich. Aber dass sie sich nicht rühren und auch nicht miteinander sprechen, ist für Kinder höchst unnatürlich. Sie sind offensichtlich eingeschüchtert und haben Angst.

Anschließend wird Bonzo von den Journalisten interviewt, und die Fragen, die ihm gestellt werden, sind darauf angelegt, seine positive Einstellung der Regierung gegenüber in Frage zu stellen: Ein Mann namens Pottgießer fragt ihn, ob er Kinder habe. Bonzo erwidert, er habe einen Sohn gehabt, der sich gegen die Regierung aufgelehnt habe; er sei faul gewesen, habe nie zu etwas getaugt und sei deshalb zu den Saboteuren gegangen, die gegen die Regierung kämpfen, »weil sie glauben, es besser machen zu können« (235 f.). Unmittelbar danach gibt der Erzähler wieder einen Hinweis, dass mit diesem Zeugen etwas nicht stimmt, indem er, ohne es zu kommentieren, feststellt, »daß ihm die Schneidezähne fehlten« (236). Auf Pottgießers Kommentar »Vielleicht würden sie es besser machen«, gibt Bonzo eine philosophische Antwort: Alle Regierungen glichen sich darin, dass man sie ertragen müsse, die einen leichter, die andern schwerer. »Diese Regierung kennen wir, von der anderen kennen wir nur die Versprechungen.« (236) Dass die Kinder daraufhin einen langen Blick tauschen, bezeugt ihre Einsicht in die tatsächlichen Verhältnisse. Als ein anderer Besucher namens Bleiguth daraufhin einwirft, immerhin sei das größte Versprechen die Unabhängigkeit, spult Bonzo weiter die ihm eingebläuten Standardantworten ab: die Unabhängigkeit könne man nicht essen, was nütze sie, wenn das Land verarme. Der Rest der Antwort besteht in einer Aufzählung der angeblichen Verdienste der Regierung: sie habe den Export gesichert, Straßen, Krankenhäuser und Schulen bauen lassen und das Land kultiviert – alles Dinge, von denen bisher auf der Reise nichts sichtbar geworden ist. Dass es sich um ihm von der Regierung vorgegebene, eingelernte Antworten handelt, wird nicht nur darin deutlich,

dass Bonzo mit einem Blick von Garek eine Bestätigung
dafür zu bekommen versucht, dass er seine Sache gut gemacht hat, sondern auch darin, dass er, wohlgemerkt:
»ohne gefragt worden zu sein« (236), anfügt, zur Unabhängigkeit gehöre auch eine gewisse Reife; sein Volk habe
diese Mündigkeit noch nicht erreicht. Und er betont:
»Und ich bin ein Freund dieser Regierung, weil sie uns in
unserer Unmündigkeit nicht im Stich läßt.« (237)

Dass sich an diesem Punkt Garek zum Bus entfernt,
markiert einen klaren Einschnitt, denn damit beginnt der
zweite Teil des Interviews, während dessen Bonzo nicht
überwacht wird. Ein Rundfunkjournalist fragt ihn deshalb
schnell: »Wie ist es wirklich? Rasch, wir sind allein.« (237)
Er könne jetzt offen sprechen. Auch jetzt lässt sich Bonzo
nicht aus der Reserve locken. Aber wenn er schmunzelnd
antwortet, »so daß seine Zahnlücken sichtbar« werden
(237), so sind die fehlenden Zähne Antwort genug. Die
Besucher könnten an jede Tür klopfen, sie würden überall
erfahren, wie dankbar man der Regierung sei. Mit anderen
Worten: Überall würde man nur ein und dieselbe stereotype Antwort erhalten.

Noch einen weiteren Versuch machen die Journalisten,
um die Mauer des Schweigens über die Wahrheit der Verhältnisse zu durchbrechen: Gum, ein junger Journalist,
tritt auf Bonzo zu und sagt, er habe zuverlässige Nachricht, dass Bonzos Sohn gefangen genommen und in einem Gefängnis der Hauptstadt gefoltert worden sei. Bonzo widerspricht daraufhin seinen früheren Worten, indem
er seinen Sohn verleugnet, und wiederholt die Formel,
dass er ein Freund der Regierung sei. Dabei liegt Kalkstaub, das Symbol der Trostlosigkeit, auf seinen Lippen
und desavouiert seine Antwort. Die litaneihafte Wiederholung »Ich bin ein Freund der Regierung« (238) bestätigt
noch einmal, dass es sich dabei um eine leere Formel handelt, die ihm eingebläut worden ist.

Anschließend tritt Garek wieder zu der Gruppe. Bonzo

sieht »aufrichtig erleichtert aus« (238), offensichtlich weil er nun nicht mehr Gefahr läuft, die Wahrheit zu verraten. Wenn Lenz dann einen mit einer Sense vorbeigehenden Mann Bonzos Bekenntnisse bestätigen lässt, sagt er ironisch von ihm: »er war ein leidenschaftlicher Freund der Regierung« (238). Die beiden Männer reichen sich die Hand, »wie um ihre gemeinsame Verbundenheit mit der Regierung zu besiegeln« (238). Auch hier lassen sich die Ironiesignale nicht übersehen. Es herrscht die angebliche »begeisterte Zustimmung aller« zur Regierung. Durch Terror und Gewalt wird die eigene Meinung der Menschen gebrochen, und »die Opfer werden überdies durch das teuflische Mittel einer alles umfassenden Angst zu willfährigen Propagandisten ihrer Folterknechte erniedrigt.«[9]

Der Erzähler berichtet nicht, ob seine journalistischen Kollegen den stereotypen Versicherungen Bela Bonzos schließlich Glauben schenken oder nicht. Ihr Misstrauen zeigt sich höchstens darin, dass sie immer wieder versuchen, Bonzo dazu zu bewegen, seine stereotypen Antworten aufzugeben. Doch zumindest der Erzähler selbst ist misstrauisch geworden, denn auf der Rückfahrt wagt er nicht, die Papierkugel, die ihm Bonzo beim Abschied in die Hand gedrückt hat, aufzumachen, weil er sich von Garek beobachtet fühlt. Der Bus wird überwacht. Ein Flugzeug fliegt über den Bus hinweg und lässt ihn »nicht mehr allein« (239). Auf einem Schienenauto sitzen junge Soldaten, die freundlich mit ihren Maschinenpistolen zu der Busgruppe hinüberwinken. Der Kontrast zwischen dem freundlichen Winken und den bedrohlichen Maschinenpistolen bezeichnet noch einmal den Kontrast zwischen dem äußeren Eindruck, den die Regierung vermitteln will, und tatsächlicher kalter Gewalt in diesem Land.[10] So sieht

---

9 Ebd., S. 188 f.
10 Auch bei der Anreise winkt ein Soldat, »der mit einer Art lässiger Zärtlichkeit eine handliche Maschinenpistole trug« (232), den Busreisenden fröhlich zu.

es offenbar auch der Erzähler, der daraufhin die Papierkugel im Bus nicht öffnet, sondern sie schnell in eine kleine Uhrtasche schiebt, »die einzige Tasche, die ich zuknöpfen konnte« (239). Wenn er anschließend an Bela Bonzo, »den Freund der Regierung« (239), denkt und kommentiert: »Niemand von uns zweifelte daran, daß wir in ihm einen aufrichtigen Freund der Regierung getroffen hatten« (240), so kann dies nur als ironischer Kommentar gewertet werden.

Dass der Erzähler inzwischen eindeutig misstrauisch geworden ist, wird dadurch bestätigt, dass er nach seiner Rückkehr ins Hotel in sein Zimmer geht, die Papierkugel aber nur auf der Toilette aufmacht; offensichtlich hat er Angst, auch im Zimmer selbst noch bespitzelt zu werden.

Auf dem Zettel steht kein Zeichen, kein Wort. Worte trügen, die Mutlosigkeit von Worten war in dem Interview mit dem »Freund der Regierung« deutlich geworden, die Sprache hat sich als manipulierbar erwiesen und bedeutet »nicht mehr das [...], was sie sagt«[11]. Die Wahrheit muss sich deshalb ohne Worte enthüllen, und zwar in einem beweiskräftigen, dinghaften Symbol: »[...] eingewickelt lag im Papier ein von bräunlichen Nikotinspuren bezogener Schneidezahn. Es war ein menschlicher, angesplitterter Zahn, und ich wußte, wem er gehört hatte« (240). Auf diese Weise schließt Lenz seine Kurzgeschichte mit einer Pointe, die den eingelernten Wortschwall und die stereotype Formel vom »Freund der Regierung« als aus der Not geborene Lüge entlarvt.

Der Schluss der Erzählung stellt damit die Widerlegung des eingangs von der Regierung angestrebten Beweises dar, »daß alles, was über das unruhige Gebiet geschrieben wurde, nicht zutraf: die Folterungen nicht, die Armut und vor allem nicht das wütende Verlangen nach Unabhängigkeit« (232). Dieses Ende, der Zwang, der hinter allen Aus-

11 Thiemermann (Anm. 7) S. 190.

sagen Bela Bonzos Angst zeigt, ist von Lenz sorgfältig
vorbereitet worden; alles führt auf den Schluss hin. Schritt
für Schritt kommt aber auch der Ich-Erzähler zu der
Überzeugung, dass mit der allzu eifrig wiederholten Formel vom »Freund der Regierung« etwas nicht stimmt. So
bestätigt sich an diesem Beispiel, dass, wie Lenz einmal
feststellte, »jede Erzählung [...] bis zu einem gewissen
Grade auch Interpretation« enthält.[12]

Letztlich bleibt aber die Erzählung offen und überlässt
dem Leser die Formulierung der Deutung des Geschehens. Wir erfahren auch nicht, was der Ich-Erzähler nun
tun wird, ob und wie er als Journalist über seine Erfahrungen berichten wird, zumal er die Wahrheit so, wie er
sie erfahren hat, nicht enthüllen könnte, ohne Bela Bonzo
zu gefährden. Ein solches offenes Ende ist jedoch charakteristisch für die Gattung der Kurzgeschichte, in der ein
Schlussereignis zwar eine grundlegende Wandlung oder
Verhaltensänderung des Helden herbeiführt, in der die
verschiedenen »Konsequenzen und Lösungswege« aber
nicht mehr dargestellt werden.[13]

In seinem Essay »Gnadengesuch für die Geschichte«
aus dem Jahre 1966 fordert Lenz von einer Geschichte
»Aufwand an Phantasie, verpflichtende Erwägungen, be-
dachtsame[n] Bau, Ausschluß des Zufalls, verknüpfte Beziehungen – und anschließend ist es gerade dies, was man
der Geschichte vorwirft, was sie so verdächtig gemacht
hat: die verpflichtende Architektur.«[14] Dies sind die Elemente, welche die Erzählung *Ein Freund der Regierung* in
besonderem Maße auszeichnen.

---

12 Siegfried Lenz, »Geschichte erzählen – Geschichten erzählen«, in: S. L.,
   Essays 2. 1970–1997, Hamburg 1999 (*Werkausgabe in Einzelbänden*,
   Bd. 20), S. 165–182, hier S. 173.
13 Vgl. Franz-Josef Thiemermann, »Einleitung. Die Kurzgeschichte als literarische Gattung«, in: F.-J. T. (Anm. 7) S. 9–17, hier S. 12 f.
14 Siegfried Lenz, »Gnadengesuch für die Geschichte«, in: S. L., *Essays 1.
   1955–1982*, Hamburg 1997 (*Werkausgabe in Einzelbänden*, Bd. 19),
   S. 145–151, hier S. 147 f.

Literaturhinweise

Siegfried Lenz: Ein Freund der Regierung. In: Die Zeit. Nr. 14. 3. April 1959. S. 7.
– Ein Freund der Regierung. In: S. L.: Das Feuerschiff. Erzählungen. Hamburg: Hoffmann und Campe, 1960. S. 155–163.
– Ein Freund der Regierung. In: S. L.: Werkausgabe in Einzelbänden. Bd. 14: Erzählungen 2. 1956–1962. Hamburg: Hoffmann und Campe, 1997. S. 137–146.
– Ein Freund der Regierung. In: Klassische deutsche Kurzgeschichten. Hrsg. von Werner Bellmann. Stuttgart: Reclam, 2003. S. 232–240. – Diesem Druck liegt die Ausgabe von 1997 zugrunde.

Arnold, Heinz Ludwig (Hrsg.): Siegfried Lenz. 2., erw. Aufl. München 1982. (text + kritik. 52.)
Bassmann, Winfried: Siegfried Lenz. Sein Werk als Beispiel für Weg und Standort der Literatur in der Bundesrepublik Deutschland. Bonn 1976.
Murdoch, Brian / Read, Malcolm: Siegfried Lenz. London 1978.
Nordbruch, Claus: Über die Pflicht. Eine Analyse des Werkes von Siegfried Lenz. Hildesheim [u. a.] 1996.
Pätzold, Hartmut: Theorie und Praxis moderner Schreibweisen. Am Beispiel von Siegfried Lenz und Helmut Heißenbüttel. Bonn 1976.
Russ, Colin (Hrsg.): Siegfried Lenz. Urteile und Standpunkte. Hamburg 1973.
Schwarz, Wilhelm Johannes: Der Erzähler Siegfried Lenz. Mit einem Beitrag »Das szenische Werk« von Hans-Jürgen Greif. Bern/München 1974.
Thiemermann, Franz-Josef: Siegfried Lenz: Ein Freund der Regierung. In: F.-J. T.: Kurzgeschichten im Deutschunterricht. Bochum [8]1971. S. 178–191.
Wagener, Hans: Siegfried Lenz. 4., erw. Aufl. München 1985.
Wolff, Rudolf (Hrsg.): Siegfried Lenz. Werk und Wirkung. Bonn 1985.

Marie Luise Kaschnitz: *Lange Schatten*

Von Asta-Maria Bachmann

Die Geschichte *Lange Schatten* ist eine Pubertätsgeschichte. Aus diesem Grund fand man sie früher häufig in Schulbüchern abgedruckt. Dies ist heute nicht mehr der Fall. Heutigen Lesern und Schulbuchautoren erscheint die Erzählung, die zuerst im Mai 1960 in der Zeitschrift *Merkur* veröffentlicht wurde und dann einem im selben Jahr erschienenen Band mit Kurzgeschichten von Marie Luise Kaschnitz den Titel gab, vermutlich etwas altmodisch und verstaubt. Dennoch ist nicht von der Hand zu weisen, dass sie atmosphärisch noch immer die eigentümliche Mischung aus Unzufriedenheit, Gereiztheit, Überheblichkeit und Melancholie, die diese Entwicklungsphase kennzeichnet, überzeugend einfängt, einen Zustand, aus dem ein Ausbruch versucht werden muss. »Langweilig, alles langweilig, die Hotelhalle, der Speisesaal, der Strand, wo die Eltern in der Sonne liegen, einschlafen, den Mund offenstehen lassen, aufwachen, gähnen, ins Wasser gehen, eine Viertelstunde vormittags, eine Viertelstunde nachmittags, immer zusammen.« (241) So beginnt die Erzählung, für die der ständige, oft fast unmerkliche Wechsel zwischen der Innenperspektive der Hauptfigur und der Erzählerperspektive charakteristisch ist. Den Tagebüchern von Kaschnitz ist zu entnehmen, dass die Geschichte auf ein nicht näher beschriebenes Erlebnis während eines Ferienaufenthaltes zurückgeht, den die Schriftstellerin mit ihrer Tochter Iris und deren Freundin Elisabeth Freiin von Fürstenberg vom 7. bis 29. Juni 1959 in San Felice am Monte Circeo verbrachte.[1] Wie in anderen Prosatexten,

---

1 Marie Luise Kaschnitz, *Tagebücher aus den Jahren 1936–1966*, hrsg. von Christian Büttrich, Marianne Büttrich und Iris Schnebel-Kaschnitz. Mit einem Nachw. von Arnold Stadler, Bd. 2, Frankfurt a. M. 2000, S. 1170. Vgl.

die Pubertätserfahrungen bzw. das Erwachsenwerden behandeln – z. B. von Carson McCullers, Alfred Andersch, Franz Fühmann, Reiner Kunze und Brigitte Kronauer[2] –, geht es auch in *Lange Schatten* um »die Sehnsucht nach dem ganz Anderen« (Horkheimer), um das Ausbrechen aus Gewohntem und das Erweitern des eigenen Handlungsspielraums.

Rosie Walter, Schülerin der 11. Klasse, macht sich also auf den Weg. Sie vergisst »sich selbst als Person mit Namen und Alter« (245) und wird »eine schweifende Seele« (245). Sie trennt sich unter Vorwänden von ihrer Familie, denn eine »Familie ist eine Plage, warum kann man nicht erwachsen auf die Welt kommen und gleich seiner Wege gehen« (241). Vorbild und Gegenbild zu ihrem »schmalbrüstige[n]« (248) Vater »mit seinem armen, krummen Bürorücken« (242) ist ein braun gebrannter Mann »mit [...] Goldkettchen« (241), der an der Bar »hockt«, mit einem Motorboot »wilde Schwünge« macht und vor allem »immer allein« (241) ist. Fast herrisch und zugleich doch noch kindlich wirkt der Expansions- und Aneignungsdrang des Mädchens: »Wenn man allein ist, wird alles groß und merkwürdig und beginnt einem allein zu gehören, meine Straße, meine schwarze räudige Katze [...] [m]ein Markt, meine Stadt, [...] mein Ölwald, mein Orangenbaum, mein Meer« (242–244). Als dreimal wiederkehrender Refrain wird diese Aneignung der Umwelt bekräftigt.

Strukturell und auch inhaltlich enthält *Lange Schatten* die entscheidenden Elemente einer Initiationsgeschichte, wie wir sie u. a. aus dem Märchen kennen: Die Krise ist Ausgangssituation, die den Helden oder die Heldin

---

auch die Erzählung *Am Circeo*. In: Marie Luise Kaschnitz, *Gesammelte Werke in sieben Bänden*, hrsg. von Christian Büttrich und Norbert Miller, Frankfurt a. M. 1981–1989, hier Bd. 4, S. 262 ff.

2 Andersch, *Sansibar oder der letzte Grund* (1957); Fühmann, *Das Judenauto* (1962); McCullers, *Sucker* (1963); Kronauer, *Strophen zu einer Beobachtung* (1974); Kunze, *Die wunderbaren Jahre* (1976).

zwingt, sich auf den Weg zu begeben. Dem Aufbruch folgt eine Zeit der Prüfungen und Bewährungen, die schließlich in die Rückkehr dessen, der ausgezogen ist, mündet. Zurück kommt er als einer, der gereift ist und seine Identität gefestigt hat.

Mircea Eliade weist im Epilog zu seinem *Das Mysterium der Wiedergeburt. Versuch über einige Initiationstypen* darauf hin, dass die »Initiationsthemen« im Unbewussten des modernen Menschen noch sehr lebendig seien, was sich an der »Initiationssymbolik einiger künstlerischer Schöpfungen« bestätige, die »Initiationsszenarien in Form alltäglicher Abenteuer« darstellten.³

Kaschnitz' Geschichte *Lange Schatten* bestätigt Eliades Beobachtung. Auffällig ist zudem, dass sie neben den schon erwähnten ganz elementaren Strukturmerkmalen einer Initiationsgeschichte auch auf anderen Ebenen ›Gesetze‹ dieser Gattung enthält. Rosie ist es wichtig, sich auf ihrem Weg in die Stadt von ihren Eltern zu isolieren – ein typisches Element von Initiationsritualen. Ihr in kritischem Abgrenzungswillen unternommener Aufbruch, in dem sie – in der Überheblichkeit und Selbstüberschätzung der Unerfahrenen – sich gänzlich autonom wähnt (»Rosie braucht keinen Schatten«, 242; »wozu überhaupt sollte man Eltern«, 243), mündet in der Begegnung mit dem Jungen in einer Krise. In den Aufbruch in die neue Freiheit brechen schon recht bald Störungen ein, die bewältigt werden müssen.

Elsbeth Pulver hat in ihrer Monographie über Marie Luise Kaschnitz ein »Grundmuster« der Kurzgeschichten dieser Autorin so formuliert: »Die Begegnung zwischen zwei Menschen steht im Zentrum [...], nicht einfach als eine Erfahrung unter vielen, sondern als ein auslösendes und veränderndes Moment.«⁴ Dies gilt für *Lange Schatten*

---

3 Mircea Eliade, *Das Mysterium der Wiedergeburt. Versuch über einige Initiationstypen*, Frankfurt a. M. 1988, S. 241 f.
4 Elsbeth Pulver, *Marie Luise Kaschnitz*, München 1984, S. 50.

insofern, als hier zwei junge Menschen an »den ewigen Rhythmen, denen jedes Menschenleben unterworfen ist«,[5] teilhaben.

Rosie ist ausgezogen, um sich Raum zu schaffen. Vom Strand, an dem das Hotel sich befindet, steigt sie auf nach oben in den Ort, der »mit Mauern und Türmen an den Berg geklebt« (242) liegt. Die raumsemantischen Konstellationen von Initiationsgeschichten, in denen der Auserwählte – wie ja selbst Christus – vor der Auferstehung den Abstieg in die Hölle[6] unternehmen muss, werden umgekehrt. Das Initiationsszenarium funktioniert bei Kaschnitz nicht mehr auf der religiösen, sondern »nur noch auf der vitalen und der psychologischen Ebene«[7]. Der Ort, an dem Rosies Begegnung mit dem zwölfjährigen Jungen sich ereignet, liegt »hochoben« (244), und sie findet in der Mittagshitze, der »heißen, dösenden« (244) Stunde des Pan statt, die schon die Nymphen der griechischen Mythologie in ›panischen‹ Schrecken zu versetzen wusste. Denn der Hirtengott Pan ist eine lüsterne, halbtierische Gestalt, deren plötzliche Erscheinung ganze Herden in die Flucht zu schlagen vermag. Beharrlich geht also auch der Junge, »[d]er kleine Pan« (248), Rosie nach, »der Peppino, die Rotznase« (247). Er will »sein Glück machen. [...] Sein Glück, er weiß nicht, was das ist, ein Gerede und Geraune der Großen, oder weiß er es doch plötzlich, als Rosie vor ihm zurückweicht, seine Hand wegstößt und sich, ganz weiß im Gesicht, an die Felswand drückt?« (247)

Auch in Kaschnitz' Erzählung wird hier wie in den mythologischen Geschichten ein Zustand der Suspension, des Stillstandes, der Aufhebung von Bewusstheit und des normalen Raum- und Zeiterlebens hervorgerufen. »Die Sonne glüht, das Meer blitzt und blendet« (246), der Junge

---

5 Marie Luise Kaschnitz, »Lesung 1951«, in: *Gesammelte Werke* (Anm. 1), hier Bd. 7, S. 591.
6 Eliade (Anm. 3) S. 233.
7 Ebd., S. 230.

kommt »lautlos« (246) gesprungen und steht »plötzlich nackt in der grellheißen Steinmulde [...] und schweigt erschrocken, und ganz still ist es mit einemmal« (248). Gerade diese Atmosphäre ermöglicht offenbar einen Zustand der Überbewusstheit und Offenheit für »Anderes«, wie er auch diesen beiden Jugendlichen – in einer Art sexueller Initiation – widerfährt. Peter Handke hat in seinem *Versuch über die Müdigkeit* beschrieben, wie solch ein Zustand der Suspension den Einzelnen für Erfahrungen öffnet, die uns sonst verborgen bleiben.[8] So geraten Rosie und der Junge in dieser Mittagshitze, in der außer ihnen niemand unterwegs ist, in eine Wachheit, in der sich die Ereignisse fast wie in einem Traumgeschehen überschlagen und die Wirklichkeit in ein flirrendes Changieren gerät. »Alles neu, alles erst erwacht an diesem heißen, strahlenden Nachmittag, lauter neue Erfahrungen, Lebensliebe, Begehren und Scham, [...] Frühlings Erwachen, aber ohne Liebe, nur Sehnsucht und Angst.« (249) Plötzlich sind beide wie in einen Kokon eingesponnen, in dem sie nur noch aufeinander reagieren und in dem sich ihnen eine neue Welt offenbart. »Rosie starrt den nackten Jungen an und vergißt ihre Angst, so schön erscheint er ihr plötzlich.« (248) Aus der Faszination der Situation heraus reagieren die beiden geradezu spiegelbildlich. Zunächst gibt der Junge »einen seltsamen, fast flehenden Laut von sich, der etwas Unmenschliches hat und der Rosie erschreckt.« (246) Nachdem er sich die Kleider vom Leib gerissen hat, schweigt er selbst »erschrocken« (248). Beide weichen voreinander und vor dem, was ihnen widerfährt, zurück, sinken vor Angst oder vor dem Blick des anderen in sich zusammen und wachsen im nächsten Moment aus ihrer »Kinderhaut« (vgl. 247) heraus, bevor sie nach dieser verwandelnden Erfahrung »tränenblind« (250) nach Hause stolpern.

8 Peter Handke, *Versuch über die Müdigkeit*, Frankfurt a. M. 1989. – Vgl. Eliade (Anm. 3) S. 163–165 das Kapitel »Die Symbolik der magischen Hitze«.

Ob der Knabe Rosie »schön« und wie mit einem »goldenen Heiligenschein« (248) umgeben erscheint oder wie ein »wildes Tier«,[9] das »die langen weißen Zähne fletscht« (248), ist eine Sache der Perspektive, der Deutung. Nur indem Rosie den Jungen zum Tier degradiert, um sich aus (s)einem Bann zu befreien – der »Junge ist ein streunender Hund, er stinkt, er hat Aas gefressen, vielleicht hat er die Tollwut« (249) –, kann sie sich der Faszination, die von ihm ausgeht, entziehen, durch einen Blick, der »entsetzlich« gewesen sein und in dem etwas von der »Urkraft der Abwehr« (249) gelegen haben muss. Die Stunde des Pan ist zu Ende. Zwar ist es »noch immer furchtbar still« (249), aber es »riecht nun plötzlich betäubend aus Millionen von unscheinbaren, honigsüßen, kräuterbitteren Macchiastauden« (249). Auch wird wieder die Umwelt wie früher, d. h. normaler, wahrgenommen.

Ist die Prüfung bestanden? Die Störung aus dem Weg geschafft? Steht Rosie als Siegerin da?

Kaschnitz' Geschichte trägt den Titel *Lange Schatten*. Man weiß, dass der Schatten seit Urzeiten für die Menschen ein Zeitmesser gewesen ist. Gleichzeitig aber sind ihm, weil er so wesentlich und untrennbar zu einer Person oder einem Gegenstand gehört, auch symbolische Funktionen zugesprochen worden. Um den Verlust des Schattens ranken sich viele Geschichten, deren berühmteste wohl Chamissos *Wundersame Geschichte des Peter Schlemihl* sein dürfte. In ihnen steht der Verlust des Schattens für das Verschwinden bzw. den Verkauf der Seele oder auch für eine Schwächung, Krankheit oder die Irrealität einer Person,[10] während die Zunahme der Länge eines Schattens im Laufe des Tages als Kraftzunahme interpretiert wird.[11]

---

9 Eliade (Anm. 3) S. 233.
10 *Handwörterbuch des deutschen Aberglaubens*, hrsg. von Hanns Bächthold-Stäubli, Berlin 1938/1941/1986, Bd. 9, Artikel »Schatte(n)«, Sp. 126–142. Sp. 133: »Der am Boden liegende Leichnam wirft keinen Schatten mehr.«
11 Ebd., Sp. 133.

Die vorliegende Geschichte schließt folgendermaßen: »Und so viel Zeit ist über all dem vergangen, daß die Sonne bereits schräg über dem Berge steht und daß sowohl Rosie wie der Junge im Gehen lange Schatten werfen, lange, weit voneinander entfernte Schatten, über die Kronen der jungen Pinien am Abhang, über das schon blassere Meer.« (250) »Schön und entsetzlich« (250) war, was sie erlebt hat, denkt Rosie, als sie zurückgeht – ihre Erfahrung sich bewahrend –: »erzählen, auf keinen Fall, kein Wort« (250).

Die langen Schatten der Jugendlichen wirken wie ein Realitätssymbol. Beide Figuren sind – wenn auch voneinander getrennt – wie der Protagonist in Kafkas *Der plötzliche Spaziergang*, der für einen Abend »gänzlich aus seiner Familie ausgetreten«[12] ist, zu einer veränderten Identität gelangt. Sind auch Rosie und der Junge am Ende ihrer Begegnung »schwarz vor Umrissenheit«, wie es bei Kafka heißt?[13] Diese Formulierung würde Kaschnitz' Figuren sicher überzeichnen. Aber wie in Kafkas Geschichte der (ewige) Sohn sich endlich auf sich selbst und sein eigenes Wollen besinnt und damit wenigstens für eine Weile eine klar »umrissene« Gestalt erlangt, so könnte für die nach ihrer Begegnung anders konturierten Figuren in Kaschnitz' Geschichte das gelten, was sie in einem Essay über Hofmannsthals Erzählung *Die Frau ohne Schatten* geschrieben hat: dass nämlich »das Weitertragen der Lebenskraft« »des Schattenwerfens tieferer Sinn« sei.[14] Auf dem »schon blassere[n] Meer« (250) erkennt man die Schatten der Jugendlichen, weit voneinander entfernt und insofern von der Trauer eines Misslingens umgeben (vgl. 250), aber einen langen, eigenen Schatten werfend.

12 Franz Kafka, *Der plötzliche Spaziergang*, in: F. K., *Sämtliche Erzählungen*, Frankfurt a. M. 1987, S. 11.
13 Ebd., S. 12.
14 Kaschnitz, *Gesammelte Werke* (Anm. 1), hier Bd. 7, S. 214.

Literaturhinweise

Marie Luise Kaschnitz: Lange Schatten. In: Merkur 14 (1960) H. 5.
   S. 448–453.
– Lange Schatten. In: M. L. K.: Lange Schatten. Erzählungen.
   Hamburg: Claassen, 1960. S. 5–14.
– Lange Schatten. In: M. L. K.: Gesammelte Werke. Hrsg. von
   Christian Büttrich und Norbert Miller. Bd. 4: Die Erzählungen.
   Frankfurt a. M.: Insel Verlag, 1983. S. 168–175.
– Lange Schatten. In: Klassische deutsche Kurzgeschichten. Hrsg.
   von Werner Bellmann. Stuttgart: Reclam, 2003. S. 241–250. –
   Diesem Druck liegt die Ausgabe von 1983 zugrunde.

Eliade, Mircea: Das Mysterium der Wiedergeburt. Versuch über
   einige Initiationstypen. Frankfurt. a. M. 1988.
Pulver, Elsbeth: Marie Luise Kaschnitz. München 1984.

Kurt Marti: *Neapel sehen*

Von Elsbeth Pulver

Kurt Marti hat immer wieder betont, wie wichtig sein erstes Pfarramt – in Niederlenz, einem Industriedorf im schweizerischen Mittelland – für ihn, den Städter, den in bürgerlichen Verhältnissen Aufgewachsenen, war. Ohne das Jahrzehnt (1950–60), das Marti dort zubrachte, wären seine *Dorfgeschichten 1960* nicht entstanden, auch nicht *Neapel sehen*. (Wie zu vielen anderen Figuren gab es auch zu dessen Protagonisten ein reales, im Text freilich radikal verfremdetes Vorbild.)

Doch war das Dorf für Marti nicht nur ein Reservoir von Stoffen, Themen, Figuren, die Bewohner nicht einfach sein Material. Er hat mit ihnen gelebt und von ihnen gelernt – er ist durch sie (er sagt es selbst) »politisiert« worden: »durch die Begegnung mit Leuten, die zu kurz kommen, ungerecht behandelt werden, sozial und ökonomisch schlecht dran sind. Das hat mich nach links getrieben, und ich wurde, ohne es zu wollen, in diesem Industrie-Dorf der Pfarrer der Sozi-Minderheit.«[1]

Diese Sätze erhellen den Hintergrund der *Dorfgeschichten 1960*. Ein Schlüssel zu einem Text wie *Neapel sehen* sind sie freilich nicht. Anders als viele seiner Kollegen hat Kurt Marti keine Polit-Prosa geschrieben. Für ihn, er hat es immer wieder betont, ist Literatur in erster Linie Sprache und Form. »Form ist die Hebamme des Inhalts. Formeinfälle, Formvorstellungen, Formversuche, Formspiele bringen allmählich den Inhalt zur Welt.«[2] Gerade eine so raffiniert-einfache Geschichte wie *Neapel sehen* ist

1 *Feuxcroisés. Litteratures et Echanges culturels en Suisse.* Revue du Service de Presse Suisse, 5. Editions d'en Bas, Lausanne 2003, S. 32.

2 Kurt Marti, *Red' und Antwort. Rechenschaft im Gespräch*, Stuttgart 1988, S. 29.

für eine Untersuchung unter formalen Gesichtspunkten interessant.

Nicht einmal fünfzig Zeilen umfasst die Kurzgeschichte; genau vier Wörter braucht der Autor, um den Grundriss des Geschehens zu zeichnen: Haus und Gärtchen, Bretterwand, Fabrik. Aus diesen Wörtern entwickelt er die Figur und die Handlung, konsequent und unauffällig. Das Stilgesetz des Textes wird damit sichtbar. Es heißt nicht einfach Kürze, sondern Reduktion, Reduktion aufs Wesentliche, aufs Unerlässliche. Es liegt etwas Strenges, fast Unerbittliches über dem Ganzen, aber es handelt sich dabei nicht um eine moralische, sondern künstlerische Strenge. (Der Einfluss von Max Bense und seiner Zeitschrift *Augenblicke* mag für Kenner fühlbar sein.) Nicht eine einzige Leerzeile erlaubt sich der Autor, um die Geschichte auch äußerlich zu gliedern, keinen Abschnitt, keine Atempause. Wie ein kompakter Block, wie ein Bild, das sich auf einen Blick erfassen lässt, liegt sie vor den Augen der Lesenden.

Die Personen, die den Protagonisten umgeben (diesen Arbeiter, der an der Arbeit und an sich selber zugrunde geht): die Frau, der Meister, der Arzt, der Nachbar, sind kaum konturiert, wirken nur als Zeichen. Es fehlt jede Psychologisierung der Figuren, überhaupt jede direkte Deutung, sei es moralischer oder weltanschaulicher Art; alles ist schnörkellos in Handlung umgesetzt. Die Syntax ist einfach, aber nicht auf lauter Hauptsätze zurückgestutzt. Auch das Vokabular ist einfach gehalten. Aber diese Einfachheit ist alles andere als simpel; sie hat ihre eigene Raffinesse.

Fast verborgen unter der Erzählung erkennt man ein feines Muster, ein Gespinst, das den Text durchzieht. Zwei Verben dominieren und strukturieren das Ganze. In der ersten Hälfte des Textes ist es das Verb »hassen« (es wird neunmal, ziemlich auffallend, an den Anfang des Satzes gesetzt), in der zweiten Hälfte dann tritt das Verb »sehen«, unauffälliger, aber stärker, mächtiger, ihm entgegen: elfmal, aber unregelmäßiger genannt, bricht es den Text gleichsam von innen auf. Es ist ein eigentliches Staccato des Hasses, was in der ersten Hälfte die Lesenden überfällt, ein harter Rhythmus, in dem die Auflehnung – eine hilflose, eine verzweifelte Auflehnung – des Protagonisten ausbricht; Auflehnung gegen die Zumutungen der Arbeit, die in sein Innerstes dringt, noch in seinen Schlaf. Das Wort »sehen« dagegen setzt erst ein, als der Mann, schwer erkrankt, bereits weiß, dass sein Weg unausweichlich »zeitaus« führt. Die letzten Lebenswochen werden für den ans Bett Gefesselten zu einer Einübung ins Sehen. Dabei geht ihm buchstäblich eine neue Welt auf. Das ist aber erst möglich, nachdem er vom Zwang der Akkordarbeit erlöst worden ist. Für die er sich doch einmal selbst entschieden hat, und an der er, älter werdend, gegen gut gemeinte Ratschläge festhält, auch als sie seine Kräfte längst übersteigt.

Aber was heißt da: »selbst entscheiden«? Wo bleibt, im Druck des Arbeitsprozesses, dieses Selbst? Wo hört das Diktat der Maschine und der materiellen Zwänge auf, wo beginnt jener Teil des Ichs, der nicht von der Arbeit geformt, das heißt deformiert ist?

»Akkord« ist das einzige Fremdwort des Textes, und eines, das jeder Arbeiter versteht. Was »Arbeit im Stücklohn« heißt, braucht der Arbeiter nicht im Lexikon nachzusehen, und die schöne, die harmonische Bedeutung, die das Wort in der Musiktheorie hat, hilft ihm nicht, seine eigene Situation zu verstehen. Der Akkord ist in *Neapel sehen* die Klammer, die das Private und die Arbeit unerbittlich zusammenfügt und so die Bemühung des Mannes, sein Privatleben aus der Arbeit zu lösen, zunichte macht. An der Akkordarbeit und am Geschick dieses namenlosen Protagonisten wird exemplarisch der diabolische Mechanismus sichtbar, der im kapitalistischen System steckt: Dem Akkord verdankt der Mann seinen kleinen, klein- bürgerlich anmutenden Wohlstand, Haus und Gärtchen. Das ist das eine. Und das andere: der Akkord ergreift Be- sitz von ihm, höhlt ihn aus. Der Mann scheint auf den ers- ten Blick sein eigener Herr und Meister zu sein – und ist doch nur sein eigener Sklaventreiber. Die Hass-Sätze fol- gen dem Diktat der Maschine und führen deren Takt in das Leben über; der Hass des Mannes aber richtet sich auch gegen jene, die ihm wohlwollen, richtet sich wohl im Tiefsten gegen ihn selbst, der, ohne es zu wollen, zum willfährigen Diener des Systems wurde.

Die Geschichte nimmt eine jähe Wendung, unauffällig, mitten im Text, mitten auf einer Zeile; diese kommt als Krankheit des Alternden (erstmals seit »vierzig Jahren«), die, man ahnt es, zum Tode führt. Der zweite, längere Teil der Geschichte (dreißig Zeilen) steht auf dem gleichen Fundament wie der erste, wird aus den gleichen Wörtern gebaut wie dieser: Haus und Gärtchen, Bretterwand und Fabrik. Den Akkord gibt es jetzt nicht mehr; mit ihm ver- schwindet der Hass. Dafür setzt nun das Sehen ein, leise, ausdauernd, schließlich machtvoll. Was in anderen Todes- geschichten der Blick ins eigene Innere ist, wird hier zu einer eigentlichen Weltbesichtigung. Erstmals nimmt der Mann seine eigene Welt wahr, eignet sich durchs Auge sei- nen kleinen Besitz an. Er sieht das von ihm angelegte Gärt- chen, in dem er vielleicht, wie viele andere, einen Abglanz des Paradieses ahnte. Er sieht den Frühling im Gärtchen; ob er auch die »Blust« des Frühlings sieht, welche die Frau als Zeichen der Hoffnung erwähnt, weiß man nicht.

»Blust«, übrigens: ein Mundartwort (berndeutsch »Bluescht«: ein Wort für die Baumblüte); für jene, die mit der Mundart vertraut sind, eine unübertreffliche Chiffre für das Beglückende, ja Explosive, das dem Frühling eigen sein kann; das Wort, der Autor weiß es und hält sich daran, bedarf keines schmückenden Beiworts, ist am stärksten isoliert stehend, wirkt wie ein Versprechen des Neubeginns. Wenn es aber für den Kranken einen solchen Neubeginn gibt, dann richtet dieser sich nicht auf die Natur, nicht auf das Refugium des Gärtchens, sondern – und das ist die Überraschung, die Sensation dieses stillen Textes – er setzt erst richtig ein, als dies Refugium gesprengt, die Isolation des Mannes überwunden wird.

»Seine« Fabrik will der Mann wieder ins Blickfeld bekommen, und er wünscht, ja *befiehlt* (er, der sich lebenslang fügen musste, befiehlt jetzt), die Bretterwand einzureißen. Mit Grund erschrickt die Frau, sie ahnt, dass mit der Bretterwand das Gerüst einstürzt, das seinem Leben einen so fragilen wie starren Halt gab. Was sie nicht wissen kann: dass, zaghaft, in ihm etwas Neues beginnt. Der Mann, der erstmals einen Blick auf die gesamte Fabrik wirft, ist, vielleicht durch die selbst auferlegte Seh-Schule, ein anderer geworden. Auch die Art seiner Wahrnehmung hat sich verändert. Solange sie sich nur auf das Gärtchen und den Frühling darin richtete, genügte dem Autor das Wort »sehen«. Erst als die Fabrik ins Gesichtsfeld des Kranken tritt, erst da mischen sich Emotionen ein. Jetzt darf der Blick zärtlich auf der Fabrik »ruhen« und ein Lächeln die Züge des Kranken entspannen. Aber was sieht der Mann jetzt?

Diese Frage führt zum Titel zurück, und also zu der italienischen Redewendung, auf die er anspielt: »Neapel sehen und dann sterben«. Und es zeigt sich: nicht das Gärtchen, geplant als Gegenwelt zur gehassten Arbeit, ist das »Neapel« des Mannes (in der landläufigen Deutung der Inbegriff des Lebens, das Schönste, Wichtigste, das man vor dem Tod sehen will). Sein »Neapel« ist – und das gibt Rätsel auf – gerade die Arbeitswelt, die er aus seinem Leben ausschließen wollte. Offenbart sich in dieser erstaunlichen Wendung das trostlose Ende eines trostlosen Lebens, in dem die gehasste Arbeitswelt doch das einzige

Wichtige war? Wird so der Beweis geführt, dass es kein richtiges Leben im falschen gibt? Oder begreift da einer im Sterben, was er im Leben, verstrickt in den Zweikampf mit der Maschine, nicht hat sehen können: dass die Arbeitswelt auch eine Lebenswelt war, ein Kommen und Gehen der Menschen, ein Mikrokosmos, zu dem er, ohne es zu merken und zu wollen, doch auch gehörte?

Nicht dass mit der zweiten Deutung die Härte dieses Lebens geleugnet, verklärt werden soll. Sie bleibt bestehen. Dennoch sollte man das Lächeln des einfachen Mannes nicht einfach als Selbsttäuschung verstehen; es verdient, ernst genommen zu werden. Ohne dass es dem Mann bewusst zu sein braucht, gilt dieses entspannte Lächeln vielleicht nicht dem eigenen vergangenen Leben, sondern einer fernen Zukunft. Über dem Bild der Fabrik, wie es sich in den Augen des Kranken spiegelt, liegt etwas wie Verklärung, ein Hauch des Utopischen – nur ein Hauch, keine Gewissheit. So könnte es sein, in der Zukunft: die Fabrik ein Mikrokosmos, dem sich auch der Arbeiter zugehörig fühlen kann, und in dem die Arbeit nicht zur Selbstzerstörung führt – eine andere, bessere Arbeitswelt. In der Zukunft, wenn irgendwo, liegt das Neapel des Sterbenden.

Literaturhinweise

Kurt Marti: Neapel sehen. In: K. M.: Dorfgeschichten 1960. Gütersloh: Sigbert Mohn, 1960. S. 60–63.
– Neapel sehen. In: K. M.: Werkauswahl in 5 Bänden. Ausgew. von K. M. und Elsbeth Pulver. Bd. 1: Neapel sehen. Erzählungen. Zürich/Frauenfeld: Nagel und Kimche, 1996. S. 16 f.
– Neapel sehen. In: Klassische deutsche Kurzgeschichten. Hrsg. von Werner Bellmann. Stuttgart: Reclam, 2003. S. 251 f. – Diesem Druck liegt die Ausgabe von 1996 zugrunde.

Mauch, Christoph: Poesie – Theologie – Politik. Studien zu Kurt Marti. Tübingen 1992.

Pulver, Elsbeth: Kurt Marti. In: Kritisches Lexikon zur deutschsprachigen Gegenwartsliteratur (KLG). Hrsg. von Heinz Ludwig Arnold. (69. Nachlfg.) München 2001.

Rinke, Ernst Rudolf: Der Weg kommt, indem wir gehen. Theologie und Poesie der Zärtlichkeit bei Kurt Marti. Stuttgart 1990.

Siering, Johann: Kurt Marti: Dorfgeschichten 1960. In: Neue deutsche Hefte. H. 82. Juli/August 1961. S. 158 f.

Nachtrag 2022:

Mauz, Andreas: Seinen Tod sterben. Kurt Martis exemplarische Sterbeerzählung *Neapel sehen* (1960). In: Grenzverkehr. Beiträge zum Werk Kurt Martis. Hrsg. von Pierre Bühler und Andreas Mauz. Göttingen 2016. S. 225–249.

Alexander Kluge: *Ein Liebesversuch*

Von Christian Schulte

Die Erzählung *Ein Liebesversuch* erschien 1962 in Alexander Kluges erster Prosaveröffentlichung, *Lebensläufe*, und gehört damit geschichtlich in die unmittelbare Zeit vor den Auschwitzprozessen. Im Vorwort heißt es: »Die Erzählungen dieses Bandes stellen aus sehr verschiedenen Blickwinkeln die Frage nach der Tradition. Es handelt sich um Lebensläufe, teils erfunden, teils nicht erfunden; zusammen ergeben sie eine traurige Geschichte.«[1] Es geht in diesen Texten um die Bruchstellen und noch offenen Wunden, die die jüngere deutsche Geschichte in die Lebensläufe einzelner Menschen hineingerissen hatte. Es geht aber auch um den Versuch einer Bestandsaufnahme der inneren Befindlichkeit vor allem der Generation, die ihre wesentlichen Prägungen in der Zeit des Nationalsozialismus erfahren hatte und die nach 1945 ungeheure Anstrengungen in die eigene Selbsterhaltung und den Wiederaufbau des Gemeinwesens investierte, ohne sich indessen die Dimension der begangenen Verbrechen auch nur annähernd bewusst zu machen. *Ein Liebesversuch* leistet Trauerarbeit angesichts einer Geschichte, in der die Trauer zu lange ausgeblieben war.

Die kurze Erzählung, eines der radikalsten Beispiele der Shoah-Literatur, ist unter den Prosaarbeiten Kluges gewiss die bekannteste. Dies dürfte damit zusammenhängen, dass der Text in mehrere Schullesebücher aufgenommen wurde, aber auch mit dem Umstand, dass es heftige Abwehrreaktionen gegen den Text gab. Noch 1979 wurde, so berichtet Leo Finndegen, »ein Lehrer in Baden-Württemberg gemaßregelt, weil er diesen ›pornographi-

---

1 Alexander Kluge, *Chronik der Gefühle*, Bd. 2, Frankfurt a. M. 2000, S. 675.

schen‹ Text mit seinen Schülern gelesen habe«[2]. Ein Text, der derartige Affekte mobilisiert, hat die Funktion einer Aufklärungssonde, die darüber Auskunft gibt, wo die Grenzen dessen liegen, was eine Gesellschaft bereit ist, sich zuzumuten. Um was für einen Text aber handelt es sich? *Ein Liebesversuch* handelt, mit einem Wort Adornos, von der »Kälte«, jenem »Grundprinzip der bürgerlichen Subjektivität, ohne das Auschwitz nicht möglich gewesen wäre«[3]. Die Erzählung beschreibt in einer lakonisch-monotonen Sprache den Fall eines grausamen Experiments, das 1943 in einem deutschen Vernichtungslager stattfindet. Um herauszufinden, ob Röntgenbestrahlung ein effizientes Mittel zur Durchführung von Massensterilisationen sei, werden zwei jüdische Gefangene, ein Mann und eine Frau, zusammengeführt und durch verschiedenste Manipulationen zum Geschlechtsverkehr angehalten. Der Versuch scheitert jedoch, und die Gefangenen werden erschossen.

Ulrike Bosse hat überzeugend dargelegt, dass Kluge als Quelle die Dokumentation *Medizin ohne Menschlichkeit* von Alexander Mitscherlich und Fred Mielke gedient haben dürfte, in der bereits 1948 die Dokumente des Nürnberger Ärzteprozesses der Öffentlichkeit zugänglich gemacht worden waren.[4] Die Autoren informieren dort umfassend über die Praktiken der NS-Ärzte in den Konzentrationslagern, zu denen auch Sterilisationen durch Röntgenbestrahlung gehörten. Obwohl damit die Verstrickung deutscher Mediziner auf der Hand lag, wurde das Buch innerhalb der Ärzteschaft, an die es in erster Linie adressiert war, nicht zur Kenntnis genommen. Es war so, schrieb Mitscherlich im Vorwort der Neuauflage von

2 Leo Finndegen, »Kommentar zu: Alexander Kluge, ›Ein Liebesversuch‹«, in: *Freibeuter* 1 (1979) S. 88–93, hier S. 90.

3 Theodor W. Adorno, *Negative Dialektik*, Frankfurt a. M. 1970, S. 354.

4 Vgl. Ulrike Bosse, *Alexander Kluge – Formen literarischer Darstellung von Geschichte*, Frankfurt a. M. 1989, S. 43.

1970, »als ob das Buch nie erschienen wäre«[5]. Das Schweigen der Ärzte und die genannten Abwehrreaktionen gegen Kluges Text sind nur verschiedene Symptome derselben gesellschaftlichen Disposition: eine Auseinandersetzung mit dem Thema war lange Zeit unerwünscht. Dass Alexander Kluge, gelernter Jurist, die Dokumente dagegen sehr genau zur Kenntnis genommen hatte, ist nicht nur dadurch belegt, dass er in einem anderen Text der *Lebensläufe* aus diesem Material zitiert;[6] auch die Grundsituation seiner Erzählung korrespondiert mit einem dort abgedruckten Dokument, einem Brief des persönlichen Referenten Himmlers vom 10. Juli 1942, in dem es heißt: »In dem einen oder anderen Fall dürfte aber auch ein praktischer Versuch in der Weise durchgeführt werden, dass man eine Jüdin mit einem Juden eine gewisse Zeit zusammensperrt und dann sieht, welcher Erfolg dabei auftritt.«[7] Kluges Erzählung lehnt sich deutlich an die historische Wirklichkeit an: er *findet* einmal seine Geschichten in den Fakten der Realgeschichte, und zum anderen *erfindet* er sie, nämlich als Autor, der seinen eigenen Protest, den »Antirealismus«[8] seiner Gefühle, auf den vorgefundenen Stoff anwendet – in der Hoffnung, dass so, vermittelt über eine subjektive Perspektive, die harten Fakten dieser Geschichte in der Vorstellung der Leser ankommen.

Um dies zu erreichen, arbeitet Kluge mit einigen Überraschungsmomenten und Verrätselungen. Zunächst mag man sich fragen, warum dieser Text, dessen erzählte Zeit

5 Zit. nach Finndegen (Anm. 2) S. 92.
6 Vgl. Bosse (Anm. 4) S. 42.
7 Zit. nach Bosse (Anm. 4) S. 43.
8 Die Theorie des Antirealismus entwickelt Kluge in dem Aufsatz »Die schärfste Ideologie: dass die Realität sich auf ihren realistischen Charakter beruft«, in: A. K., *In Gefahr und größter Not bringt der Mittelweg den Tod. Texte zu Kino, Film, Politik*, hrsg. von Christian Schulte, Berlin 1999, S. 127–134; vgl. dazu auch Kluges Rede »Das Politische als Intensität alltäglicher Gefühle«, in: A. K., *Theodor Fontane, Heinrich von Kleist und Anna Wilde. Zur Grammatik der Zeit*, Berlin 1987, S. 7–18.

auf die Dauer des beschriebenen Experiments begrenzt
ist, in ein Buch aufgenommen wurde, das den Titel *Lebensläufe* trägt. Über den Sprecher des Textes, der den
Ablauf des Versuchs rekapituliert, erfahren wir nicht
mehr, als dass er nicht nur als Zeuge zugegen, sondern
selbst aktiv an seiner Durchführung beteiligt war (»Wir
führten einen männlichen und einen weiblichen Gefangenen zu einem Versuch zusammen«, 253). Kein Wort wird
über seine Identität und auch nicht über den Zeitpunkt
verloren, an dem er sein Erinnerungsprotokoll anlegt. Der
Eingangssatz legt allerdings nahe, dass einige Jahre zwischen dem Protokoll und dem erinnerten Geschehen
liegen. (»Als das billigste Mittel, in den Lagern Massensterilisationen durchzuführen, erschien 1943 Röntgenbestrahlung.« 253)

Was wir erfahren, liegt eher auf der Ebene der Mitteilung selbst, denn der Text, den Kluge seinen Erzähler
sprechen lässt, besteht aus einem stereotypen Schema von
Fragen und Antworten, das zunächst an die Befragung eines NS-Täters durch eine zweite Sprecherinstanz denken
lässt, wie man sie heute aus zahlreichen Film- und TV-
Dokumentationen über das Dritte Reich kennt. Nur richtet sich keine einzige Frage direkt an den Befragten als
Person. Statt »Woher wußten Sie das?« heißt es »Woher
wußte man das?« (254) Irritierend ist auch, dass Fragen
wie Antworten in demselben »kühle[n], förmlich antisep-
tische[n] Ton«[9] vorgetragen werden; erst die Frage »Wurden wir selbst erregt?« (256) klärt uns darüber auf, dass
die fragende und die befragte Instanz ein und dieselbe
Person sind. Ein Beteiligter der NS-Verbrechen hält in
diesem Text Zwiesprache mit sich selbst. Wie durch eine
subjektive Kameraeinstellung blicken wir mit den Augen
des Täters zurück und werden selbst zu Zeugen des Experiments. Indem er auf jeden auktorialen Kommentar ver-

9 Finndegen (Anm. 2) S. 90.

zichtet, etabliert Kluge ein Wahrnehmungsdispositiv, das den Leser quasi nötigt, sich den voyeuristischen Blickwinkel des Täters ungeschützt, ohne Distanz schaffende Deckung zu Eigen zu machen. Die Erzählperspektive schwankt zwischen »ich« und »wir«, sodass wir gezwungen sind, uns selbst als Teil des Täterkollektivs zu imaginieren. Unversehens befinden wir uns in einer Rolle, in der wir es nur schwer aushalten und mit der wir uns auseinander setzen müssen. Dies umso mehr, als die Selbstbefragung des Sprechers keineswegs von Schuldgefühlen motiviert ist; was ihn umtreibt, ist vielmehr der Umstand, dass das Experiment fehlschlug und er nicht begreifen kann, warum. Die Fragen, die er sich (und uns) vorlegt, betreffen allein die technische, organisatorische Seite des Versuchs; sie konfrontieren uns mit der Kälte einer *ratio*, der jede Form der Empathie abhanden gekommen ist. Nicht die Sinnfrage stellt sich dem Sprecher, sondern nur die nach dem Fehler im System. »*Hat man denn alles versucht?*« Seine Antwort: »Ich kann garantieren, daß alles versucht worden ist. Wir hatten einen Oberscharführer unter uns, der etwas davon verstand. Er versuchte nach und nach alles, was sonst todsicher wirkt.« (256) Man zog also einen *Fachmann* hinzu, der wusste, wie man Gefangene gefügig macht, und wir ahnen bereits, dass derartige ›Versuche‹ eher die Regel als die Ausnahme waren. Das Experiment stand unter einem hohen Erfolgsdruck, denn es hatten sich »hochgestellte Gäste [...] angesagt« (253), die das Geschehen durch ein Bullauge beobachten wollten. Entsprechend ist die Akribie zu erklären, mit der die Täter an ihr Werk gingen. Selbst die Auswahl der »Versuchspersonen« war keineswegs zufällig, sondern das Resultat sorgfältiger Recherchen:

Nach den Akten mußten die beiden Versuchspersonen erhebliches erotisches Interesse aneinander empfinden.

Woher wußte man das?
J., Tochter eines Braunschweiger Regierungsrates, Jahrgang 1915, also etwa 28 Jahre, mit arischem Ehemann, Abitur, Studium der Kunstgeschichte, galt in der niedersächsischen Kleinstadt G. als unzertrennlich von der männlichen Versuchsperson, einem gewissen P., Jahrgang 1900, ohne Beruf. Wegen P. gab die J. den rettenden Ehemann auf. Sie folgte ihrem Liebhaber nach Prag, später nach Paris. 1938 gelang es, den P. auf Reichsgebiet zu verhaften. Einige Tage später erschien auf der Suche nach P. die J. auf Reichsgebiet und wurde ebenfalls verhaftet. Im Gefängnis und später im Lager versuchten die beiden mehrfach, zueinanderzukommen. Insofern unsere Enttäuschung: jetzt durften sie endlich, und jetzt wollten sie nicht. (254 f.)

Wie bereits im Titel der Geschichte angedeutet, lässt Kluge in der entmenschlichenden Realität des Konzentrationslagers zwei Erfahrungsdimensionen aufeinander treffen, die keinerlei Zusammenhang bilden können. Die private Liebesbeziehung der Opfer soll – im pervertierten Liebesverständnis der KZ-Funktionäre – unter den instrumentellen Bedingungen einer Versuchsanordnung fortgesetzt werden. Indem der Sprecher den Inhalt der Aktennotiz wiedergibt, wird er zum Erzähler der einzigen Lebensläufe, die dieser Text enthält.

Was bei der ersten Lektüre als skandalös empfunden werden mag, dass hier der Täter das letzte und einzige Wort über die Opfer haben darf, verleiht dem Text aber bei genauerem Hinsehen erst seine Authentizität, denn da die Geschichte mit der Ermordung der Gefangenen endet, können wir nicht mehr über sie wissen, als uns die einzigen Überlebenden, die Täter, über sie mitteilen. Kluge konfrontiert uns hier mit Lebensläufen unter den Bedingungen ihrer Auslöschung; was von ihnen bleibt, ist die Spur eines Aktenvermerks. Darin liegt der trostlose Rea-

lismus der Erzählung: »Es wird nichts Subjektives an den
Opfern fingiert, keine Einfühlung oder Innenschau, kein
Wort zwischen den beiden wird berichtet. Sie bleiben uns
unerreichbar. [...] sie werden uns nicht nahegebracht, sondern ferngerückt. Der Weg zu ihnen führt [...] nur über
die Täter. Es ist ein Berührungsverbot aus Trauer und
Entsetzen.«[10]

Das dialektische Moment, das sich hier offenbart, ist
charakteristisch für Kluges Erzählweise: Auf der einen
Seite wird deutlich, dass die Reduzierung der Versuchsop-
fer auf bloße statistische Größen mit dem Akteneintrag
bereits stattgefunden hatte. Die Verkürzung der Namen
auf die Initialen nimmt bereits die Auslöschung jeglicher
Identität durch das Einbrennen der Nummer und die
schließliche Tötung der Gefangenen vorweg. Nur die Da-
ten sind erfasst worden, die dem Verwertungsinteresse des
Systems zuarbeiten, indem sie die Auswahl der Gefangenen als Versuchspersonen begründen. Umgekehrt verweisen die Initialen J. und P. auf die Zeit vor ihrer Verhaftung
und »verleihen ihnen eine vergangene Geschichte, in der
die Initialen Namen waren, und eine Individualität, die ihnen durch die Aura der Entmenschlichung genommen
wurde«[11]. Sie ist im Lager abwesend, aber als abwesende
dem Leser doch präsent.

Gerade das Verschweigen der Opfer in der Sprache der
Täter, ihr Versuch, ganze Lebensgeschichten aus dem kol-
lektiven Gedächtnis zu tilgen, fordert eine Lektüre *gegen
den Strich* heraus. Dies gilt auch für die grotesk wirkenden Redefiguren, die auf Seiten der Opfer eine *selbstbe-
stimmte* Situation fingieren, dabei aber deutlich machen,
in welchem Maße die NS-Sprache Rationalisierungsange-
bote für die Täter bereithielt – etwa wenn von der »hoch-
zeitlich ausgestalteten Zelle« (253) und der Möglichkeit

10 Rainer Stollmann, *Alexander Kluge zur Einführung*, Hamburg 1998, S. 41.
11 Ernestine Schlant, *Die Sprache des Schweigens. Die deutsche Literatur und
   der Holocaust*, München 2001, S. 77–92, hier S. 85.

der »Freigeisterei« (255) die Rede ist, oder wenn das
Scheitern des Experiments einer freien Willensentschei-
dung der Gefangenen zugerechnet wird. Diese verfrem-
denden Eingriffe Kluges entstellen den Täterjargon zur
Kenntlichkeit, denn sie liegen auf derselben Sprachebene
wie das in eben diesem Jargon geläufige Wort »Versuchsperson« – »ein Wort aus dem verdinglichten Bewußtsein«[12], das euphemistisch darüber betrügt, dass im Rahmen der Versuchsanordnung die personale Integrität der
Gefangenen längst zerschlagen ist, »weil die beteiligten
Individuen durch das Realitätsprinzip der Gewalt bereits
psychisch vernichtet sind«[13]. Daran lässt die Beschreibung
der Entwürdigung und Entpersönlichung der Opfer nicht
den mindesten Zweifel. Vom Wegnehmen der Kleider,
dem Stimulierungsversuch durch Musik bis zum Ansprit-
zen »aus Gartenschläuchen«, um ein »Wärmebedürfnis«
(255) zu erzeugen, und weiter reichen die Maßnahmen,
die die gewünschte Reaktion herbeiführen sollen: »Wir
preßten ihre Leiber aneinander, hielten sie unter langsamer
Erwärmung in Hautnähe aneinander, bestrichen sie mit
Alkohol und gaben den Personen Alkohol, Rotwein mit
Ei, auch Fleisch zu essen und Schampus zu trinken, wir
korrigierten die Beleuchtung, nichts davon führte jedoch
zur Erregung.« (256) Dass sich Emotionen ebenso wenig
unterdrücken wie willkürlich herbeizwingen lassen, zeigt
Kluge nun ausgerechnet an den Tätern:

> *Wurden wir selbst erregt?*
> Jedenfalls eher als die beiden im Raum; wenigstens sah
> es so aus. Andererseits wäre uns das verboten gewesen.
> Infolgedessen glaube ich nicht, daß wir erregt waren.
> (256)

---

12 Theodor W. Adorno, »Erziehung nach Auschwitz«, in: T. W. A., *Kultur-
   kritik und Gesellschaft*, Bd. 2, Frankfurt a. M. 1997, S. 674–690, hier S. 686.
13 Ulrich Schmidt, *Zwischen Aufbruch und Wende. Lebensgeschichten der
   sechziger und siebziger Jahre*, Tübingen 1993, S. 112.

Die Beobachtung der eigenen Erregung widerspricht dem ideologischen Selbstverständnis der KZ-Wächter, denn ihr nachzugeben, wäre »Rassenschande gewesen« (256). Der Sprecher scheint angesichts dieser Möglichkeit zu erschrecken und korrigiert rasch seine Erinnerung, indem er sich auf das Verbot beruft: Es kann nicht sein, was nicht sein darf. Mit der Zeichnung dieses zwanghaft-widersinnigen Verhaltens stellt Kluge den Ort der Vernichtung, ohne den Ernst der Situation zu mindern, in ein unerwartet komisches Licht: »Mitten im Zentrum des Terrors werden wir der lächerlichen, nichtigen Seite des Faschismus ansichtig.«[14]

Man mag sich keinen Leser vorstellen, der es fertigbringt, sich in dieser vom Text zugewiesenen Rolle während der Lektüre einzurichten, ohne zu rebellieren. Und doch zielen die von Kluge angewandten Erzähltechniken darauf, dass der Leser sich zunächst auf das ›Denk- und Wertesystem‹ des Sprechers einlässt, es sich zu Eigen macht: »Denn hat dieser Leser einmal die im ersten Satz formulierte Voraussetzung des Experiments mit Menschen zur Kenntnis genommen, so basieren schon die dann folgenden Bemühungen des Sprechers, die Ursachen des Mißlingens zu klären, auf einer Rationalität und auf Verhaltensannahmen, die der Leser mit ihm teilen kann. Warum funktioniert etwas nicht?«[15] Der Text stellt also mit dem Leser seinerseits einen Versuch an, allerdings in aufklärerischer Absicht, indem er ihn – im Medium der Täterperspektive – mit sich selbst konfrontiert, sodass er seinen eigenen »Antirealismus« überprüfen, aber auch in die eigenen Abgründe blicken kann: Inwieweit lassen wir

---

14 Stollmann (Anm. 10) S. 37.
15 Jürgen Nieraad, »Shoah-Literatur: Weder Fiktion noch Dokument – Alexander Kluges *Liebesversuch* und Heimrad Bäckers *nachschrift*«, in: *In der Sprache der Täter. Neue Lektüren deutschsprachiger Nachkriegs- und Gegenwartsliteratur*, hrsg. von Stephan Braese, Opladen/Wiesbaden 1998, S. 137–148, hier S. 142.

uns auf die Frageperspektive des Sprechers ein, und wann beginnen wir, diese Perspektive selbst in Frage zu stellen? In welchem Maße sind wir bereit, sinnlose und unmenschliche Bedingungen widerspruchslos zu akzeptieren?

Die Probe auf das Exempel macht die offene Frage am Schluss des Textes: »*Soll das besagen, daß an einem bestimmten Punkt des Unglücks Liebe nicht mehr zu bewerkstelligen ist?*« (257) Verfangen wir uns in der affirmativen, fatalistischen Logik der Sprechweise des Erzählers, so stimmen wir dieser Frage vermutlich spontan zu – und sind schon in die Falle gegangen, indem wir nun unsererseits unterstellen, dass Liebe unter anderen, besseren Umständen zu »bewerkstelligen« sei. Weil Liebe eben willkürlich überhaupt nicht herbeizuführen ist, weil sie sich jeder Intentionalität entzieht, und weil sie schon gar nicht identisch ist mit einem bloßen Sexualakt, muss diese Frage des fiktiven Erzählers unbeantwortet bleiben. Sie reflektiert zu beantworten hieße, sie zurückzuweisen.

In der Camouflage der Täterperspektive beschreibt Kluge jene Bedingungen, die unserem Verständnis von Liebe den Boden entziehen. Ebenso wenig wie sich der Begriff der Liebe mit dem des Versuchs kombinieren lässt, ohne dass er seine Bedeutung verlöre, hat er in der Wirklichkeit des Konzentrationslagers einen Ort, denn hier werden die Lebens- und Liebesgeschichten gewaltsam abgebrochen. Liebe und Gewalt aber verhalten sich zueinander exterritorial. In Kluges Text hat das Wort Liebe eine Sensibilisierungsfunktion, indem es auf das verweist, was in dem »Versuch« und seiner sprachlichen Rekapitulation verdrängt wird: Liebesfähigkeit. Assoziativ verknüpft es sich mit den Wünschen des Lesers, die als Protestgefühle dem »organisatorischen Aufbau«[16] des beschriebenen Unglücks widersprechen. Dies gelingt Kluge mit zwei Ver-

---

16 Kluge (Anm. 1) Bd. 1, S. 514.

sen, die er kursiv in den Text einmontiert, sodass dessen Ordnungsschema plötzlich von einem lyrischen Ton unterbrochen wird: »Will ich liebend Dir gehören, / kommst Du zu mir heute Nacht?« (257) Im Kontext der entfremdeten Sprache des Erzählers werden diese ortlosen, an alte Schlager erinnernden Verse – es handelt sich um fiktive Zitate – zu einer utopischen Chiffre, die auf einen Zustand verweist, in dem Liebe allererst möglich wäre.

Radikaler noch als in seinen anderen Prosaarbeiten und seinen Filmen konfrontiert uns Kluge in diesem Text mit dem Schrecken, dem rücksichtslosen »Real-Roman«[17] gesellschaftlicher Verhältnisse – und mit der unbequemen Wahrheit, dass dieser nicht allein in der historischen Tatsache der Judenvernichtung zu verorten ist, sondern darüber hinaus im Mechanismus des Vergessens und Verdrängens fortwirkt. Kluge hat eine Darstellungsform gefunden, die uns nicht gleichgültig lassen kann, weil sie uns zu Zeugen des Geschehenen macht.

Literaturhinweise

Alexander Kluge: Ein Liebesversuch. In: A. K.: Lebensläufe. Stuttgart: Goverts, 1962. S. 133–136.
– Ein Liebesversuch. In: A. K.: Chronik der Gefühle. Bd. 2. Lebensläufe. Frankfurt a. M.: Suhrkamp, 2000. S. 770–772.
– Ein Liebesversuch. In: Klassische deutsche Kurzgeschichten. Hrsg. von Werner Bellmann. Stuttgart: Reclam, 2003. S. 253–257. – Diesem Druck liegt die Ausgabe von 2000 zugrunde.

Bosse, Ulrike: Alexander Kluge – Formen literarischer Darstellung von Geschichte. Frankfurt a. M. 1989.
Finndegen, Leo: Kommentar zu: Alexander Kluge: *Ein Liebesversuch.* In: Freibeuter 1 (1979) S. 88–93.

---

17 Kluge, »Die schärfste Ideologie« (Anm. 8) S. 134.

Nieraad, Jürgen: Shoah-Literatur: Weder Fiktion noch Dokument – Alexander Kluges *Liebesversuch* und Heimrad Bäckers *nachschrift*. In: In der Sprache der Täter. Neue Lektüren deutschsprachiger Nachkriegs- und Gegenwartsliteratur. Hrsg. von Stephan Braese. Opladen/Wiesbaden 1998. S. 137–148.

Schlant, Ernestine: Die Sprache des Schweigens. Die deutsche Literatur und der Holocaust. München 2001.

Schmidt, Ulrich: Zwischen Aufbruch und Wende. Lebensgeschichten der sechziger und siebziger Jahre. Tübingen 1993.

Stollmann, Rainer: Alexander Kluge zur Einführung. Hamburg 1998.

Nachtrag 2022:

Birkmeyer, Jens: Kürze als Kritik der Zeit. Verdichtung und Verknappung in Alexander Kluges Erzählungen. In: Kulturen des Kleinen. Mikroformate in Literatur, Kunst und Medien. Hrsg. von Sabine Autsch [u.a.]. Paderborn 2014. S. 101–117.

Zangl, Veronika: Zum Eigensinn der Faktizität in Alexander Kluges *Ein Liebesversuch*. In: Die Frage des Zusammenhangs. Alexander Kluge im Kontext. Hrsg. von Christian Schulte. Berlin 2012. S. 169–180.

Franz Fühmann: *Das Judenauto*

Von Hans Richter

Die Geschichte *Das Judenauto*, geschrieben im Juli 1961
für den gleichnamigen Zyklus, bildet dessen Eröffnung.
Sie führt den Ich-Erzähler der Sammlung ein, macht den
geographischen Ausgangspunkt, den historischen Ort, das
soziale und ideologische Milieu kenntlich und legt so den
Grund für das Folgende. Dem Juden-Motiv der Überschrift fügt der Autor gleich eingangs wichtige Motive des
Zyklus hinzu: Schon der erste Satz enthält, durch die Fra-
geform kräftig betont, ein für das Pathos von Fühmanns
Selbstbefragung bezeichnendes: »Wie tief hinab reicht das
Erinnern?« (258) Der Erzähler erinnert als frühstes Bild
das »Weinflaschengrün« eines Kachelofens im Elternhaus,
»um dessen oberes Bord sich das Relief eines Zigeunerla-
gers gezogen haben soll« (258). Damit gesellt er dem ge-
wichtigen Titelmotiv ein verwandtes hinzu: Das Wort
»Zigeuner« verbindet sich für den antifaschistisch ge-
stimmten Autor mit der Erinnerung an die schweren Verbrechen, die unter dem Hitlerregime wie an den Juden
auch an den Sinti und Roma begangen worden sind. Nicht
zuletzt von der Verstrickung in das verbrecherische Treiben nationalsozialistisch Verblendeter will ja der Autor
mit seinem Zyklus kritisch Kunde geben.

Ein besonders prägnantes Beispiel solcher Verblendung
führt nun die Titelgeschichte mit großer Eindringlichkeit
vor. Obgleich ideale Einleitung, ist sie durchaus eigenstän-
dig und vermag durch ihre Substanz und Geschlossenheit
auch als einzelner Text stark zu wirken; die mehrfache
Aufnahme in Anthologien zeitgenössischer deutscher
Prosa bezeugt es. Und Marcel Reich-Ranicki rühmte: *Das
Judenauto* sei meisterhaft; »eine in ihrer Art vollkommene
Kurzgeschichte, die keinerlei Vergleiche in der deutschen

Gegenwartsliteratur zu scheuen« brauche.[1] Heinz Ludwig Arnold meinte hingegen, Franz Fühmann schildere »auf unglaubliche, übersteigerte Weise«, sprach von »Überspitzung, die schließlich unglaubwürdig wird«.[2]

Gewiss ist zu bemerken, dass der Autor einen großen Aufwand an Worten und Mitteln zur Steigerung der Bedeutsamkeit treibt.[3] Das folgt wohl aus der Unsicherheit des noch wenig erfahrenen Erzählers, der von der Lyrik herkommt, bezeugt aber in der Tat einen für Fühmann charakteristischen Hang zu Übertreibung und Emphase. Doch hier ist ja auch noch etwas im Spiel: eben deshalb, weil ihn die Ungeheuerlichkeit des Holocausts zutiefst bewegt, schreibt er gegen den folgenschweren Wahn der Judenfeindschaft an. Starke Emotion wird auch mit der Erinnerung an erste Liebe verbunden, die übermächtigen Glücks- und Schmerzmomente, die der Aufstand der Erotik gegen ahnungslose Unschuld mit sich bringt.

Wer sich auf Ton und Gang der Geschichte einlässt, wird sie ungeachtet kritisierbarer Züge als ein präzises, dabei farbiges und hochdramatisches Stück Prosa erfahren. Der Autor hat es streng und geschickt gebaut. Das Motiv des Erinnerns nutzt er, um rasch eine reiche Exposition zu schaffen. Eine dichte Folge solcher Bilder, die sich dem Kind tief eingeprägt haben, führt zeitraffend vom Zweijährigen hin zum Neunjährigen und zeigt, welche Kräfte maßgeblich auf ihn wirken: Die Mutter schirmt ihn hyste-

---

1 Marcel Reich-Ranicki, »Kamerad Fühmann«, in: M. R.-R., *Deutsche Literatur in West und Ost. Prosa seit 1945*, München 1963, S. 422–433, hier S. 433.

2 Heinz Ludwig Arnold, »Literatur-Bekenntnis. Erzählungen des DDR-Autors Franz Fühmann«, in: *Frankfurter Rundschau*, 8. April 1969.

3 Die bislang bei weitem ausführlichste und genaueste Interpretation der Erzählung folgt dem Autor Fühmann aber gerade darin; sie deutet verständnisvoll und umsichtig, mitunter auch zu weitgehend, die Symbolik noch der kleinsten Details. Siehe Helmuth Mojem, »Die Vertreibung aus dem Paradies«, in: *Jahrbuch der deutschen Schillergesellschaft* 41 (1997) S. 460–480.

risch wachsam gegen das Standesungemäße ab, und aus der Schule kriecht »die Menschenangst« (259). Wieder ein starkes Motiv: Angst treibt oder bannt den Neunjährigen – neben dem grundstürzenden, unbegriffenen Gefühl der Liebe. Die Reihe erinnerter Bilder krönt »ein braunäugiges Mädchengesicht mit schmalem, kaum geschwungnem Mund und kurzem, hellem Haar über der hohen Stirn« (259) – des Jungen Idol, nach dessen Gunst er schmachtet und trachtet.

Die eigentliche Handlung setzt an einem Sommermorgen des Jahres 1931 vor Unterrichtsbeginn ein und endet am folgenden Vormittag. Mit Vehemenz führt Fühmann das Titelmotiv ein und entfaltet es derartig, dass spürbar wird, wie weit der Antisemitismus in der deutschen Bevölkerung der böhmischen Randgebiete bereits lange vor dem »Anschluss« an das Deutsche Reich gediehen war. Große Überzeugungskraft gewinnt die Geschichte durch die kunstvolle Verschränkung des Judenmotivs mit dem Motiv des sexuellen und erotischen Erwachens, das den Jungen mit Macht verwirrend ergreift. Wenn dann erzählt wird, wie verändert dem in eine Art Liebesrausch geratenden Helden auf dem Heimweg mit einem Male die natürliche Umwelt begegnet, offenbart sich der romantische Sinn des Autors und sein enges, auf intensives Erleben, genaues Beobachten und hohe Sensibilität gegründetes Verhältnis zur Natur.

Vorerst aber führt Fühmann eine äußerst bewegte, laute Szene vor: Gudrun K., »Klatschmaul der Klasse« (260), erzählt erregt und krass anschaulich von einem in der Umgebung gesichteten gelben Auto mit vier Juden, welche Mädchen jagen, um diese zu töten, und deren Blut zum Backen des Brotes verwenden, das sie an ihrem Feiertag äßen. Die Kinder glauben die Mär sofort; ihre Welt hat sie eingestimmt; Fühmann macht die Folgen der 1929 ausgebrochenen Weltwirtschaftskrise als starken Wirkungsfaktor bewusst. Für den Jungen aber wird der

Wunsch, Aufmerksamkeit und Gunst des verehrten Mädchens zu erlangen, ein zusätzlicher Grund dafür, das Gerücht ernst zu nehmen. Er fällt während des schon laufenden Unterrichts in einen ebenso rasanten wie detaillierten Wunsch-Tagtraum: Von vieler »Tom-Shark«-Lektüre inspiriert, stellt er sich aufs Lebhafteste vor, wie er mit Heldenmut, Klugheit und großer Geschicklichkeit die mörderischen Juden unschädlich macht, das Mädchen in letzter Minute vor dem drohenden Tode bewahrt, sie dann dicht vor sich liegen hat und sie berühren kann. Die Realität, in die der Lehrer den Unaufmerksamen schmerzhaft zurückbefördert, sieht freilich anders aus. Und Fühmann zeigt, wie sehr verändert der Junge sie auch erlebt, als er sich – nach zweistündigem Nachsitzen – auf Umwegen davonmacht. Völlig in seinen neuen, irritierenden Gefühlen befangen, versetzt ihn der plötzliche Anblick eines Autos zwischen den Feldern in panische Angst und treibt ihn zu blinder Flucht.

Fühmann macht die Psychologie seines Helden nachvollziehbar: Der Drang des Jungen, dem bewussten Mädchen zu imponieren, verführt ihn dazu, den Vorgang am anderen Morgen vor der Klasse und dann sogar vor dem hinzukommenden Lehrer umzulügen; in ausschweifenden Schilderungen stellt er sich als Beinahe-Opfer jenes Judenautos dar, das ihn, »mit vier Juden besetzt, die blutige Messer geschwungen hatten«, »stundenlang gejagt« (267) habe, dem er aber durch ständiges Hakenschlagen unversehrt entronnen sei. Da ihn das Mädchen nun anlächelt, meint er ihre Gunst gewonnen zu haben. Doch ausgerechnet sie, die in jenem Auto gesessen hat, kennt die Wahrheit und gibt sie lächelnd preis. Der schrecklich Blamierte übt nun, besinnungslos, Verrat an seiner Liebe: Er schreit, die blöde Gans spinne ja, und bekräftigt lauthals seine Lügengeschichte, doch »eine brüllende Woge Gelächter« (269) spült ihn fort. Statt Staunen und Gunst nur Spott und Hohn. Seine Wut richtet der Betroffene, zumal ein

Kind, nicht gegen sich selbst: Schuld sind, wie man weiß, immer die anderen, und nach diesem banalen Prinzip verinnerlicht der – im Pissoir gelandete – Held verzweifelt und verkrampft den Hass gegen die Judenheit. Der lag anfangs schon in der Luft, aber nun sitzt er, gleichsam hart errungen, als ganz persönliches Eigentum tief und fest im Innersten; das kehrt die provozierende Pointe heraus, mit der Fühmann expressiv und abrupt schließt: »Ich würgte und ballte die Fäuste. Juden. Juden Juden Juden Juden. Sie waren dran schuld. Ich haßte sie.« (270)

Dem bemühten, vorurteilsfreien Leser erschließt sich der Text ohne Kommentar. Was »Nullermehl« (260) ist, wusste der Autor selbst nicht mehr sicher zu sagen,[4] und näherer Angaben über Tom Shark, den »König der Detektive«, ständigen Helden Hunderter äußerst beliebter Zwanzig-Pfennig-Hefte, bedarf der Leser nicht; denn was diese Massenware damaliger Jugend zu bieten hatte, lässt das Erzählte schon halbwegs erahnen (vgl. 260).[5]

Kaum entbehrlich für ein tieferes Verständnis der Geschichte aber ist es, über den Autor, seinen Weg und seine Lebenswende Bescheid zu wissen.[6] Früh in den Sog des

---

4 Vgl. Franz Fühmann an Uwe Johnson am 13. Oktober 1966, in: *Franz Fühmann. Briefe 1950–1984. Eine Auswahl*, hrsg. von Hans-Jürgen Schmitt, Rostock 1994, S. 66–68, hier S. 67.

5 Eine umfangreiche bibliographische Information, die bereits durch die bloße Aufzählung der zahlreichen Titel den Charakter der Heftreihe offenbart, findet sich im *Gesamtverzeichnis des deutschsprachigen Schrifttums 1911–1965*, hrsg. von Reinhard Oberschelp, Band 128, München [u.a.] 1980, S. 341 f. – Anmerkungen zum gleichen Gegenstand, seiner Funktion und Wirkung bietet Kurt S. Maier, »Franz Fühmann's *Judenauto*: A Study of Judeophobia«, in: *The Germanic Review* 47 (1972) Nr. 1, S. 41–49, hier S. 43.

6 Besonders prägnant informiert die selbstkritische »Antwort auf eine Umfrage« von Butzbacher Gymnasiasten, erteilt am 1. Juni 1971, jetzt in: Franz Fühmann, *Essays / Gespräche / Aufsätze 1964–1981*, Rostock 1983, S. 16–21. Falsch ist aber die Behauptung Fühmanns, der Vater habe die Rochlitzer Ortsgruppe der NSDAP gegründet. Nicht jede Äußerung des Dichters zu seiner Person und zur Familie trifft zu. – Ausgiebig und zuverlässig informieren die in den Literaturhinweisen angeführten Biographien von Barbara Heinze und Hans Richter.

Nationalsozialismus geraten und als Gefolgsmann Hitlers in den Krieg gezogen, wählt er nach fünf Jahren sowjetischer Gefangenschaft, erschüttert von der Wahrheit über die Naziverbrechen, die DDR als politische Heimat; er ist »über Auschwitz in die andre Gesellschaftsordnung gekommen«, zum Sozialismus.[7]

Davon handelt in etwa der ganze Zyklus *Das Judenauto*, denn er zeigt, Station für Station, den Weg vom missgeleiteten Kind zum Nazi, vom gläubigen Hitlersoldaten zum Geschlagenen, vom Gefangenen zum Belehrten und Bekehrten. Der Autor hält sich dabei immer an das, was er selbst erfahren hat; das bedeutet aber nicht, dass der aus dem Stoff eigenen Lebens gestaltete Zyklus als Autobiographie gelten dürfte. Denn erstens greift, wie sich bei Fühmann leicht beobachten lässt, seine rege Phantasie schon im Augenblick der sinnlichen Aufnahme von Wirklichkeit gern formend-umformend ein. Und zweitens verrät sein Text, wie sehr er hier bemüht ist, sich das Recht auf freien Umgang mit dem Material zu sichern. Er modelt sein Rochlitz, einen beachtlichen Marktflecken, zum schlichten Dorf um (259, 264), tauft es später Roditz,[8] setzt weitere fiktive Ortsnamen wie Böhmisch-Krumma oder Witkowitz (261) ein und klammert den Familiennamen aus. Wenn der Ich-Erzähler erklärt, er hätte seinerzeit »noch keinen Juden gesehen« (262), unterstützt das die psychologische und künstlerische Evidenz der Geschichte, entspricht aber nicht den Lebenstatsachen.[9]

---

7 Franz Fühmann, *Das Judenauto / Kabelkran und Blauer Peter/ Zweiundzwanzig Tage oder Die Hälfte des Lebens,* Rostock 1979, S. 478. – Zur Bedeutung und Gültigkeit der Formel »Über Auschwitz zum Sozialismus gekommen« und zur Kritik der von Peter Demetz dagegen erhobenen Einwendungen siehe Hans Richter, »Verordneter Antifaschismus? Der Fall Franz Fühmann«, in: H. R., *Zwischen Böhmen und Utopia. Literaturhistorische Aufsätze und Studien,* Jena 2000, S. 381–395, hier S. 386 f.
8 Fühmann (Anm. 7) S. 82.
9 Unmittelbar neben dem Fühmann-Haus wohnten Juden, mit denen die Familie bis zu ihrer Flucht gute Nachbarschaft pflegte. – Mit den Kindern,

Doch die Geschichte *Das Judenauto* ist in vielen Details authentisch. Bei der Beschreibung von Ortslage, Elternhaus und dessen unmittelbarem Umfeld folgt Führmann mit erstaunlicher Genauigkeit der Realität. Die Juden im gelben Auto hat es selbstverständlich nie gegeben; aber alle anderen eigens genannten Figuren haben reale Entsprechungen. Weder der heruntergekommene Großbauer (259)[10] noch der drakonisch strafende Schulmeister, das Plappermaul Gudrun K. oder das Idol des Neunjährigen sind erfunden. Aus der Realität stammt sogar das gegenständliche Hauptmotiv: Die einstige Rochlitzer Schülerin Anna Schien hat sich noch im Alter erinnern können: Das Gerücht vom gelben Judenauto hatte sie damals selbst gehört.[11] Aus all dem wird ersichtlich, wie stark und wechselwirksam bei Führmann beides ist: der Realitätsbezug und die dichterische Kraft.

die zu chronischen Erkrankungen der oberen Luftwege neigten, fuhren die Führmann-Eltern nötigenfalls eigens zu einem jüdischen Arzt ihres Vertrauens bis nach Trautenau (tschechisch: Trutnov). Vgl. dazu Hans Richter, *Franz Führmann – ein deutsches Dichterleben*, Berlin 2001, S. 86 bzw. 91 f.

10 »Pauerschwenz« – so die gängige Fassung seines Namens Wenzel Bauer – hatte Zutritt zum Führmann'schen Grundstück, da er sich gelegentlich für ein wenig Geld nützlich zu machen verstand, etwa durch Anlieferung von Heilkräutern und Ameisen (die Führmanns Vater, der Apotheker, für seine pharmazeutische Eigenproduktion benötigte) oder durch Holzhacken. Ein Foto dieses Originals findet sich in dem materialreichen Buch *Die alte Heimat. Rochlitz im Riesengebirge* von Hans Pichler [unter Mitarb. und mit Beiträgen anderer], hrsg. vom Heimatkreis Hohenelbe / Riesengebirge e. V. als 2. Band der Ortsbücher, Marktoberdorf 1991, S. 184.

11 Die Kenntnis davon vermittelte mir Margarethe Hopf, die Schwester des Dichters; ich bedanke mich an dieser Stelle dafür wie für alle Hilfe, die sie mir seit vielen Jahren gewährt.

Literaturhinweise

Franz Fühmann: Das Judenauto. Vierzehn Tage aus zwei Jahrzehnten. Berlin: Aufbau-Verlag, 1962. S. 5–14.
– Das Judenauto. In: F. F.: Das Judenauto / Kabelkran und Blauer Peter / Zweiundzwanzig Tage oder Die Hälfte des Lebens. Rostock: Hinstorff, 1979. S. 9–17. [In Details abweichende Fassung.]
– Das Judenauto. In: Klassische deutsche Kurzgeschichten. Hrsg. von Werner Bellmann. Stuttgart: Reclam, 2003. S. 258–270. – Diesem Druck liegt die Ausgabe von 1979 zugrunde.

Heinze, Barbara: Franz Fühmann. Eine Biographie in Bildern, Dokumenten und Briefen. Rostock 1998. [Dort umfassende Verzeichnisse der Werke (S. 373–376) und der Sekundärliteratur (S. 377–386).]
Krüger, Brigitte / Bircken, Margrid / John, Helmut (Hrsg.): Jeder hat seinen Fühmann. Herkunft – Prägung – Habitus. Potsdamer literaturwissenschaftliche Studien und Konferenzberichte. Zugänge zu Poetologie und Werk Franz Fühmanns. Frankfurt a. M. [u. a.] 1998.
Maier, Kurt S.: Franz Fühmann's *Judenauto*. A study of Judeophobia. In: The Germanic Review 47 (1972) Nr. 1. S. 41–49.
Mojem, Helmuth: Die Vertreibung aus dem Paradies. Antisemitismus und Sexualität in Franz Fühmanns Erzählung *Das Judenauto*. In: Jahrbuch der deutschen Schillergesellschaft 41 (1997) S. 460–480.
Richter, Hans: Franz Fühmann. Ein deutsches Dichterleben. Berlin 2001.
– Franz Fühmann – ein (un)verlorener Sohn Böhmens. In: Böhmen. Vielfalt und Einheit einer literarischen Provinz. Hrsg. von Frank-Lothar Kroll. Berlin 2000. S. 127–150.
Tate, Dennis: Franz Fühmann. Innovation and Authenticity. A study of his Prose-writing. Amsterdam 1995.

Nachtrag 2022:
Buckendahl, Uwe: Franz Fühmann: *Das Judenauto* – ein Zensurfall im DDR-Literaturbetrieb. Eine historisch-kritische Erkundung mit einer Synopse aller publizierten Textvarianten. Frankfurt a. M. [u. a.] 2017.

Peter Bichsel: *San Salvador*

Von Rolf Jucker

»Ausschließlich der Normalfall steht zur Diskussion«[1]: So könnte ein vorschnelles Urteil über Peter Bichsels Kurzprosa ausfallen. Bei genauerer Betrachtung haben wir es aber eher mit der »Doppelbödigkeit des scheinbar Harmlosen« zu tun.[2]

Doch werfen wir zuerst einen Blick auf die Entstehungsgeschichte von *Eigentlich möchte Frau Blum den Milchmann kennenlernen*. *San Salvador* war darin als fünfzehnte von »21 Geschichten«, wie der Untertitel hieß, abgedruckt. Im Sommer 1962 schickte der damals unbekannte Bichsel das Manuskript an Otto F. Walter, einen der wichtigsten literarischen Verleger der frühen 60er-Jahre. Dieser reagierte umgehend und signalisierte, »von der Lektüre heftig bewegt«, seine Zustimmung.[3] Als die *Milchmann*-Geschichten dann 1964 als Band 2 der bald berühmten, von Walter und Helmut Heißenbüttel herausgegebenen Reihe Walter-Drucke erschienen, war der Erfolg so unerwartet wie spektakulär.

Warum nur? Die eine Hälfte der Antwort überrascht kaum jemanden, der das deutsche Feuilleton kennt. Der Mann, der Bichsel zu Berühmtheit verhalf, war Marcel Reich-Ranicki. Er »veröffentlichte in *Die Zeit* jene Kritik – sie war ein Jubelruf –, die dem Band und seinem Autor im deutschsprachigen Raum größte Aufmerksamkeit

---

1 Heinz F. Schafroth, »Peter Bichsel«, in: *Kritisches Lexikon zur deutschsprachigen Gegenwartsliteratur (KLG)*, hrsg. von Heinz Ludwig Arnold, 42. Nachlfg., München 1992, S. 3.

2 Klaus Pezold, »Früher Ruhm und weiterer Weg des Erzählers Peter Bichsel«, in: K. P. (Hrsg.), *Geschichte der deutschsprachigen Schweizer Literatur im 20. Jahrhundert*, Berlin 1991, S. 191–194, hier S. 191.

3 Otto F. Walter, »Wie ich Peter Bichsel kennenlernte«, in: Herbert Hoven (Hrsg.), *Peter Bichsel. Auskunft für Leser*, Darmstadt/Neuwied 1984, S. 19.

der literarischen Kritik sicherte«.[4] Die auf 1220 Exemplare beschränkte Erstausgabe war innerhalb von vier Tagen ausverkauft.[5] Als Bichsel im darauf folgenden Jahr den Preis der Gruppe 47 erhielt, wurde nachgedruckt, und bis 1984 hatte der Walter-Verlag mehr als 64000 Exemplare verkauft (zusammen mit Übersetzungen und Lizenzausgaben müssen es wohl mehr als 200000 Exemplare gewesen sein).[6]

Weder Reich-Ranicki noch der Preis der Gruppe 47 können aber den anhaltenden Erfolg der *Milchmann*-Geschichten erklären. Was den Reiz und die Besonderheit dieser »innovatorischen und sprachkritischen Kurzprosa«, die sich normalerweise nur schwer verkaufen lässt,[7] ausmacht, soll anhand von *San Salvador* erkundet werden.

Was sofort ins Auge sticht, ist die Kürze und die ungewöhnliche sprachliche Form. Keine der 21 Geschichten ist länger als vier Seiten, die kürzeste gerade zehn Zeilen. Die meisten, wie auch *San Salvador*, beanspruchen zwei bis drei Seiten. Formal besticht die außerordentliche »Reduktion«, »die Kunst des Weglassens«[8], die in einem vollständigen »Verzicht auf sprachliche Ornamente«[9] besteht. Bichsels an der Konkreten Poesie geschultes »sensibilisiertes Sprachbewußtsein«[10] führt zu einer Verdichtung und rhythmischen Struktur, die eher an Lyrik erinnert. So wer-

4 Walter (Anm. 3) S. 21. Reich-Ranickis Besprechung, »Vom verfehlten Leben«, ist wieder abgedruckt in: Hoven (Anm. 3) S. 12–18.
5 Iris Denneler, »Das Weiße zwischen den Wörtern. Überlegungen zu Peter Bichsels Poetik des Verschweigens«, in: *Colloquia Germanica* 27 (1994) H. 4, S. 365–382, hier S. 379.
6 Walter (Anm. 3) S. 22. Die Gesamtauflage ist nicht auszumachen, da der Suhrkamp-Verlag keine Verkaufszahlen bekannt gibt.
7 Walter (Anm. 3) S. 22.
8 Otto F. Walter, »Bemerkungen zum ersten Buch von Peter Bichsel«, in: Hoven (Anm. 3) S. 54 f.
9 Hermann Burger, »Die Geschichte soll auf dem Papier geschehen«, in: H. B., *Ein Mann aus Wörtern*, Frankfurt a. M. 1983, S. 206.
10 Rolf Jucker, »›Ich bin für die Unruhe‹. Gespräch mit Peter Bichsel«, in: R. J., *Peter Bichsel*, Cardiff 1996, S. 25.

den etwa trotz der Kürze von *San Salvador* verschiedene
Sätze zwei- bis dreimal wiederholt, mal identisch, mal verkürzt, mal im Indikativ statt im Konjunktiv. Bichsel bezeichnet sich selbst als »einen Lyriker, der seine Gedichte
abtarnt, hinter Prosa versteckt.«[11]

Wortschatz wie Themen sind ausschließlich der Banalität des Alltags entnommen. Das Außergewöhnliche, so oft
Antrieb für Literatur, hat hier keinen Platz. In der Geschichte sitzt ein Mann abends zu Hause, probiert seine
neue Füllfeder aus und wartet darauf, dass seine Frau aus
der Probe des Kirchenchors zurückkommt; dargestellt
wird mithin etwas, was sich in Tausenden von Haushalten
so oder ähnlich abspielen könnte.

Von Interpreten ist sehr richtig beobachtet worden, dass
diese ganz spezielle sprachliche Form, die in ihrer Verknappung lediglich andeutet und mehr verschweigt als
ausspricht, gerade dadurch die Leser zu intensiverer Mitarbeit bei der Lektüre ermutigt.[12] Die wenigen Anhalts-
punkte müssen zu einem Ganzen vervollständigt werden.
Während dies einerseits den »Möglichkeitssinn« der Leser
schärft, besteht andererseits natürlich die Gefahr der
Überinterpretation.

Der alltägliche Wortschatz sowie die Banalität der Themen hat die meisten Interpreten dazu verführt, die *Milchmann*-Geschichten im Allgemeinen und *San Salvador* im
Besonderen negativ zu lesen. Sell etwa schreibt, dass Bichsel Menschen darstelle, »deren Leben stagniert. Ausbrüche
aus der Routine werden geplant, finden aber nicht statt.«
Er spricht weiter von »verpaßten Möglichkeiten« und davon, dass die Figuren in »Sprachklischees« sprächen.[13] Zobel konstatiert, dieser verheiratete Mann leide »an der

11 Schafroth (Anm. 1) S. 7.
12 Siehe etwa Denneler (Anm. 5) S. 367.
13 Rainer Sell, »Stagnation und Aufbruch in Bichsels *Milchmann*- und *Kindergeschichten*«, in: *Zur Literatur der deutschsprachigen Schweiz*, hrsg. von
Marianne Burkhard und Gerd Labroisse, Amsterdam 1979, S. 258.

Kälte des Alleinseins, denn eine innere, vertrauensvolle Bindung besteht zwischen ihm und seiner Frau nicht oder nicht mehr«. Und weiter: »Es bleibt ihm nur noch der vage Wunsch, sich irgendwie diesem desolaten Verhältnis zu entziehen, das jeden Ansatz zur Selbstverwirklichung erstickt, und Erlösung von Lähmung, Langeweile und Vereinsamung in einem Ortswechsel zu suchen.«[14]

Begründet wird diese Lesart durch die Tatsache, dass der Mann auf einen Zettel schreibt: »Mir ist es hier zu kalt«, »ich gehe nach Südamerika« (271). Darauf folgt die Spekulation des Mannes, was passieren würde, wenn er wirklich ginge und seine Frau bei ihrer Rückkehr nur diesen Zettel vorfände. Dies und der Titel der Geschichte, der im Text nie auftaucht und der zu Deutsch ›der Erlöser‹ heißt, führen Zobel dazu, den Mann als einen höchst unzufriedenen, unglücklichen und in der bürgerlichen Normalität gefangenen Mann zu sehen.

In der Geschichte selbst steht dies aber nicht. Ihr ist nämlich eine eigentümliche Wärme und Sympathie für die Figuren eingeschrieben. Vielleicht sollte man sie in ihrer Banalität und Einfachheit ernst nehmen. Der erste Satz ist folgender: »Er hatte sich eine Füllfeder gekauft.« (271) Und dann machte »er«, was wohl alle mit einer Neuanschaffung machen würden, abends, zu Hause: er probiert die Feder aus, kritzelt aufs Papier. Ohne ersichtlichen Grund, aber wiederum verständlich, wenn man bedenkt, wie sprunghaft unser Denken in solchen Situationen funktioniert, schreibt er dann die Sätze vom Kaltsein und Abreisen hin. Man könnte natürlich sofort anfangen zu psychologisieren, aber man muss nicht: der Text sagt nichts in der Richtung. Genauso gut könnte es sein, dass dem Mann das kalte Wetter tatsächlich auf den Geist geht.

14 Klaus Zobel, »Peter Bichsel: San Salvador«, in: K. Z., *Textanalysen: Eine Einführung in die Interpretation moderner Kurzprosa*, Paderborn 1985, S. 194 und 197.

Der Mann bleibt dann aber sitzen, handelt in keiner Weise so, dass man die obigen Sätze ernst nehmen sollte. Im Gegenteil widmet er sich danach ganz anderen, häuslichen Dingen. Offensichtlich ist er gelangweilt. In Bichsels Welt wird Langeweile aber nicht negativ, sondern positiv bewertet: »Ich liebe die Langeweile – die lange Zeit. ›Längi Zyt‹ heißt im Schweizerdeutschen ›Sehnsucht‹.«[15]

Der Text bietet mehr Indizien dafür, dass sich diese Sehnsucht auf seine Frau, Hildegard, bezieht, als auf die Flucht nach Südamerika. Denn im Folgenden heißt es: »Er wartete auf Hildegard.« (271) Das kann Lähmung sein. Das kann man aber ebenso gut als Sehnsucht nach der Partnerin lesen.

Dann folgt die oft als zentral betrachtete Textstelle, wo mit Hilfe des Konjunktivs durchgespielt wird, was wäre, wenn Hildegard nach Hause käme und nur den Zettel fände. Interessant daran ist nicht nur die Betonung des Spekulativen durch den Konjunktiv 2 und das »vielleicht« (272), sondern auch die Tatsache, dass das Augenmerk auf Hildegard gerichtet ist, und nicht auf die Flucht des Mannes. Auch die angebotenen Erklärungen lassen nicht sofort auf eine Ehekrise schließen. Im Gegenteil, nur ein außergewöhnliches Ereignis wird als mögliche Erklärung erwogen: »etwas müßte ja geschehen sein« (272).

Der Mann besteht nicht auf dieser Spekulation, sondern widmet sich der Gebrauchsanweisung des Füllers, wiederum erwartbar im Kontext der ziellosen Langeweile eines solchen Abends. Er sieht seinen Zettel wieder und »dachte an Palmen, dachte an Hildegard« (272): seine Gedanken enden *nicht* im Süden.

Der Schluss wurde wiederum meist negativ gelesen: Der Mann setzt seine Fluchtgedanken nicht in die Tat um, in der Ehe kriselt es, weil die Frau sich nach den Kindern und nicht nach seinem Wohlbefinden erkundigt, die Vor-

---

15 Bichsel, in: Jucker (Anm. 10) S. 28.

hersehbarkeit der Bewegungen des Partners (»Sie strich sich die Haare aus dem Gesicht«; 272) bedeute Überdruss. Genauso gut kann man hineinlesen: Der Mann ist froh, dass Hildegard endlich zu ihm nach Hause kommt und die Sehnsucht sich erfüllt; die Frage nach den Kindern zeugt von einem innigen familiären Zusammenhalt; die Tatsache, dass der Mann genau weiß, wann Hildegard welche Bewegung macht, zeigt die intime Vertrautheit, die zwischen ihnen herrscht. Dass der Mann die Fluchtphantasie nicht auslebt, kann man zudem, statt als Resignation, als kluge Einsicht werten: dass Flucht die allfälligen Probleme nicht löst, sondern nur verschiebt. Aus genau diesem Grund ist Bichsel, trotz aller Wut, in der Schweiz geblieben, um eingreifen zu können in Verhältnisse, die ihm vertraut sind.[16]

Darin liegt die produktive Qualität der Bichsel'schen Kurzprosa. Reinacher hat sehr richtig diese Frage des »was wäre, wenn?« als Schreibimpuls von Bichsel erkannt.[17] Aber diese auch in *San Salvador* zentrale Frage will, durch die Verknappung des Texts, vor allem das Möglichkeitsdenken der Leser stärken. Man sollte also nicht nur diejenige Lesart ausreizen, die unserer derzeitigen Weltwahrnehmung am plausibelsten erscheint, sondern verschiedene Möglichkeiten durchspielen. Oder um es mit Bichsel zu sagen: »Während ich Geschichten erzähle, beschäftige ich mich nicht mit der Wahrheit, sondern mit den Möglichkeiten der Wahrheit.«[18]

16 Bichsel, in: Jucker (Anm. 10) S. 32.
17 Pia Reinacher, »Denkräume für den Leser«, in: *Schweizer Monatshefte* 81 (2001) H. 3, S. 34–37, hier S. 35.
18 Peter Bichsel, *Der Leser. Das Erzählen. Frankfurter Poetik-Vorlesungen*, Darmstadt/Neuwied 1982, S. 11.

Literaturhinweise

Peter Bichsel: San Salvador. In: Neue Zürcher Zeitung. Nr. 5113. 8. Dezember 1963.
– San Salvador. In: P. B.: Eigentlich möchte Frau Blum den Milchmann kennenlernen. 21 Geschichten. Hrsg. von Otto F. Walter. Olten / Freiburg i. Br.: Walter-Verlag, 1964. S. 34 f.
– San Salvador. In: P. B.: Eigentlich möchte Frau Blum den Milchmann kennenlernen. 21 Geschichten. Frankfurt a. M.: Suhrkamp, 1993. S. 50–52.
– San Salvador. In: Klassische deutsche Kurzgeschichten. Hrsg. von Werner Bellmann. Stuttgart: Reclam, 2003. S. 271 f. – Diesem Druck liegt die Ausgabe von 1993 zugrunde.

Burger, Hermann: Die Geschichte soll auf dem Papier geschehen. In: H. B.: Ein Mann aus Wörtern. Frankfurt a. M. 1983. S. 189–213.
Denneler, Iris: Das Weiße zwischen den Wörtern. Überlegungen zu Peter Bichsels Poetik des Verschweigens. In: Colloquia Germanica 27 (1994) H. 4. S. 365–382.
Hoven, Herbert (Hrsg.): Peter Bichsel. Auskunft für Leser. Darmstadt/Neuwied 1984.
Jucker, Rolf (Hrsg.): Peter Bichsel. Cardiff 1996.
Reinacher, Pia: Denkräume für den Leser. In: Schweizer Monatshefte 81 (2001) H. 3. S. 34–37.
Schafroth, Heinz F.: Peter Bichsel. In: Kritisches Lexikon zur deutschsprachigen Gegenwartsliteratur (KLG). Hrsg. von Heinz Ludwig Arnold. (42. Nachlfg.) München 1992.
Sell, Rainer: Stagnation und Aufbruch in Bichsels *Milchmann-* und *Kindergeschichten.* In: Zur Literatur der deutschsprachigen Schweiz. Hrsg. von Marianne Burkhard und Gerd Labroisse. Amsterdam 1979. S. 255–273.
Zobel, Klaus: Peter Bichsel: San Salvador. In: K. Z.: Textanalysen: Eine Einführung in die Interpretation moderner Kurzprosa. Paderborn 1985. S. 193–198.

Marie Luise Kaschnitz: *Vogel Rock*

Von Uwe Schweikert

»Unheimliche Geschichten« sucht man zunächst nicht bei Marie Luise Kaschnitz. Und doch hat sie gerade diese Bezeichnung als Untertitel ihres letzten, 1969 erschienenen Erzählbandes gewählt, der neben der Titelgeschichte *Vogel Rock* fünf weitere Erzählungen enthält.[1] Lässt man daraufhin ihr Werk Revue passieren, so möchte man das übernatürliche, mit den Mitteln der planen Realität nicht zu erklärende Erlebnis geradezu als das grundlegende poetische Movens ihres psychologischen Erzählens bezeichnen. Kaum zufällig hat sie »das Übersinnliche, nicht ganz Geheure« (7,855)[2] selbst als das geheime Zentrum ihres 1966 erschienenen Bandes *Ferngespräche* benannt. Damit aber rückt eine die Grenze von Realität und Surrealität aufhebende Erzählung wie *Vogel Rock* für den Leser von der Peripherie ins Zentrum ihres Erzählens.

Wie in vielen ihrer Kurzgeschichten wird auch hier ein störender Einbruch in den regelmäßig ablaufenden Alltag zum Auslöser der Geschichte.[3] Als die Ich-Erzählerin aus ihrem Mittagsschlaf erwacht, wird sie »mit Erstau-

---

1 *Vogel Rock* entstand nach 1963. Erstmals gedruckt wurde die Erzählung in dem Band *Ferngespräche. Erzählungen*, Frankfurt a. M. 1966. Jetzt ist sie enthalten in: M. L. Kaschnitz, *Gesammelte Werke*, hrsg. v. Christian Büttrich und Norbert Miller, Bd. 4: *Die Erzählungen*, Frankfurt a. M. 1983, S. 561–569.

2 Marie Luise Kaschnitz, *Gesammelte Werke*, hrsg. von Christian Büttrich und Norbert Miller, Bd. 1–7, Frankfurt a. M. 1981–1989. Nachweise aus dieser Ausgabe im fortlaufenden Text erfolgen unter Angabe des Bands und der Seitenzahl.

3 Vgl. Elsbeth Pulver, *Marie Luise Kaschnitz*, München 1984, S. 50 (mit Bezug auf Klaus Doderer, der im »Schicksalsbruch« bzw. der »Störung« ein Grundelement der Kurzgeschichte sieht) bzw. S. 93, wo Pulver als »Grundmuster« von Kaschnitz' Erzählen das »Doppelbödige [...] zwischen Hell und Dunkel, zwischen Tag und Traum« benennt.

nen« (273) gewahr, dass sich ein großer Vogel in ihrem Zimmer niedergelassen hat. Da er sich auf keine Weise aus der Wohnung vertreiben lässt, schließlich sogar das Arbeitszimmer okkupiert, verlässt sie – mehr als drei Stunden sind inzwischen vergangen – fluchtartig die Wohnung und besucht ein befreundetes Ehepaar. Sie bringt es aber nicht über sich, von dem ihr »fremd[en]«, »höchst unheimlich[en]« (277) Tier zu erzählen. Als sie gegen Mitternacht nach Hause zurückkommt, ist der Vogel immer noch da. Er sitzt, in der Zwischenzeit sichtlich größer und damit auch bedrohlicher geworden, im Korridor und löst mit seinem »fegende[n] Geräusch« (281) und »merkwürdige[n] Krächzen« (282) ein albtraumartiges Erschrecken bei der Erzählerin aus. Schließlich gelingt es ihr doch noch, den ungebetenen Gast zu verjagen.

Auffällig an dem Text ist zunächst der Gegensatz zwischen der fast nüchternen, protokollartigen Rekapitulation des Erlebnisses und der von ihm ausgelösten seelischen Erschütterung, die am Ende unaufgelöst bleibt. Die äußerliche Ordnung wird markiert durch einen genau fixierten Zeitrahmen – »[k]urz vor drei Uhr« (273), »kurz nach halb vier Uhr« (274), »etwa vier Uhr« (276), »um fünf Uhr« (278), »es wurde darüber sechs Uhr« (279), »kurz vor Mitternacht« (281) –, der mit seiner fest gefügten Normalität die Glaubwürdigkeit des erst als ungewöhnlich, schließlich als unheimlich empfundenen Geschehens unterstreichen soll. Verstärkt wird dieser Eindruck von Normalität noch durch den Beginn, der uns mit einem Ausschnitt aus diesem regelmäßig ablaufenden Alltag bekannt macht, wobei die Erzählerin eigens betont, dass draußen die Sonne schien: »also nichts von Dämmerung oder unheimlicher Stimmung, keine Spur.« (273)

Diesem Erzähleinsatz kommt noch eine weitere Aufgabe zu: er macht damit vertraut, dass die Ich-Erzählerin offensichtlich eine Schriftstellerin ist. Auf dem Tisch neben ihrem Bett liegen nämlich »außer Büchern und Zeitschriften auch Schreibhefte und Bleistifte [...], die ich gern zur Hand habe, um jederzeit etwas aufschreiben zu können« (273). Und wirklich will sie dem Eindringling, der sich hauptsächlich durch Schreien bemerkbar macht und dessen »wilde Stimme« ihr »sofort Herzklopfen« (275) bereitet, zunächst mit dem »Schreibheft« auf den »angezogenen Knien« (274) begegnen.

Nachdem das Tier auf der Wäschekommode zur Ruhe gekommen ist, versucht sie in drei Anläufen »herauszubekommen, was für ein Vogel es war« (275). In einem ersten Schritt nähert sie sich ihm »ganz ruhig und mit einem gewissen sachlichen Interesse« (275). Am Ende dieser Beschreibung muss sie, »ein wenig beunruhigt« (276), konstatieren, dass das Wesen mit keinem ihr bekannten Vogel eine Ähnlichkeit hat: »Es gibt dich also nicht, sagte ich laut und stieß dann, weil ich vor meiner eigenen Stimme erschrak, einige lächerliche Pieptöne aus, so als könnte ich mit meinem Gast ins Gespräch kommen« (276).

Nachdem sie es nicht vermag, auf diese Weise ihre Irritation aufzulösen, beschließt sie in einem zweiten Schritt, die geheimnisvolle Identität des Vogels wenn nicht zu bestimmen, so doch wenigstens auf dem Papier festzuhalten. Trotz mehrerer Versuche gelingt es ihr aber nicht, »den Vogel so, wie er war« (277), in ihr Notizheft zu zeichnen: »meine Finger taten nicht, was ich wollte, sondern etwas, was ich gar nicht wollte und was mir den Vogel nicht näherbrachte, sondern ihn fremd und höchst unheimlich erscheinen ließ.« (277) Das Konterfei fällt jedes Mal anders und zunehmend grotesker aus, als verwandle der Vogel – jedenfalls in der Wahrnehmung der Zeichnenden – von Augenblick zu Augenblick seine Gestalt. Auf einer der Zeichnungen »war von ihm fast nur das mir zugewandte Auge, ein riesiges Menschenauge, zu sehen« (277). In einem dritten und letzten Schritt entschließt sie sich, dem Vogel einen Namen zu geben – als sei damit »alles gewonnen« (278). Nach vielem Hin und Her und der Aufre-

gung, dass ihr keiner einfällt, entscheidet sie sich für
»Rock« – »Ein Name aus einem Märchen, aber ich wußte
nicht, aus welchem [...], ich wußte auch nicht mehr, was
für eine Art von Vogel das gewesen war« (278) – und setzt
die Worte »Vogel Rock« unter alle ihre Zeichnungen.

Den Namen des seltsam-geheimnisvollen Vogels hat
Kaschnitz den *Erzählungen aus den Tausendundein Näch-
ten* entnommen: dem »Bericht von Abd er-Rahmân el-
Maghribi über den Vogel Ruch«[4] bzw. der »Fünften Reise
Sindbads des Seefahrers«[5]. Dort rächt sich der alte Vogel
Ruch an den Reisenden, die sein Junges aus dem Ei hervor-
zerren und schlachten, und lässt einen großen Stein auf ihr
Schiff fallen. In der ersten Erzählung bewahrt Allah das
Schiff vor dem Untergang, indem er den Stein ins Meer
lenkt. Den Reisenden aber, die das Sakrileg begingen, das
Fleisch des jungen Ruch zu essen, schenkt er ewige Jugend.
In der zweiten Erzählung verfehlt zwar der Felsblock des
alten Ruch ebenfalls das Schiff, der seines Weibchens aber
trifft das Heck. Einzig Sindbad überlebt den Schiffsunter-
gang. Beide Male handelt es sich um eine lebensbedrohliche
Situation. Darüber hinaus ergeben sich keine Verbindungen zur Erzählung von Marie Luise Kaschnitz, die den
Namen, der den Vogel außerhalb jeder ornithologischen
Bestimmbarkeit stellt, wohl hauptsächlich seiner Fremd-
artigkeit wegen gewählt haben dürfte.

In der ersten Skizze zu dieser Erzählung, die sie im November 1962 in ihr Tagebuch eingetragen hat, besitzt der
»Vogel im Zimmer« noch keinen Namen: »Groß braun-
grau mit langem, gebogenem Schnabel. Fliegt auf die
Schreibkommode, auf die Wäschekommode, auf die Bücher. Von Zeit zu Zeit gegen die Decke, an die er aber
nicht anstößt. Einmal hält er sich an der Kette des De-

---

4 *Erzählungen aus den Tausendundein Nächten.* Vollst. deutsche Ausg. Nach
  dem arab. Urtext übertr. von Enno Littmann, Frankfurt a. M. 1976, Bd.
  III/2, S. 541-543.
5 Ebd., Bd. IV/1, S. 162-165.

ckenleuchters. Findet die offene Fenstertüre nicht, ist zu aufgeregt [...] kackt überall hin.«[6] Bezeichnenderweise findet einzig der Hinweis des Kackens keine Verwendung in der späteren Erzählung vom Vogel Rock.

Das Bedürfnis nach der Identifikation des Vogels führt auch mit der willkürlichen Namengebung zu keiner »Beruhigung« (278). Im Gegenteil, durch ihr vollständiges Scheitern vergrößert sich die Fremdheit. Jetzt beschließt die Ich-Erzählerin, im anderen Zimmer, »das ehemals das Zimmer meines Mannes war« (278), Tee zu trinken. Da sie die Tür nicht richtig schließt, dringt der Vogel auch dort ein – »als wolle er alles in Augenschein nehmen« (278). Noch immer hofft sie, allerdings vergeblich, der Vogel möge doch einfach von sich aus davonfliegen. Stattdessen fängt er »wieder zu schreien an« (279).

An dieser Stelle unterbricht die Erzählerin unvermittelt für einen Moment, einen einzigen Satz nur, den vorgängigen Ablauf der Ereignisse und wechselt, zum zweiten Mal nach der Einrede – dass sie sich die Furcht vor dem Vogel »jetzt«, d. h. beim Schreiben, nur »einbilde« (275) –, von der Vergangenheitsform des Beschriebenen in die Gegenwartsform des Schreibens: »Ich *glaube* [Hervorhebung durch den Verf.], daß mir schon in diesem Augenblick der Gedanke gekommen ist, den ich damals nicht in Worte zu kleiden wagte und den ich auch heute noch nicht aufschreiben kann.« (279)

Nicht das danach erzählte fluchtartige Verlassen der Wohnung, sondern dieser zunächst willkürlich anmutende Einschub markiert den Wendepunkt in dieser Erzählung. Zwar greift die Ich-Erzählerin unmittelbar danach den Bericht über die Geschehnisse wieder auf und bringt ihn schließlich auch zum Abschluss. Der »lautlose Pauken-

---

6 Marie Luise Kaschnitz, *Tagebücher aus den Jahren 1936–1966*, hrsg. von Christian Büttrich, Marianne Büttrich und Iris Schnebel-Kaschnitz. Mit einem Nachw. von Arnold Stadler, Frankfurt a. M. / Leipzig 2000, Bd. 2, S. 857 bzw. 835.

schlag«[7] aber, dass das Eigentliche nicht gesagt werden
kann – damals, im Moment des Erlebens nicht, und jetzt,
bei seinem Niederschreiben erst recht nicht –, wirkt weiter. Für den Leser freilich liegt es nahe, diesen unausge-
sprochenen Gedanken mit der Vorstellung vom Totenvo-
gel zu verbinden.

Wohl deshalb, weil der Mann »Vogelkenner« (280) ist,
entschließt sich die Erzählerin, ein ziemlich weit draußen
wohnendes befreundetes Ehepaar zu besuchen. Der Ruf
eines Käuzchens – des Unglücks- und Todesboten im
Volksglauben[8] – führt dort zu einem Gespräch über
»Nachtvögel«: »aber auf eine ganz nüchterne, fast wissen-
schaftliche Weise, es wurde die volkstümliche Anschauung
von den Käuzchen als Todverkündern gar nicht erwähnt,
und auch von Seelenvögeln, das heißt von in Gestalt von
Vögeln dem Körper entfliehenden Seelen, war die Rede
nicht.« (280) Die Erzählerin bringt es nicht über sich, von
dem Erlebnis zu sprechen, das sie so heftig bedrängt und
vor dem sie geflohen war.

Schließlich ist es »kurz vor Mitternacht« (281), als sie
wieder zu Hause ankommt. Der Vogel sitzt im Korridor.
Er wirkt wie verletzt, bewegt sich langsamer, geht nicht
mehr, sondern kriecht, mit trüben, glanzlosen, ja traurig-
kalten Augen. Er rückt der Ich-Erzählerin auch körperlich nahe, was zur albtraumhaften Vorstellung einer Art
Angstlust führt, »wie er mir auch ins Schlafzimmer folgen

---

7 In *Orte* berichtet M. L. Kaschnitz von einer Begegnung mit Elisabeth
 Langgässer: »Etwas muß darin sein, sagt sie, in jeder Kurzgeschichte, ein
 Paukenschlag, ein lautloser, wenn Sie wollen, aber einer, nach dem nichts
 mehr sein kann, wie es vorher war.« (3,428) Das Motiv des »Pauken-
 schlags« begegnet auch im Schlusssatz der 1964 entstandenen Erzählung *Zu
 irgendeiner Zeit*: »Erst viel später hat er sich daran erinnert, daß er in jener
 Nacht den Paukenschlag gehört hat, den jeder von uns einmal hört und mit
 dem das eigentliche Leben beginnt« (3,435).

8 »Der Kauz gilt als Unglücksbote, und zwar besonders als Todesbote.«
 (*Handwörterbuch des deutschen Aberglaubens*, Bd. 4, Berlin 1932,
 Sp. 1188.)

und schließlich auf meiner Brust hocken würde« (282).
Endlich gelingt es ihr doch noch, den geheimnisvollen
Gast zu bannen. Aber unheimlich, ja bedrohlich bleibt er
selbst im Moment seines Verschwindens: »Es hat während
seines kurzen Fluges merkwürdigerweise so ausgesehen,
als flöge jeder Teil des Tieres für sich, der Kopf für sich
und die Flügel für sich und der Schwanz für sich, es war
Luft zwischen dem allen, wie bei einem Ding, das sich in
seine Bestandteile aufzulösen beginnt.« (282f.)

Überraschend ist auch der Schluss. Wer erwartet, dass
sich das Grauenvolle der Erscheinung, das Doppelbödige
der Begegnung auflöst, sieht sich vom Gegenteil belehrt.
»Da war nur ich«, beschließt die Erzählerin ihren Bericht,
»die jetzt ihre Arme nach dem verschwundenen Vogel
ausstreckte und weinte und die am nächsten Tag und am
übernächsten Tag und noch viele Tage lang mittags zitternd vor Erwartung auf ihrem Bett lag, aber der Vogel
kam nicht, und ich *weiß* [Hervorhebung durch den Verf.],
er kommt auch nicht mehr.« (283) Statt die unheimliche
Begebenheit aufzulösen, verlängert der Schluss mit seinem
wieder nicht der Vergangenheit, sondern dem Präsens der
Schreibgegenwart angehörenden Wissen die Verstörung.
Die Betroffenheit bleibt, aber sie gilt nun nicht mehr dem
überraschenden Kommen, sondern dem immerwährenden
Ausbleiben des unheimlichen Vogels.

Vogel Rock erinnert in vielem an eine andere Angstge-
schichte von Marie Luise Kaschnitz, *Das dicke Kind*,[9] in
der die Autorin – wie sie im »Werkstattgespräch mit
Horst Bienek« mitteilt – die Angst als bestimmendes Erlebnis ihrer Kindheit literarisch gestaltet hat. Und wie in
dieser ihrer wohl berühmtesten Erzählung, tritt sie auch in
Vogel Rock fast ohne Verfremdung selbst auf. »In der
wirklichen Ich-Erzählung« – so hat sie Horst Bienek ge-

---

9 4, 58–66. Vgl. auch: Uwe Schweikert, »Marie Luise Kaschnitz. *Das dicke
Kind*«, in: *Interpretationen. Erzählungen des 20. Jahrhunderts*, Bd. 2, Stuttgart 1996, S. 41–55.

genüber die Erzählerperspektive von *Das dicke Kind* gerechtfertigt – »ist man am unbefangensten, auch in der fiktiven, bei der man sich stärker als in der Er- und Sie-Er-
zählung mit dem sogenannten Helden oder der Heldin
identifiziert« (7,751).

Auch die Ich-Erzählerin von *Vogel Rock* ist, wie die
von *Das dicke Kind*, Schriftstellerin. Darauf verweisen
viele Details des Textes. Die beschriebene Wohnsituation
entspricht darüber hinaus ziemlich genau der Topographie
von Kaschnitz' Frankfurter Wohnung, in der sie von 1941
bis 1974 lebte – zuerst gemeinsam mit ihrem Mann, dem
Archäologen Guido von Kaschnitz-Weinberg, nach dessen Tod 1958 dann allein bis zu ihrem eigenen Tod 1974.
Das im Text beschriebene ehemalige Zimmer des verstorbenen Mannes der Erzählerin lässt sich aufgrund seiner
Möblierung anhand von Fotos tatsächlich als das eigene
identifizieren und die nicht nur hier, sondern auch in anderen Texten[10] erwähnte »Lücke zwischen den beiden ge-
genüberliegenden Häusern, dort, wo die Pappeln stehen«
(279), ist ebenfalls auf Fotos dokumentiert, die von Kaschnitz' Wohnung aus aufgenommen wurden.

Schließlich ruft auch der Korridor, in dem der Vogel die
Erzählerin nach ihrer Rückkehr von dem fluchtartigen
Besuch in Empfang nimmt, eine eigenartige Übereinstimmung der Erinnerung hervor. Im schmalen Korridor ihrer
Wohnung – so hält es eine Aufzeichnung in dem autobiographischen Band *Orte* (1973) fest – hat Kaschnitz stets
ihren heimkehrenden Mann erwartet und mit »Küssen
und Fragen« begrüßt – ein Ritual, das sie als eine Abwehr
der »Gefahr des Sichverlierens« (3,493) benennt. Schließlich mag man auch seine schwere Krankheit und sein Da-
hinvegetieren nach der Operation – er konnte nur noch
»mit krauser Sprache« (3,475) reden, heißt es in *Orte* – in
der Beschreibung des Vogels angedeutet finden.

10 Zum Beispiel in *Orte* (3,649).

Die kaum verhüllte topographische Übereinstimmung kann die Erzählung nicht erklären, gar deuten; sie gibt nur den Rahmen für den Einbruch des Übersinnlichen, das eine eigene Wirklichkeit hat. Das Unheimliche – darauf hat schon Sigmund Freud hingewiesen – erwächst aus dem »Heimlichen«, dem Heimischen, uns besonders Vertrauten, aber Verdrängten: Das Unheimliche – so Freud – ist »jene Art des Schreckens, welche auf das Altbekannte, Längstvertraute zurückgeht« und darum wiederkehrt.[11] Diese Mischung aus Angezogensein und Verdrängen bestimmt die Haltung der Ich-Erzählerin, wie Kaschnitz sie beschreibt. Auch in dem Vogel tritt etwas hervor, was weggedrängt wurde und wiederkehrt. Gerade weil es sich um eine Emanation des eigenen Innern handelt, beunruhigt es sie umso mehr. »Das übernatürliche Erlebnis« – so die Kaschnitz-Biographin Dagmar von Gersdorff über *Vogel Rock* – »wird zum Spiegel des Seelischen, zur Metapher des Unbewußten.«[12] Die wie ein Albtraum sich auf sie legende Angst, die die Erzählerin befällt, ist darum auch weniger dem Eindringen des Vogels selbst als der schockhaften Erfahrung geschuldet, die sie – wie es heißt – »damals nicht in Worte zu kleiden wagte« und die sie »auch heute noch nicht aufschreiben kann« (279): »daß Menschen in der Nähe des Todes« – wie Kaschnitz es in der ja ebenfalls nicht geheuren *Schiffsgeschichte* formuliert – ein unnennbares »Pandämonium von stellvertretenden Dingen [erleben], das mit der Vernunft nicht mehr in Ordnung zu bringen ist« (4,618).

Die Ich-Erzählerin selbst setzt die Erfahrung dieses Pandämoniums mit dem Tod in Verbindung. Der Schrecken, der von dem Vogel ausgeht, ist ein subjektiv erfahre-

---

11 Sigmund Freud, »Das Unheimliche«, in: S. F., *Studienausgabe der Werke*, Bd. 4: *Psychologische Schriften*, Frankfurt a. M. 1970, S. 241–274, hier S. 244.

12 Dagmar von Gersdorff, *Marie Luise Kaschnitz. Eine Biographie*, Frankfurt a. M. / Leipzig 1992, S. 309.

ner, kein objektiv gegebener. Der Vogel erschreckt mehr noch als durch seine bloße Anwesenheit durch das Geräusch des Flügelschlagens, den schrillen Ton, das Krächzen und nicht zuletzt seinen Blick. Von »traurigen Vogelaugen« (275), ja einem »riesige[n] Menschenauge« (277) ist die Rede. Diese Begegnung Auge in Auge wirkt wie eine Begegnung mit dem Tod. Die Vorstellung des Seelen- oder Totenvogels, der die Grenze zwischen Leben und Tod überschreitet und zwischen beiden Regionen zeichenhaft vermittelt, war Kaschnitz bekannt: »Wie im Glauben der Antike so gelten auch im deutschen Volksglauben aller Zeiten die Vögel als geisterhafte, prophetische Wesen, Todesboten, d. h. als in Vogelgestalt erscheinende Seelen von Abgeschiedenen, die einen Überlebenden ins Totenreich nachziehen, abrufen.«[13] Und todbringend – dies mag dann doch eine geheime Bezugnahme bei der Namengebung sein – ist ja auch der Vogel Ruch in den erwähnten *Erzählungen aus den Tausendundein Nächten*.

Das Unbewusste, Visionäre spielt in Kaschnitz' literarischem Schaffen eine bedeutende Rolle. »Alles, was über unseren Verstand und über unser Alltagsverstehen hinausgeht, war mir immer sehr wichtig. Ich habe ja auch immer Themen gewählt, bei denen ich dem Unbewußten freien Spielraum geben konnte« (7,971), äußerte sie in einem Gespräch im Mai 1974. Das Unbewusste ist bei ihr stets mit dem Unterbewusstsein, mit der Geschichte des eigenen Ich verbunden. Die changierenden Vielheiten des Ich, aber auch seine traumatischen Erfahrungen hat sie so unermüdlich bearbeitet wie nur wenige Schriftsteller ihrer Generation. Dazu gehört nach dem Tod ihres Mannes auch ihre als ambivalent erlebte Ehe. In dem Gedichtband *Dein Schweigen, meine Stimme* (1962), einer lyrischen Zwie- und Aussprache mit dem toten Mann, einer Ablösung

13 *Handwörterbuch des deutschen Aberglaubens*, Bd. 7, Berlin 1936, Sp. 1572.

auch von dem Toten, findet sich ein Gedicht mit dem Titel
Weißnoch:

> Weißnoch, weißnoch
> Den Vogel Unheil
> Seh ihn noch hocken
> Seh ihn noch hüpfen
> Im Käfig über dem Bett uns.
> Seine Federn wuchsen
> Seine Flügel wurden kräftig.
> Auch wie ich ihn auf den Schoß nahm
> Ihn hegte und wiegte
> Gleich einer Taube
> Hielt ich ihn auf dem Schoß.
> Wie ich ihn fütterte
> Mit Süßholz zuerst
> Dann mit Herzblut
> Daß er nicht aufflöge
> Geierkahl krächzend
> Weißnoch, weißnoch
> Wie er sich losriß
> Geierkahl krächzend
> Die Sonne verschlang.   (5,358)

Der »Vogel Unheil«, der »die Sonne verschlang«, ist ein
Vorläufer, ein Bruder des »Vogels Rock«. Vielleicht ist er
gar ein Wiedergänger des andern. Jedenfalls deutet der
Schluss der Erzählung darauf hin, dass der Vogel Rock der
Bote einer anderen Welt ist – Bote des/eines Toten, Bote
eines / des eigenen Todes und als solcher »zitternd vor Erwartung« (283) erwartet in der Gewissheit, dass stellver-
tretende Zeichen wie dieses sich nicht wiederholen. Damit
aber entpuppt die nicht geheure Geschichte sich an ihrem
Ende als eine Liebesgeschichte, eine psychologische Studie
über die Ambivalenz der Gefühle aus Abwehr und Betroffenheit. Es macht die literarische Qualität dieser Erzählung aus, gerade das Entscheidende nicht adäquat be-

schreiben zu können, es jedenfalls nicht benennen zu wollen. Kaschnitz lässt die biographischen Bezüge der Angstvision anklingen, aber sie widersteht der Versuchung, ihre Dechiffrierung selbst vorzunehmen: »Ich habe immer das Rätselhafte gesehen, es hat mich überall angezogen, nicht zur Deutung, sondern zum Aufzeigen.« (7,971)

Literaturhinweise

Marie Luise Kaschnitz: Vogel Rock. In: M. L. K.: Ferngespräche. Erzählungen. Frankfurt a. M.: Insel Verlag, 1966. S. 216–225.
– Vogel Rock. In: M. L. K.: Gesammelte Werke. Hrsg. von Christian Büttrich und Norbert Miller. Bd. 4: Die Erzählungen. Frankfurt a. M.: Insel Verlag, 1983. S. 561–569.
– Vogel Rock. In: Klassische deutsche Kurzgeschichten. Hrsg. von Werner Bellmann. Stuttgart: Reclam 2003. S. 273–283. – Diesem Druck liegt die Ausgabe von 1983 zugrunde.

Gersdorff, Dagmar von: Marie Luise Kaschnitz. Eine Biographie. Frankfurt a. M. / Leipzig 1992.
Göttsche, Dirk (Hrsg.): »Für eine aufmerksamere und nachdenkliche Welt«. Beiträge zu Marie Luise Kaschnitz. Stuttgart/Weimar 2001.
Pulver, Elsbeth: Marie Luise Kaschnitz. München 1984.
Schweikert, Uwe (Hrsg.): Marie Luise Kaschnitz. Frankfurt a. M. 1984.

Marie Luise Kaschnitz: *Ja, mein Engel*

Von Michaela Holdenried

Für diese Kurzgeschichte, die zuerst in *Westermanns Monatshefte* 105 erschien, erhielt Kaschnitz den Georg-Mackensen-Preis für die beste deutsche Kurzgeschichte des Jahres 1964. Sie wurde dann in die späte Sammlung *Ferngespräche* (1966) aufgenommen, nach Pulver ein »später Höhepunkt der Kurzgeschichte«[1] und zugleich ein »Spätling«[2], sowohl in Bezug auf das, was die Kurzgeschichte als Gattung anbelangt, wie auch in ihrer persönlichen Bedeutung für die Autorin.

Mit der Überschrift scheint das bedingungslose »Ja« einer Liebesgeschichte gesetzt zu sein. Zustimmung, Verklärung und Unterwerfung sind seine spiegelnden Facetten, die in der Geschichte auf eine bedrückende Weise entfaltet werden. Die Erwartung, dass damit einmal mehr das von der Autorin vielfach variierte Thema der Geschlechterbeziehungen angeschlagen wird, konterkariert bereits der erste Abschnitt des Textes. Verwirrenderweise wird die Liebe als ein wichtiges thematisches Geflecht hier um eine Arabeske bereichert, die in mancher Hinsicht kontrapunktisch zu ihren früheren Erzählungen wirkt. Konnte Inge Stephan zu Recht die Frage nach der Liebe als weiblicher Bestimmung im Werk Kaschnitz' stellen,[3] so wird hier das Illusorische und (Selbst-)Zerstörerische einer auf dem völligen Verzicht basierenden Liebesbeziehung am Beispiel zweier Frauen geschildert. Um Missver-

1 Elsbeth Pulver, *Marie Luise Kaschnitz*, München 1984, S. 90.
2 Ebd., S. 91. Nach dem Erscheinen von *Ferngespräche* habe die Autorin erklärt, dass sie von der Kurzgeschichte als Form genug habe.
3 Inge Stephan, »Liebe als weibliche Bestimmung? Frauenbild und mythische Strukturen in den beiden frühen Romanen *Liebe beginnt* und *Elissa* von Marie Luise Kaschnitz«, in: *Marie Luise Kaschnitz*, hrsg. von Uwe Schweikert, Frankfurt a. M. 1984, S. 119–151.

ständnissen vorzubeugen: Sicher war Kaschnitz weit davon entfernt, eine gleichgeschlechtliche Beziehung thematisieren zu wollen. Doch entwickelt sie das Zugrunderichtende einer einseitigen, verzweifelt nach Erfüllung suchenden Liebe entgegen ihrem sonstigen Grundmuster nicht zufällig am Verhältnis zwischen einer alten Frau und ihrer jungen Mieterin. Entgegen der völlig einschichtigen und moralinhaltigen Deutung Östbös, der ausschließlich eine Mutter-Tochter-Beziehung darin sehen will, dürfen die durchaus vorhandenen Komponenten einer ›echten‹ Liebesbeziehung keineswegs außer Acht gelassen werden. Möglicherweise wird durch diese Art der Verfremdung die kritische Sicht der Autorin auf zeitgenössische Formen des Liebesdiskurses nur umso deutlicher.

»Genau heute vor fünf Jahren habe ich die Anzeige in die Zeitung gesetzt.« (284) – Mit der betonten Genauigkeit der Erinnerung setzt der Bericht ein und behauptet damit unterschwellig, das Geschehene kontrolliert zu haben. Das Folgende widerspricht dem aber in jeder Hinsicht. Nicht nur die im Lauf der Geschichte immer stärker sichtbar werdende Hinfälligkeit der alten Frau, deren Bericht wir vor uns haben, sondern auch deren jahrelange Zurichtung zum Tode entwerten im Lauf ihrer Enthüllung die Berichtform als letzte Bastion einer Selbstbehauptung. »Eine ruhige, gebildete Mieterin« (284) sucht die Ich-Figur, eine Witwe mit offenbar bescheidenem Einkommen, deren Beweggründe für die Vermietung dennoch nicht in erster Linie finanzieller Natur sind. Vielmehr wird die Bereitschaft zum Verzicht auf eines ihrer drei Zimmer gekoppelt an eine zunächst vage Erwartung des »Gefallens«: Andere Bewerberinnen werden abgewiesen, »weil ich immer meinte, es könnte noch eine kommen, die mir besser gefiele«. (284) »Schön wie ein Engel« (284) erscheint das Fräulein der kinderlos gebliebenen Witwe denn auch; mit »Engelshaar« (285) und dem Namen Eva wird die Überhöhung ins Mythische komplettiert.

288   *Michaela Holdenried*

Wenn Pulver zur Struktur der Kurzgeschichte bei Kaschnitz darauf verweist, dass das Grundmuster der Begegnung zweier Menschen »als ein auslösendes und veränderndes Element«[4] im Zentrum steht, und dass dieser
Begegnung nach Doderer ein elementares Moment der
»Störung« innewohne,[5] so gilt dies durch die quälend
langsame Entfaltung der Verdrängung der alten Frau aus
ihrem eigenen Leben in der vorliegenden Kurzgeschichte
in besonderem Maße. Die Landnahme der Mieterin, die
als ein zielstrebiges studentisches Fräulein eingeführt
wird, das sich gewissenhaft auf seine Examina vorbereitet,
erstreckt sich über einen langen Zeitraum. Die Berichter-
statterin selbst findet immer neue Rechtfertigungen für
die Lieblosigkeit, mit der ihre Aufmerksamkeiten ignoriert werden. Schließlich werden auch noch die offenkun-
digsten Grausamkeiten entschuldigt, indem sie dem Bräutigam und späteren Mann angelastet werden. Das Paar
schafft es nach und nach mit erpresserischen Mitteln, die
Vermieterin dazu zu bringen, die eigene Wohnung zu
räumen und sich, schwer krank, in die stickige, voll ge-
stopfte Mansarde zurückzuziehen. Von dort wird sie ins
Krankenhaus gebracht und endet in einer Art Abstell-
kammer, so eng wie eine Gruft: »So ein kleines Loch ist
das [...].« (302)

Liest man die Geschichte naiv, so stellt sich jene humane Empörung ein, mit der Östbö seine Interpretation geschrieben hat. Anstelle einer einfachen Auflösbarkeit des
Geschehens sollte man bei Kaschnitz jedoch immer eine
gewisse Doppelbödigkeit in Rechnung stellen. Die Be-
schränkung auf eine Perspektive, die der Ich-Erzählerin,
bringt es mit sich, dass man von Anbeginn an ausschließlich deren Einstellungen teilt. Die »gesunde« Einstellung
etwa, dass die Jugend sich vergnügen, Spaß miteinander

4 Pulver (Anm. 1) S. 50.
5 Ebd.

haben, Zärtlichkeiten tauschen sollte – dies alles sind Bereiche des Umgangs der Geschlechter, die für die junge Frau offenkundig den beruflichen und materiellen Ambitionen nachgeordnet sind. Liest man allerdings genauer, so enthüllt sich eine gewisse Ambivalenz des Berichteten. Das Eindringen in die Privatsphäre geht zunächst nämlich von der Hauptfigur aus. Sie versorgt, umhegt und verpflegt ihre Mieterin, die ihr dafür durchaus keinen Dank weiß. Die Kehrseite dieser mütterlichen Verhaltensweisen ist das Possessive, das die Beziehung dadurch annimmt: »*Meine* Eva, sagte ich zu meiner Bekannten [...], gerade als spräche ich von meinem eigenen Kind.« (286)

Als das Paar nach Examen und Heirat zusammen in die Wohnung der alten Frau zieht und ihr bald ein weiteres Zimmer abmietet, taucht im Text gleichsam wie ein Fremdkörper der Begriff »Kontrakt« auf (291): »Das Gehen machte mir Mühe, und es fiel mir nicht leicht, alle Zimmer aufzuräumen und zu putzen, was aber in dem Kontrakt stand, den der junge Mann aufgesetzt hatte, und sie bezahlten mich ja auch dafür.« (291) Während das junge Paar die Beziehung zu seinen Gunsten vertraglich regelt, denkt die Ich-Erzählerin in anderen Dimensionen. Freiwilligkeit der Hilfe, Verzicht ohne Gegenleistung und menschliche Nähe sind die Fixpunkte ihres Koordinatensystems familiärer Gegenseitigkeit. Während die Protagonistin ausschließlich dieses »System« menschlicher Beziehungen beherrscht, spielt das junge Paar und insbesondere Eva berechnend auf der Klaviatur beider Systeme. Geld ist das Austauschäquivalent, das die Beziehung regeln soll, doch während die einsame Witwe ihren Zuverdienst wiederum in die Beziehung investiert – »Ich hatte dadurch jetzt ganz schöne Einnahmen und konnte am Samstag einen Blumenstrauß kaufen, den ich meinen Mietern ins Zimmer stellte, und einen Kuchen backen, den sie ebenfalls von mir geschenkt bekamen« (291) –, ist Eva nur für Geld als Gegenleistung zu menschlicher Nähe bereit: »[...]

ich habe das Geld herausgekramt, und sie hat mir zum erstenmal einen Kuß gegeben.« (291) Mit der Drohung, auszuziehen, setzt das Paar immer mehr seine Wünsche durch. »Ich habe gedacht, sie [Eva, d. Verf.] würde mir jetzt kündigen [...]« (289) – mit Bedacht stellt die Doppeldeutigkeit des grammatikalischen Bezugs (Wer kündigt wem?) auf die bereits völlig umgekehrten Verhältnisse ab: Längst halten die Mieter alle Fäden in der Hand, setzen sie die Bedingungen, die die Frau akzeptiert, um »nicht alleine zurück[zu]bleiben [...]« (290).

Auch die Beziehung des Paares selbst ist vom Frost dieser materialistischen Einstellung durchzogen. Man findet sich zusammen zu einer Erwerbsgemeinschaft, von Zärtlichkeit oder gar Liebe ist nicht die Rede. Idealistische Ziele der Berufsfindung werden dem Erwerb von Gütern geopfert: Statt Lehrerin zu werden, nimmt Eva eine Bürostellung an; die Anschaffung eines Wagens gehört zur Planung, während Schwangerschaft und Kind eher Störungen darstellen. Das Kind, »die kleine Gudrun« (293), wird denn auch der alten Frau aufgehalst, die allerdings nur die Grundfunktionen der Versorgung sicherstellen, keinesfalls aber emotionale Bedürfnisse erfüllen soll. Verzicht gehört nicht zu den Vokabeln dieser Wirtschaftswundergewinnler, die auf dem »Kampffeld«[6], als welches Kaschnitz diese Zeit empfand, über Leichen gehen, um ihre Bedürfnisse zu befriedigen. Der Wagen, der Urlaub in Italien, die größere Wohnung sind Zutaten dieses Wirtschaftswunderglücks.

Mit dieser Deutungsebene verbunden ist eine mehr untergründige, die den ungeheuerlichen Fall der Verdrängung der Alten, Kranken und Einsamen aus der Leis-

---

6 »Wo stehen wir? Immer inmitten eines Kampffeldes, auf dem es darum geht, zwischen Verzicht und Behauptung die richtige, die humane Mitte zu finden.« (Marie Luise Kaschnitz, »Zehn Jahre nach dem großen Krieg«, in: M. L. K., *Engelsbrücke. Römische Betrachtungen*, Hamburg 1977, S. 12 f., hier S. 13.)

tungsgesellschaft zu einer Parabel macht.[7] Das altmodische, auf Selbstlosigkeit und Verzicht gegründete System steht gegen das moderne, kontraktualistisch geregelte, in dem für die Schwachen immer weniger Raum bleibt.

Buchstäblich wird in der Geschichte in dem Maße, in dem die Hauptfigur körperlich hinfälliger wird, ihr Raum immer mehr eingeschränkt, bis sie am Schluss, bewegungsunfähig, auf einer Tragbahre aus der stickigen Mansarde »hinuntergeschafft« (300) wird, an ihrer alten Wohnung vorbei. Das alte Leben erscheint mit dem bereits verschwundenen Namensschild wie ausgelöscht, »so als sei ich selbst schon gar nicht mehr da« (300). Die Namensmythologie spielt in diesem bösen Märchen eine wichtige Rolle: Der junge Mann bleibt namenlos, weil er nur als Störfaktor in der imaginierten Beziehung erscheint, Evas Name hingegen ist nicht ihr richtiger, er ist gewissermaßen nur ein *nom de guerre* auf dem Kampffeld, während die alte Frau mit der Verblendung einer Liebenden als Einzige ihren wahren Namen zu kennen meint: »Ja, mein Engel, sage ich [...] und erschrecke, weil ich sie jetzt bei ihrem richtigen Namen genannt habe und zum ersten Male.« (302) Anders als Rumpelstilzchen im Märchen aber ist Eva »darüber nicht böse« (302) und weit davon entfernt, sich selbst wie von Sinnen zu entleiben, vollendet sie als gnadenloser Todesengel – »schwarz mit silbernen Flügelärmeln« (302) – ihr Geschäft: »sie ist so schön wie [...] ein Engel, und langsam, langsam drückt sie mich immer tiefer hinab.« (303) Der Raumgestus der Geschichte, mit dem metaphorisch die Verengung des Lebens beschrieben wird, verweist hier überdeutlich auf den letzten Raum, das Grab.

---

7 Dass mit der gesellschaftlichen auch eine Art der Selbstdiskriminierung einhergeht, sei hier nur am Rande erwähnt: Die alte Frau will selbst keine Alten als Mieterinnen haben, sie sieht sich aus der Außenperspektive als »alter häßlicher Vogel« (292) und stimmt dem jungen Mann zu, dass es unappetitlich ist, wenn ein kleines Kind bei einer alten Frau im Bett liegt.

Der beiläufige Ton des Berichts ändert sich zuletzt, und die befremdliche Perfektform, in der der ganze Bericht gehalten ist, wird im Schlusssatz in das Präsens aufgehoben. In den Fieberphantasmen einer Sterbenden erfährt die Lakonie der Verdrängung eine plötzliche Zuspitzung. Nur im Fiebertraum, so scheint es, kann die erfahrene Gewalt auch visuelle Gestalt annehmen. Gegen den zurückgenommenen Gestus des Berichts wirkt der Schluss als Aufgipfelung und erstickter Schrei: »Aber Fräulein Eva, habe ich gesagt, was machen Sie denn, weil sie mir die Blumen nun auch aufs Gesicht legte, und dann waren es gar keine Blumen mehr, sondern es war Erde und die Erde fiel mir in die Augen und in den Mund.« (302)[8] Wenn in dieser Schlusssequenz die alte Frau ihren Tod imaginiert oder berichtet, ist auch dies doppelt lesbar: Der finale Kommentar über den Verlust der Allmacht des Erzählens transzendiert und hebt sich zugleich selbst auf, indem er das Unerzählbare erzählt – den eigenen Tod.

Literaturhinweise

Marie Luise Kaschnitz: Ja, mein Engel. In: Westermanns Monatshefte 105 (1964) H. 10. S. 5–12.
– Ja, mein Engel. In: M. L. K.: Ferngespräche. Erzählungen. Frankfurt a. M.: Insel Verlag, 1966. S. 248–265.
– Ja, mein Engel. In: M. L. K.: Gesammelte Werke. Hrsg. von Christian Büttrich und Norbert Miller. Bd. 4: Die Erzählungen. Frankfurt a. M.: Insel Verlag, 1983. S. 589–604.

8 Die Schlusssequenz erinnert an eine Bemerkung aus *Engelsbrücke*: »Wer sich die Welt auf die Schultern packt, wird hinabgerissen [...]. Die äußerste Bemühung ist ein Fieber, ein krankhafter Zustand – da gibt es keine Verteidigung mehr, da fliegen Goyas schwarze Vögel ungehindert zum Fenster herein [...]«. Kaschnitz (Anm. 6) S. 172.

Marie Luise Kaschnitz: Ja, mein Engel. In: Klassische deutsche Kurzgeschichten. Hrsg. von Werner Bellmann. Stuttgart: Reclam, 2003. S. 284–303. – Diesem Druck liegt die Ausgabe von 1983 zugrunde.

Drewitz, Ingeborg: Marie Luise Kaschnitz: Ein Porträt. In: Marie Luise Kaschnitz. Hrsg. von Uwe Schweikert. Frankfurt a. M. 1984. S. 15–24.

Östbö, Johannes: Wirklichkeit als Herausforderung des Wortes. Engagement, poetologische Reflexion und dichterische Kommunikation bei Marie Luise Kaschnitz. Frankfurt a. M. [u. a.] 1996.

Pulver, Elsbeth: Marie Luise Kaschnitz. München 1984.

Stephan, Inge: Liebe als weibliche Bestimmung? Frauenbild und mythische Strukturen in den beiden frühen Romanen *Liebe beginnt* und *Elissa* von Marie Luise Kaschnitz. In: Marie Luise Kaschnitz. Hrsg. von Uwe Schweikert. Frankfurt a. M. 1984. S. 119–151.

Herbert Eisenreich:
Die neuere (glücklichere) Jungfrau von Orléans

Von Wendelin Schmidt-Dengler

Die neuere (glücklichere) Jungfrau von Orléans bietet, reduziert auf ihren Inhalt, eine gleichnishafte Erzählung des Opportunismus österreichischer Prägung in der ersten Hälfte des 20. Jahrhunderts: »Sie«, die namenlose Heldin der Erzählung, lebt in einer kleinen Garnisonsstadt, wo sie nicht nur deren Offizieren, sondern auch der männlichen Zivilbevölkerung mit ihren Liebesdiensten zur Verfügung steht. Sie verkörpert den Typ der emanzipierten Frau, die ihre Nägel rot lackiert, Shimmy und Tango tanzt und ungeniert in der Öffentlichkeit raucht. Drei offizielle Verlobungen scheitern; durch einen Offizier des österreichischen Bundesheeres wird sie im Winter vor dem Einmarsch Hitlers auf gemeine Weise erniedrigt, da sie mit ihren etwa 35 Jahren jegliche Attraktivität eingebüßt hat. Sie wird zu einer glühenden Anhängerin Hitlers, dem sie beim Einmarsch zufällig die Hand drücken darf. Sie steigt zur Leiterin der örtlichen »Frauenschaft« auf. In den letzten Kriegstagen rückt sie mit einem Hitlerjungen auf dem Motorrad mit Handgranaten und Panzerfäusten bewaffnet aus, um den Einmarsch der Amerikaner zu stoppen. Der Motorradfahrer stürzt, da er der amerikanischen Panzer ansichtig wird. Die Frau wähnt ihr Ende gekommen und fleht – sie leidet aufgrund ihrer Nikotinabhängigkeit gewaltig – den sie bedrohenden amerikanischen Soldaten um eine Zigarette an. Dieser versorgt sie mit einem ganzen Päckchen und sieht seine Chance gekommen: Sie ist ihm sofort zu Willen, und der ganze nachkommende Tross der Panzer- und Jeepbesatzung bedient sich an dieser Bereitwilligkeit. Sie wird von den Soldaten mit Nahrungsmitteln und vor allem mit Zigaretten versorgt, sodass sie sich mit

den »weit über hundert Päckchen« in der Folge »über die
schlimmste Zeit hinweghelfen konnte« (312). Das ist das
offene Ende der Geschichte, doch ist die Annahme keineswegs abwegig, dass es der Heldin auch gelingen wird, weiterhin alle Hindernisse, die ihr das Schicksal in den Weg
stellt, zu überwinden.

Das ist gewiss eine Lesart, die der kritischen Haltung
entspricht, die Eisenreich seinem Herkunftsland und auch
dessen Geschichte entgegenbrachte. Doch wird damit die
subtile Organisation des Textes, die dem Autor außerordentlich wichtig war, an den Rand gedrängt, sodass die
Intention dieser für Eisenreichs Schaffen außerordentlich
typischen Kurzgeschichte in ihrer Komplexität kaum erkennbar wird. Es beginnt mit dem Titel, der Heinrich von
Kleists Kurztext *Der neuere (glücklichere) Werther* her-
beizitiert, allerdings ist damit in Bezug auf den Inhalt nur
wenig ausgesagt. Eisenreichs Titelgebung ist stets in einem
hohen Maße kalkuliert, und er scheut sich nicht, bereits
verwendete und bekannte Titel einfach zu wiederholen, so
etwa *Unverhofftes Wiedersehen*, *Die Frau im Fenster*, *Die
Betrogene*, oder verwendet bekannte Redensarten oder Zitate.[1]

Der Titel weckt eine Erwartungshaltung, und es ist klar,
dass es sich um eine Frau, um den Krieg und um eine In-
version des tragischen Schicksals der Hauptfigur handeln
muss. Dass der Titel nur ironisch gemeint sein kann, da
das Attribut »Jungfrau« der Heldin unter keinen Umständen angemessen ist, erhellt sich schon aus dem ersten Satz:
»Nicht nur die Offiziere der Garnison, sondern so ziemlich alle Männer der sogenannten Gesellschaft unseres
Städtchens hatten sich an ihr schon den Mund abge-
wischt.« (304) Diese Bezugnahme auf andere, bereits gestaltete Texte ist für Eisenreich weit über die Titelgebung

---

1 Vgl. Juliane Köhler, *Janusköpfige Welt. Die Kurzgeschichten Herbert Eisenreichs*, München 1990, S. 132.

hinaus kennzeichnend. So dienen in *Ein Erlebnis wie bei Dostojewski* Katherine Mansfields *A Cup of Tea* und in *Statue einer Frau* Thomas Manns *Wälsungenblut* zunächst als mitunter bis ins Detail übernommene Vorlage, um dann durch eine Ergänzung eine entschiedene Erweiterung, ja meist eine ausführlichere Aufdeckung des persönlichen Schicksals der Protagonisten zu liefern. *Die ganze Geschichte*, die auf Guy de Maupassants *Garçon, un bock!* fußt, trägt dieses Programm bereits im Titel.[2] Eisenreich versteht seine Kurzgeschichten auch als Texte, die Einsicht in das Widersprüchliche und Inkalkulable der Schicksalsmaschinerie bieten und – das ist gewiss nicht unbescheiden – auch als Korrektur der Vorlage. So ist es dieser »glücklicheren« Jungfrau möglich, aufgrund einer allgemein als Defekt geltenden Bereitwilligkeit sich einer Notsituation nicht nur zu entziehen, sondern sogar reichlich Gewinn daraus zu schlagen. Die amerikanischen Soldaten machen gleichsam das gut, was andere Männer an ihr gefehlt hatten.

Nach den Fäden zu suchen, die zu Schillers Drama führen, und daraus vielleicht ein Netz von Bezügen zu knüpfen, ist kein vielversprechendes und Erkenntnisse förderndes Unterfangen. Doch gibt es immerhin einen aufschlussreichen Kontrast: So wie Jeanne d'Arc den Siegeszug der Engländer aufzuhalten vermag, so stoppt auch ihre glücklichere Nachfolgerin den Vormarsch der Amerikaner, allerdings nur für ein Weilchen, was für sie jedoch einen beachtlichen Glücksgewinn bedeutet. In nahezu allen Texten Eisenreichs, so auch in dem umfänglichen Romanfragment *Die abgelegte Zeit* (1985), geht es um Geschichte, allerdings nie um die große Geschichte, sondern immer um die meist von Antihelden erlebten Vorgänge gewaltiger

---

2 Vgl. Köhler (Anm. 1) S. 185–194, und Wendelin Schmidt-Dengler, »*Erlebnis wie bei Dostojewski* und *Die ganze Geschichte* – zu zwei Erzählungen von Herbert Eisenreich«, in: *Zeitschrift für deutsche Philologie* 87 (1968) S. 591–612.

Veränderung. In dem genannten Roman begegnet der General Trnka, der im österreichischen Ständestaat (1934 bis 1938) seinen Abschied genommen hat, um mit Hingabe an seiner militärwissenschaftlichen Theorie des Rückzugs zu arbeiten, ein Anti-Clausewitz und ein Anti-Moltke in einem. Seine Maxime: »Der Rückzug, recht verstanden, ist diejenige Bewegung, welche einem die Freiheit, die man sich selber oder die der Gegner einem genommen hat, zurückgibt.«[3] Ähnlich bedeutet ja auch der Rückzug für die glücklichere Jungfrau von Orléans den einzig gangbaren Weg in dieser »sogenannten Gesellschaft« (304), und was ihr als Untugend vorgehalten wurde, ergibt in der prekärsten Situation ihrer Karriere noch einen sehr lebenspraktischen Sinn.

Auch wenn keine konkrete Jahreszahl genannt wird, so kann der historische Hintergrund doch sehr genau aus dem Erzählverlauf erschlossen werden. Aus einer gegen Ende des Textes en passant vorgebrachten Erwähnung lässt sich sogar das Geburtsjahr der Frau mit einiger Genauigkeit ermitteln. Als sich der amerikanische Soldat auf sie einlässt, erinnert sie sich an ihr erstes sexuelles Erlebnis. Die Erinnerung wird offenkundig durch die Fremdheit hergestellt: Im Betrieb ihres Vaters (damit wird zum ersten Mal auf die Herkunft angespielt) gab es einen italienischen Kriegsgefangenen namens Carlo und andere Italiener, die ihr »so unerklärlich gut gefallen hatten«. Natürlich untersagten die Eltern den Umgang mit diesen, doch als dann »von einem Tag auf den andern [...] die Italiener keine Kriegsgefangenen mehr gewesen« waren, hatte sie Carlo ihre »dumpf drängenden Empfindungen« gestanden, was nicht nur bei ihm, sondern auch bei seinen Kameraden zum Erfolg führte (310f.). Da sie zu diesem Zeitpunkt fünfzehneinhalb Jahre alt war und der Erste Weltkrieg im Spätherbst 1918 zu Ende war, ergibt sich

3 Herbert Eisenreich, *Die abgelegte Zeit. Romanfragment*, Wien 1985, S. 331.

zwangsläufig 1903 als das Geburtsjahr, was auch genau zu den anderen Ereignissen in ihrem Leben passt: In den 20er-Jahren repräsentiert sie mit ihrem Aussehen – Bubikopf, großwüchsig und »knabenhaft schlank« (304) – den Typ der Garçonne. Hier wird bereits ihre Passion für das Rauchen eingebracht, die leitmotivisch die ganze Erzählung strukturiert. In diese Zeit fallen auch ihre drei missglückten Verlobungen; sie wird unansehnlich und ist nicht mehr begehrenswert. Wieder verknüpft Eisenreich die individuelle Geschichte der Frau mit der politischen: Ein Offizier des österreichischen Bundesheeres, der sich um sie bemüht hatte und wegen eines Sprachfehlers »schmählich abgewiesen« worden war (305), rächt sich außerordentlich gemein; er gibt vor, die einstmals Geliebte zu begehren, lockt sie in ein Hotelzimmer, wo er sie, da sie bereit ist, sich ihm hinzugeben, wegen ihrer Unförmigkeit gröblichst beschimpft und ihr einen zerlumpten Hausierer oder Landstreicher wie einen Überraschungsgast höhnisch präsentiert (305 f.). Dies geschieht unmittelbar vor dem Einmarsch Hitlers und wird vom Erzähler als die Ursache des Engagements der politisch sonst völlig ahnungslosen Frau für den Nationalsozialismus angegeben. Der Zufall will es, dass ihr Adolf Hitler beim Durchzug durch das Städtchen die Hand drückt, was den meisten der Anlass für ihre Verwandlung zur orthopraktischen Nationalsozialistin zu sein scheint; sie beginnt nun, eine Volkstanzgruppe zu leiten und macht »auch sonst noch Sachen, die damals im Schwange waren« (306). Damit hat Eisenreich sehr genau eines der Motive gefasst, das für viele Österreicherinnen und Österreicher der Grund für ihre Hinwendung zum Nationalsozialismus war: Die Unzufriedenheit mit dem autoritären Ständestaat machte viele, die sich durch Desinteresse oder Ahnungslosigkeit in politischen Fragen auszeichneten, zu mehr oder weniger devoten Anhängern des Führers.

Die Handlung endet im Mai 1945, zu einem Zeitpunkt,

als Hitler schon tot und Wien und Berlin von den Alliierten erobert waren. Dass der Schauplatz aller Wahrscheinlichkeit nach in Oberösterreich liegt, geht auch aus einigen Anmerkungen über den Frontverlauf hervor. Das alles scheint auf den ersten Blick für die Substanz der Erzählung kaum von Bedeutung zu sein, doch ist die Genauigkeit, mit der Eisenreich den Lebenslauf seiner Helden in die Realgeschichte Österreichs einbettet, für die Konzeption gewiss nicht ohne Belang. In seinen frühen Prosatexten hatte er seine Helden meist in einem Niemandsland agieren lassen, während in den Kurzgeschichten der späten 50er- und frühen 60er-Jahre die konkreten topographischen und historischen Voraussetzungen zusehends gewichtiger werden.

Es geht in dieser Kurzgeschichte auch nicht um den Augenblick, um den die erzählerische Materie angeordnet ist und der für die Zentralfigur eine entscheidende Zäsur bedeutet. Hier wird eine Frauenbiographie gerafft referiert; nur zwei Episoden werden, gleichsam kontrapunktisch, aufeinander bezogen: Einerseits ist das der Bericht von der Verhöhnung durch den Offizier, andererseits das Finale mit den amerikanischen Soldaten. Nicht um den Entwurf eines Porträts oder um ein bewegendes Frauenschicksal geht es, die Erzählung fordert auch nicht dazu auf, moralisch Position zu beziehen. Die Verdikte, die den Erzählerkommentaren implizit sind, treffen die Gesellschaft in ihrer Gesamtheit. Der »sogenannten Gesellschaft« (304) des Städtchens kommt die Freizügigkeit der Dame zupass, und auch sie findet es »schick, aus dem bürgerlichen Rahmen zu fallen, und zwar in jedermanns Bett« (304). Mit diesem semantischen Zeugma wird die Ambivalenz, die das Tun und Lassen der Heldin auszeichnet, markiert: Sie fällt aus dem (abstrakten) bürgerlichen Rahmen in die (konkret vorhandenen) Betten jedermanns.

Die Erzählung lebt zur Gänze von diesen ironisch vermittelten Ambivalenzen und zahlreichen Widersprüchen.

Die Heldin ist mit Liebesdiensten zwar immer zur Stelle, aber »angeblich« hat sie »nicht einmal sehr viel Spaß daran gehabt« (304). Ihr erstes Abenteuer mit dem Fremdarbeiter Carlo quittiert sie mit dem Gedanken: »Das also ist es? Nichts weiter ist es als das?« (311) Dass sie während des Geschlechtsverkehrs mit dem amerikanischen Soldaten raucht, braucht daher nicht weiter zu verwundern: Die Zigaretten sind ihre wahre Leidenschaft. Die neuere Jungfrau von Orléans lebt in militärischer Umgebung. Ihr erster Verlobter ist ein hochdekorierter »Oberleutnant von den Dragonern« (304); das peinliche Erlebnis mit dem österreichischen Offizier muss sie jeder Achtung vor diesem Stande berauben, und auch die serielle Abfertigung der amerikanischen Soldaten ist ein Höhepunkt dieser Variante des stationären Marketenderinnendaseins. Auch auf ihr Aussehen scheint die martialische Umgebung abgefärbt zu haben. Da sie zusehends unförmiger wird, heißt es: »ihr Gang hatte etwas Rasselndes, als trüge sie an der Seite einen über das Pflaster schleifenden Säbel« (305). Sie steigt, vor der letzten Ausfahrt mit dem Motorrad, in den Trainingsanzug, »so schwer und feierlich wie ein Ritter in seine Rüstung« (308). Schließlich hat sie die »vier Panzerfäuste gegen die Brust gepreßt wie sonst eine Frau ihr Kind« (309). Vergleiche dieser Art dienen dazu, die Kontraste zu erfassen, die den Lebenslauf der Heroine prägen. Sie weiß, wie sehr von Nationalsozialisten das Rauchen verpönt war, doch sie kann diese Droge nicht entbehren, und so macht sie zum Gewerbe, was früher nur so etwas wie ein »Fallenlassen« in jedermanns Bett gewesen war.[4] Damit werden die beiden zentralen Motive, erotische Freizügigkeit und Nikotinabhängigkeit, Laster in der Auffassung der »sogenannten Gesellschaft« also, zusammengeführt. Diese beiden Laster kompensieren zu guter

---

4 Ich meine nicht wie Juliane Köhler (Anm. 1) S. 107, dass die Heldin aus »enttäuschter Liebe zur Hure« wird; vom Gelderwerb durch Liebesdienste ist im Text keine Rede.

Letzt einander, und die Heroine, die das zulässt, kann somit eine kritische Phase des Geschichtsverlaufs überstehen. Nicht um das Individuum zu verurteilen und schon gar nicht, um es zu heroisieren, wird diese Geschichte erzählt. Der Glanz der Uniformen ist verblasst, die amerikanischen Soldaten gehorchen rückhaltlos ihren Trieben; keine Spur von Heroismus, keine Spur von Liebe und Zuneigung. Die Geschichte geht ihren Gang, und glücklich ist, wer sich von einer misslichen Lage in eine weniger missliche retten kann.

Doppelbödige Welt lautet der Titel einer Erzählung Eisenreichs.[5] Doppelbödigkeit ist auch das Prinzip der Kurzgeschichte. Auf der einen Ebene wird der wechselvolle Lebenslauf eines Flittchens geboten, der genug Anlass gibt, sich über dieses selbst und mehr noch über die Gesellschaft, der es angehört, moralisch zu entrüsten, auf der anderen Ebene geht es aber um die grundsätzlichen Defizite, um die Unmöglichkeit, konsequent im Leben zu handeln, um Widersprüche, denen Menschen hilflos ausgeliefert sind und die sie mit aller Kraft zu verleugnen suchen. Die glücklichere Jungfrau aus dem oberösterreichischen Städtchen meint, ihre Vergangenheit so abzulegen »wie ein Schauspieler nach der Vorstellung sein Kostüm« (307). Aber das ist nur eine Illusion, denn die Menschen bleiben ihren Fehlern, Urteilen und Vorurteilen verhaftet.

Der Vorwurf, Eisenreich habe mit dieser Geschichte den Krieg verharmlost, könnte angesichts der distanzierenden Überlegenheit, mit der von den Schrecken der letzten Kriegstage berichtet wird, erhoben werden. Indem

---

5 Herbert Eisenreich, »Doppelbödige Welt«, in: H. E., *Sozusagen Liebesgeschichten*, Gütersloh 1965, S. 137–170. Ursprünglich hätte die Erzählung *Doppelbödige schöne böse Welt* lauten sollen. *Böse schöne Welt* hieß denn auch – laut Mitteilung des Autors an den Verf. dieses Beitrags – der erste Band mit Eisenreichs Kurzprosa (1957), in den aber die genannte Erzählung nicht aufgenommen wurde.

Eisenreich zahlreiche Missverständnisse und Missverhält-
nisse scharf umreißt, entstehen komische Effekte, die dem
Ernst des Themas keineswegs zu entsprechen scheinen.
Doch ist die Komik unentbehrlich, um die Doppelbödigkeit herzustellen, die jede menschliche Handlung auszeichnet. Vor dem Ende der Geschichte wird der Blick
noch einmal auf die große Geschichte gelenkt: Die Kapi-
tulation der deutschen Regierung, die Flucht der Naziver-
brecher und die Vertreibung deutscher Zivilisten aus den
befreiten Ländern (311 f.). Doch ist dies nicht mehr als die
moralisch einwandfreie Zutat eines gewissenhaften Erzählers. Es geht vielmehr darum zu zeigen, was trotz Geschichte geschieht.

Literaturhinweise

Herbert Eisenreich: Die neuere (glücklichere) Jungfrau von Orléans. In: H. E.: Sozusagen Liebesgeschichten. Gütersloh: Sigbert
Mohn, 1965. S. 74–82.
– Die neuere (glücklichere) Jungfrau von Orléans. In: Klassische
deutsche Kurzgeschichten. Hrsg. von Werner Bellmann. Stuttgart 2003. S. 304–312. – Dieser Druck basiert auf der genannten
Ausgabe.

Köhler, Juliane: Janusköpfige Welt. Die Kurzgeschichten Herbert
Eisenreichs. München 1990.

Bibliographische Hinweise

Zur Kurzgeschichte

a) Zeugnisse von Autoren

Gespräche über die Kurzgeschichte mit Hans Bender, Stephan Hermlin, Günter Kunert, Wolfdietrich Schnurre, Wolfgang Weyrauch und Gabriele Wohmann. – In: Manfred Durzak: Die deutsche Kurzgeschichte der Gegenwart. Autorenporträts – Werkstattgespräche – Interpretationen. Stuttgart ²1983. S. 19–114.

Andersch, Alfred: Des Autors Inhaltsangabe. In: A. A.: Geister und Leute. Zehn Geschichten. München 1961. S. 5 f.

Bender, Hans: Ortsbestimmung der Kurzgeschichte. In: Akzente 9 (1962) H. 3. S. 205–225.

– Warum ich nicht wie Friedo Lampe schreibe. In: Fünfzehn Autoren suchen sich selbst. Modell und Provokation. Hrsg. von Uwe Schultz. München 1967. S. 40–48.

Bender, Hans: An eine Schulklasse. In: H. B.: Worte, Bilder, Menschen. München 1969. S. 406–411.

Biller, Maxim: Eine Liebeserklärung an die Kurzgeschichte. In: Der Spiegel. Nr. 14. 2. April 2007. S. 182–185.

Böll, Heinrich: Gibt es eine deutsche Story? Sendung: Süddeutscher Rundfunk, 7. Januar 1953. – Teildruck: Vom Experiment des Erzählens. In: Saarbrücker Zeitung. Nr. 182. 9. August 1958.

– Nachwort. In: Wolfgang Borchert: *Draußen vor der Tür* und ausgewählte Erzählungen. Hamburg 1956. S. 135–138.

Eisenreich, Herbert: Eine Geschichte erzählt sich selbst. Erfahrungen und Gedanken eines Schriftstellers zur Ästhetik der Prosadichtung. In: Die Zeit. Nr. 11. 17. März 1955. – Wiederabdr. in: H. E.: Böse schöne Welt. Stuttgart 1957. S. 166–173.

Kaschnitz, Marie Luise: [Die Möglichkeiten der Kurzgeschichte, 1964]. In: M. L. K.: Das dicke Kind und andere Erzählungen. Mit einem Kommentar von Asta-Maria Bachmann und Uwe Schweikert. Frankfurt a. M. 2002. S. 169 f.

Kunert, Günter: Kurze Betrachtung der Kurzgeschichte [1967]. In: G. K.: Warum schreiben? Notizen zur Literatur. München 1976. S. 211–213.

Kusenberg, Kurt: Über die Kurzgeschichte. In: Merkur 19 (1965) H. 9. S. 830–838.

Langgässer, Elisabeth: [Notizen zur Kurzgeschichte, 1946]. In: Elisabeth Langgässer 1899–1950. Bearb. von Ute Doster. Marbach a. N. 1999. S. 78 f. (Marbacher Magazin. 85.)

– Das Kreuz der Kurzgeschichte. In: Süddeutsche Zeitung. Nr. 181. 9. Dezember 1949. S. 9.

Lenz, Siegfried: Gnadengesuch für die Geschichte (1966). In: S. L.: Beziehungen. Ansichten und Bekenntnisse zur Literatur. Hamburg 1970. S. 127–131.

– Warum ich nicht wie Hemingway schreibe. In: Fünfzehn Autoren suchen sich selbst. Modell und Provokation. Hrsg. von Uwe Schultz. München 1967. S. 9–20.

Piontek, Heinz: Graphik in Prosa. Ansichten über die deutsche Kurzgeschichte. In: H. P.: Buchstab – Zauberstab. Über Dichter und Dichtung. Esslingen 1959. S. 60–78. – Auch in: Merkur 13 (1959) S. 275–283.

Reding, Josef: Mein Bekenntnis zur Kurzgeschichte. In: J. R.: Nennt mich nicht Nigger. Kurzgeschichten aus zwei Jahrzehnten. Recklinghausen 1978. S. 6–8.

Rühmkorf, Peter: Nachwort. In: Wolfgang Borchert: *Die traurigen Geranien* und andere Geschichten aus dem Nachlaß. Hrsg. von P. R. Reinbek bei Hamburg 1967. S. 109–124.

Schmidt, Arno: Die aussterbende Erzählung. In: Texte und Zeichen 1 (1955) H. 2. S. 266–269.

Schnabel, Ernst: Die amerikanische Story. In: Nordwestdeutsche Hefte 1 (1946) H. 3. S. 25–28.

Schnurre, Wolfdietrich: Kritik und Waffe. Zur Problematik der Kurzgeschichte. In: Deutsche Rundschau 87 (1961) H. 1. S. 61–66.

– Warum ich nicht wie Swift schreibe. In: Fünfzehn Autoren suchen sich selbst. Modell und Provokation. Hrsg. von Uwe Schultz. München 1967. S. 20–32.

Walser, Martin: Eine winzige Theorie der Geschichte. In: Dichten und Trachten 24. 2. Halbjahr 1964. S. 30–33.

Weyrauch, Wolfgang: Nachwort. In: Tausend Gramm. Sammlung neuer deutscher Geschichten. Hrsg. von W. W. Hamburg 1949. S. 209–219. – Neudruck: Tausend Gramm. Ein deutsches Bekenntnis in dreißig Geschichten aus dem Jahr 1949. Mit einer Einl. von Charles Schüddekopf. Reinbek bei Hamburg 1989. S. 175–183.

b) Forschungsliteratur

Ahrends, Günter: Die amerikanische Kurzgeschichte. Theorie und Entwicklung. 5., verb. und erw. Aufl. Trier 2008. [1. Aufl. Stuttgart 1980.]

Althaus, Thomas / Bunzel, Wolfgang / Göttsche, Dirk (Hrsg.): Kleine Prosa. Theorie und Geschichte eines Textfeldes im Literatursystem der Moderne. Tübingen 2007.

Brosch, Renate: short story. Textsorte und Leseerfahrung. Trier 2007.

Bürgel, Peter: Literarische Kleinprosa. Eine Einführung. Tübingen 1983. (Literaturwissenschaft im Grundstudium 14.)

Bungert, Hans (Hrsg.): Die amerikanische Short Story. Theorie und Entwicklung. Darmstadt 1972. (Wege der Forschung 256.)

Corkhill, Alan: Monologisches Erzählen am Beispiel deutscher Kurzprosatexte seit 1945. In: Colloquia Germanica 20 (1987) S. 184–202.

Doderer, Klaus: Die Kurzgeschichte in Deutschland. Ihre Form und ihre Entwicklung. Mit einer Vorbemerkung und bibliograph. Erg. 1951–1976. Darmstadt ^{5}1977. [1. Aufl. Wiesbaden 1953.]

– Die angelsächsische Short Story und die deutsche Kurzgeschichte. In: Die Neueren Sprachen N. F. 2 (1953) S. 417–424.

– Die Kurzgeschichte als literarische Form. In: Wirkendes Wort 8 (1957/58) S. 90–100.

Donnenberg, Josef: Bevorzugte Gattungen I: Kurzgeschichte, Reportage, Protokoll. In: Walter Weiss [u. a.]: Gegenwartsliteratur. Zugänge zu ihrem Verständnis. Stuttgart [u. a.] 1973. S. 78–91.

Durzak, Manfred: Die deutsche Kurzgeschichte der Gegenwart. Autorenporträts – Werkstattgespräche – Interpretationen. 3., erw. Aufl. Würzburg 2002.

– Die Kunst der Kurzgeschichte. Zur Theorie und Geschichte der deutschen Kurzgeschichte. 2., verb. Aufl. München 1994. (UTB 1519.) [1. Aufl. München 1989.]

Freese, Peter: Die amerikanische Kurzgeschichte nach 1945. Frankfurt a. M. 1974.

Giloi, Dietlinde: Short Story und Kurzgeschichte. Ein Vergleich Hemingways mit deutschen Autoren nach 1945. Tübingen 1983.

Giren-Pastusiak, Adrianna: »Das Chamäleon der literarischen Gattung«. Die Kurzgeschichte in deutschen Prosaanthologien 1945–1960. Aachen 2005.

Goetsch, Paul (Hrsg.): Studien und Materialien zur Short Story. Frankfurt a. M. 1971.

Götsche, Dirk: Kleine Prosa in Moderne und Gegenwart. Münster 2006.

Gutmann, Paul-Otto: Erzählweisen in der deutschen Kurzgeschichte. In: Germanistische Studien. Bd. 2. Braunschweig 1970. S. 73–160.

Hoffmann, Dieter: Arbeitsbuch. Deutschsprachige Prosa seit 1945. Bd. 1: Von der Trümmerliteratur zur Dokumentarliteratur. Tübingen/Basel 2006. (UTB 2729.)

Höllerer, Walter: Die kurze Form der Prosa. In: Akzente 9 (1962) H. 3. S. 226–245.

Hummel, Christine: Vorwort. In: Kürzestgeschichten. Hrsg. von C. H. Stuttgart 2010. S. 7–16.

Iehl, Dominique / Hombourg, Horst (Hrsg.): Von der Novelle zur Kurzgeschichte. Beiträge zur Geschichte der deutschen Erzählliteratur. Frankfurt a. M. [u. a.] 1990.

Jäckel, Günter / Roisch, Ursula: Große Form in kleiner Form. Zur sozialistischen Kurzgeschichte. Halle a. d. Saale 1974.

Kilchenmann, Ruth J.: Die Kurzgeschichte. Formen und Entwicklung. Stuttgart 1967.

Könecke, Rainer: Deutschsprachige Kurzprosa zwischen 1945 und 1989. Hamburg 2006.

Kritsch Neuse, Erna: Die deutsche Kurzgeschichte. Das Formexperiment der Moderne. Bonn 1980.

– Der Erzähler in der deutschen Kurzgeschichte. Columbia (S. C.) 1991.

Kuipers, Jan: Zeitlose Zeit. Die Geschichte der deutschen Kurzgeschichtenforschung. Groningen 1970.

Lenz, Günter H.: Einleitung. In: Amerikanische Short Stories des 20. Jahrhunderts. Hrsg. von G. H. L. Stuttgart 1998. S. 9–30.

Lorbe, Ruth: Die deutsche Kurzgeschichte der Jahrhundertmitte. In: Der Deutschunterricht 9 (1957) H. 1. S. 36–54.

Lubbers, Klaus: Zur Rezeption der amerikanischen Kurzgeschichte in Deutschland nach 1945. In: Nordamerikanische Literatur im deutschen Sprachraum seit 1945. Beiträge zur Rezeption. Hrsg. von Horst Frenz und Hans-Joachim Lang. München 1973. S. 47–64.

Marx, Leonie: Die deutsche Kurzgeschichte. 3., akt. und erw. Aufl. Stuttgart 2005. (Sammlung Metzler. 2016) [1. Aufl. Stuttgart 1985.]

– Die Kurzgeschichte. In: Formen der Literatur in Einzeldarstellungen. Hrsg. von Otto Knörrich. 2., überarb. Aufl. Stuttgart 1991. S. 224–235.

Meyer, Anne-Rose: Die deutschsprachige Kurzgeschichte. Eine Einführung. Berlin 2014. (Grundlagen der Germanistik. 54.)

Meyer, Urs: Kurz- und Kürzestgeschichte. In: Kleine literarische Formen in Einzeldarstellungen. Stuttgart 2002. S. 124–146.

Nayhauss, Hans-Christoph Graf von: Vorwort. In: Theorie der Kurzgeschichte. Hrsg. von H.-C. G.v.N. Überarb. und erw. Ausg. Stuttgart 2004. S. 6–12. [1. Aufl. Stuttgart 1977.]

Nickel-Bacon, Irmgard: Kurzprosagattungen und literarische Lesekompetenz. Überlegungen zur Prozeduralisierung des Gattungswissens. In: Didaktik Deutsch. Sonderheft 2 (2008) S. 66–77. – Auch in: Literaturdidaktik im Zeichen von Kompetenzorientierung und Empirie. Hrsg. von Daniela A. Frickel [u. a.]. Freiburg i. Br. 2012. S. 85–104.

– Linear oder rekursiv? Literarisches Verstehen moderner Kurzprosa – kritisch (und konstruktiv) betrachtet. In: Kritik und Kompetenz. Die Praxis des Literaturunterrichts im gesellschaftlichen Kontext. Hrsg. von Christian Dawidowski [u. a.]. Baltmannsweiler 2013. S. 79–94.

Piedmont, Ferdinand: Zur Rolle des Erzählers in der Kurzgeschichte. In: Zeitschrift für deutsche Philologie 92 (1973) S. 537–552.

Rohner, Ludwig: Theorie der Kurzgeschichte. 2., verb. Aufl. Wiesbaden 1976. [1. Aufl. Frankfurt a. M. 1973.]

Schubert, Susanne: Die Kürzestgeschichte: Struktur und Wirkung. Annäherung an die Short Short Story unter dissonanztheoretischen Gesichtspunkten. Frankfurt a. M. [u. a.] 1997.

Seiler, Sascha: Kurzgeschichte. In: Handbuch der literarischen Gattungen. Hrsg. von Dieter Lamping in Zsarb. mit Sandra Poppe [u. a.]. Stuttgart 2009. S. 452–460.

Spinner, Kaspar H.: Kurzgeschichten – Kurze Prosa. Grundlagen – Methoden – Anregungen für die Unterrichtspraxis. Seelze 2012.

Träbing, Gerhard: Ansätze zu einer Theorie der deutschen ›Geschichte‹. In: Deutsche Vierteljahrsschrift für Literaturwissenschaft und Geistesgeschichte 41 (1967) S. 468–498.

Ueding, Gerd: Katastrophen wider die Langeweile des Sonntags. Warum die Kurzgeschichte unwiederbringlich zum Niedergang verurteilt ist. In: Die Welt. Nr. 268. 16. November 1991. S. 21.

Unseld, Siegfried: An diesem Dienstag. Unvorgreifliche Gedanken über die Kurzgeschichte. In: Akzente 2 (1955) H. 2. S. 139–148.

Wehdeking, Volker / Blamberger, Günter: Erzählliteratur der frühen Nachkriegszeit (1945–1952). München 1990.

Wenzel, Peter: Von der Struktur des Witzes zum Witz der Struktur. Untersuchung zur Pointierung in Witz und Kurzgeschichte. Heidelberg 1989.

Wolpers, Theodor: Kürze im Erzählen. In: Anglia. Zeitschrift für englische Philologie 89 (1971) H. 1. S. 48–86.

Verzeichnis der Mitarbeiter

Claudia Aßmann, M. A., Wuppertal
Dr. Asta-Maria Bachmann, Münster
Prof. Dr. Wilfried Barner, Göttingen
Dr. Peter Bekes, Hattingen
Prof. Dr. Werner Bellmann, Wuppertal
Dr. Hans Ester, Nijmwegen
Prof. Dr. Erhard Friedrichsmeyer, Cincinnati
Prof. Dr. Günter Helmes, Flensburg
Dr. PD Michaela Holdenried, Berlin
Dr. Christine Hummel, Wuppertal
Dr. Rolf Jucker, Swansea, Wales
Prof. Dr. Werner Jung, Duisburg
Prof. Dr. Jan Knopf, Karlsruhe
Prof. Dr. Andreas Meier, Wuppertal
Dr. Elsbeth Pulver, Bern
Bernd Rauschenbach, M. A., Bargfeld
Dr. Richard Reichensperger, Wien
Prof. Dr. J. H. Reid, Nottingham
Prof. Dr. Hans Richter, Jena
Norbert Schachtsiek-Freitag, Köln
Prof. Dr. Wendelin Schmidt-Dengler, Wien
Dr. Christian Schulte, Berlin
Dr. Uwe Schweikert, Stuttgart
Prof. Dr. Axel Vieregg, Palmerston North, Neuseeland
Prof. Dr. Hans Wagener, Los Angeles
Prof. Dr. Volker Wehdeking, Stuttgart
Prof. Dr. Hans-Gerd Winter, Hamburg